MARCEL MÉRIL

L'Infini et le Fini

Essai
de Synthèse philosophique

PARIS
IMPRIMERIE G. RICHARD
7, RUE CADET, 7
—
1902

Tous droits de reproduction réservés

8° R
17724

L'Infini et le Fini

MARCEL MÉRIL

L'Infini et le Fini

Essai

de Synthèse philosophique

PARIS
IMPRIMERIE G. RICHARD
7, RUE CADET, 7
—
1902

Tous droits de reproduction réservés

AVERTISSEMENT

Captivé de tout temps par l'attrait des grands problèmes qui sont l'objet de la Philosophie, l'auteur, après avoir fait son enquête sur les solutions proposées, a voulu savoir ce qui en restait pour lui, et faire sur ces points son examen de conscience. Il s'est donc mis à réfléchir, et le présent travail est le résultat de ces réflexions. Ce n'est pas un résumé de lectures, ni une œuvre de polémique ou d'éclectisme. C'est le compte que l'auteur s'est rendu à lui-même de ses opinions, en utilisant ce qu'il avait appris et en y ajoutant le fruit de ses propres méditations. En un mot, c'est sa profession de foi philosophique.

L'INFINI ET LE FINI

PREMIÈRE PARTIE

L'INFINI

I

La Matière (ou ce que nous nommons ainsi), est-elle divisible à l'infini ? C'est là une question qui ne saurait être résolue scientifiquement. Aussi la science positive la dédaigne-t-elle et ne s'en préoccupe-t-elle pas dans ses recherches. Elle l'abandonne aux spéculations philosophiques.

Cependant, si nous voulons nous faire une idée du système du Monde, nous ne saurions la négliger. Selon que nous la résoudrons dans un sens ou dans l'autre, nous serons Monistes ou Dualistes. Je n'ajoute pas Matérialistes, car les Matérialistes, qui se font de la Matière la même idée que les Dualistes et ne voient point la grossière insuffisance d'une telle conception, adoptent un système inconséquent et irrationnel, comme nous aurons l'occasion de le démontrer plus loin.

A défaut d'une vue directe, nous n'avons, pour aborder cette question, que les procédés ordinaires de notre entendement : d'une part, l'induction basée sur l'expérimentation, d'autre part, la déduction tirée de quelque axiome nécessaire *à priori*.

L'induction devrait nous conduire à admettre la divisibilité à l'infini. Si loin, en effet, que nous poussions nos expériences, nous rencontrons toujours la divisibilité. Les partisans des « atomes » conviennent eux-mêmes qu'au delà du champ de nos observations empiriques, la Matière est encore divisible, avant d'atteindre les prétendus derniers éléments, qui échappent à la portée de nos sens. Dès lors pourquoi s'arrêter dans cette induction ? Sur quoi est fondée cette fiction des atomes qui, ne pouvant être perçus par notre œil même aidé des instruments les plus puissants, ne sont qu'une création de notre intelligence, et par conséquent une entité purement métaphysique? Du moment que la divisibilité recule toujours devant nous, il est illogique de lui assigner une borne.

Mais ici intervient une vue *à priori*. Si, dit-on, la Matière offre de la consistance, il faut bien que cette consistance repose sur quelque fondement irréductible. Il y a un terme où il faut s'arrêter, sous peine de perdre pied. Un tas de sable est constitué par une certaine quantité de grains de sable. Un nombre est composé d'unités. C'est là un principe de raison qui s'impose à nous, en vertu des lois mêmes de notre entendement.

Est-ce bien vrai? Je pourrais d'abord contester la prétendue consistance de la Matière, qui n'est telle que par rapport à nos sens. Mais je veux montrer qu'une quantité exacte, constante et bien déterminée, peut être engendrée par des éléments se perdant dans l'infini, et auxquels il est impossible d'assigner un commencement ferme et un point fixe de départ. Et, pour mieux faire voir que ce prétendu principe de raison, sur lequel on s'appuie pour affirmer l'existence des atomes, n'est pas un vrai principe rationnel, je prends mon exemple dans les sciences exactes, dont l'objet est comme la mesure et la forme mêmes de notre entendement.

Comme chacun le sait, le carré élevé sur la diagonale qui partage un autre carré, est exactement le double de ce dernier. Si celui-ci a un mètre de superficie, le second aura deux mètres; et cela non pas approximativement, mais avec une exactitude absolument rigoureuse. Or, comme le carré est le produit de la multiplication d'un de ses côtés par lui-même, je trouve que, pour le carré d'un mètre, l'élément générateur est un mètre linéaire. Si, maintenant, par rapport à ce premier carré, je cherche quelle est la quantité linéaire fournie par lui, qui engendre le carré connexe de deux mètres, c'est-à-dire la valeur de l'hypoténuse du carré précédent, je ne rencontre qu'un nombre fractionnaire dont la détermination exacte fuit à l'infini devant mes calculs. Et je m'aperçois bientôt que ce fractionnement n'est pas seulement *indéfini*, c'est-à-dire susceptible d'une limite possible quoique non déterminable, mais qu'il est réellement et positivement *infini*, ou sans terme, puisque l'alternance périodique des restes de la division me démontre mathématiquement que cette opération ne peut avoir de fin. Quand j'accumulerais chiffres sur chiffres pendant l'éternité, je n'atteindrais jamais le point d'arrêt, car il est dès à présent certain qu'il n'y a pas de point d'arrêt. Voilà donc une quantité absolument exacte (deux mètres carrés), en rapport avec une autre quantité également exacte (un mètre carré), à laquelle elle emprunte son facteur générateur, et qui, tout exacte et constante qu'elle est, se constitue d'éléments indéterminés se perdant dans l'infini, sans que je puisse jamais atteindre le dernier de ces éléments, lesquels dès lors sont bien tout ce qu'il y a de plus inconsistant. D'où il résulte que, mathématiquement au moins, l'inconsistant et l'indéterminé, c'est-à-dire la donnée infiniment fuyante, peut se solidifier dans le consistant, et former un produit déterminé exactement et sans fraction.

En est-il de même pour la Matière ? Scientifiquement nous n'en pouvons rien savoir. J'ai voulu seulement démontrer que le prétendu axiome, en vertu duquel une chose consistante est nécessairement composée d'éléments consistants et déterminés, n'est pas vrai comme principe rationnel, puisqu'il est mis en échec dans son propre domaine : le domaine de l'intelligence pure. Cet axiome n'est donc, en réalité, qu'un *postulatum* de la Raison vulgaire, habituée, par suite de l'éducation et de l'entraînement pratique, à juger des choses sur les apparences sensibles, et qui s'évanouit dès qu'on l'analyse plus profondément. Dans l'exemple cité plus haut du tas de sable (exemple emprunté à M. Paul Janet) on voit, en effet, que le grain de sable, pris pour unité, n'est pas une unité réelle. Ce grain de sable n'est qu'un composé. Il est lui-même tout un monde par rapport aux éléments dont il est formé. Et tous les exemples familiers, que l'on pourra alléguer, seront dans le même cas : même les nombres purs, même l'unité mathématique susceptible d'être fractionnée à l'infini.

Si donc nous ne pouvons rien affirmer positivement à cet égard, l'induction néanmoins s'unit à la raison en faveur de la thèse de la divisibilité de la Matière à l'infini. C'est là une hypothèse à la fois expérimentale et rationnelle, tandis que l'hypothèse contraire est démentie en même temps par l'expérience qui ne trouve jamais de fin, et par la raison qui n'a pas le droit d'en concevoir.

.*.

Mais, dira-t-on, si la Matière est divisible à l'infini, ce n'est plus de la matière... Ce sera ce que l'on voudra ; le mot n'y fait rien. Les choses ne sont pas responsables des noms que nous leur donnons, et ne sont pas tenues de se conformer aux concepts que nous nous en faisons.

Et pourquoi, après tout, ne serait-ce plus de la matière? En connaissons-nous, en connaîtrons-nous jamais le fond intime? Dès lors, de quel droit affirmer que ceci est de la matière et que cela n'en est pas?

Ce ne sera plus, il est vrai, de la matière selon la notion que s'en font les Dualistes pour les besoins de leur cause; c'est-à-dire quelque chose de consistant, d'étendu, d'impénétrable, d'inert. Mais la science positive elle-même, la Chimie par exemple, qui pourtant s'arrête aux phénomènes sensibles, a déjà refoulé hors de son horizon ces vieilles qualités scolastiques de la Matière. Les corps les plus durs ne sont que des amas flottants de particules dont nulles ne se touchent; le même agrégat, suivant qu'il est à l'état solide, liquide ou gazeux, se resserre ou s'étend dans des proportions considérables ; deux substances peuvent parfaitement, en se combinant, occuper moins ou plus de place ensemble que séparément ; enfin, la Matière, loin d'être inerte, est l'énergie même et le mouvement sous toutes ses formes.

Le mécanicien, qui construit une machine, compte, dit-on, sur l'inertie de la Matière. C'est une erreur. Il compte bien plutôt sur la force dont cette matière est animée. Sur quoi un horloger a-t-il tablé pour faire marcher une montre ou une pendule? Sur la puissance du levier, sur l'élasticité du ressort, sur la cohésion moléculaire du métal, sur la pesanteur qui fait mouvoir le balancier. Dans toute machine, on fait appel non à l'inertie, mais aux forces de la Matière : à l'expansivité des gaz ou de la vapeur, à l'attractivité de l'aimant, à l'action de la décharge du courant électrique. On met ces forces en jeu, les unes contre les autres, et cette prétendue inertie, loin d'être l'indifférence au mouvement, est au contraire le résultat du balancement des mouvements opposés, luttant entre eux et se faisant équilibre. Qui attache la pierre au sol et la rend immobile? Est-ce l'inertie? Posez-la donc en l'air pour voir si elle y restera. La force attractive l'attire vers son centre et ne lui permet plus de bouger, à moins qu'elle ne soit remuée par une impulsion plus puissante que la pesanteur.

Que sera-ce donc, si nous pénétrons dans la constitution intime des corps? Quand le chimiste mélange deux substances pour les combiner entre elles, il ne compte pas, je suppose, sur l'inertie de leurs molécules, car alors il devrait prendre ces molécules chacune séparément, et il pourrait les accoupler suivant la symétrie qu'il jugerait à propos. Aussitôt, au contraire, que ces deux substances sont en contact, un travail spontané commence, non au gré du caprice de l'opérateur, mais selon des lois invariables auxquelles celui-ci ne peut rien changer. Elles se dissolvent, se décomposent, se pénètrent, s'amalgament, se recomposent dans des proportions constantes; et le vase, qui les contient, volera en éclats, plutôt que d'admettre la fusion de deux molécules qui se repoussent.

Si de l'œuvre du chimiste, nous passons à celle de la Nature : sans parler de la germination, de la croissance, de la nutrition, en un mot du *circulus* vital, qui se manifeste dans la matière dite organique, végétale ou animale, nous voyons les minéraux eux-mêmes se former, se composer, se cristalliser, croître, se modifier sous l'action des forces sans cesse en activité dans l'immense laboratoire naturel.

Il faut donc renoncer à la notion surannée de la Matière étendue, consistante, impénétrable, inerte. Toutes ces qualités ne sont que des concepts de notre intelligence, et n'ont pas de réalité en elles-mêmes. Qu'est-ce, par exemple, que l'opacité et la transparence? Pour les « rayons Roentgen » le verre est opaque, et ce qui est opaque devient translucide. Et ne voilà-t-il pas qu'on nous parle d'une certaine « lumière noire » dont les rayons traversent le marbre et les métaux! La Matière, telle qu'on la conçoit d'après le témoignage brut de nos sens, est donc une pure fiction, une entité métaphysique réalisée d'après de simples et grossières apparences. En un mot, c'est une illusion de notre « Raison vulgaire et pratique ».

II

A ce propos, il ne sera pas inutile de nous arrêter un instant à faire l'analyse et la critique sommaires de nos moyens et de nos facultés de connaissance.

Sans attacher plus d'importance qu'il ne convient à des divisions toujours plus ou moins arbitraires de nos fonctions intellectuelles, nous pouvons les considérer sous trois aspects.

Nous avons d'abord ce qui fait, si l'on peut ainsi dire, le corps même de notre entendement, c'est-à-dire notre mécanisme intellectuel. Les rouages de ce mécanisme ne sont autres que les lois de la Nature qui se répercutent en nous. Ainsi : il y a relation nécessaire entre un tout et ses parties; celui-là contient celles-ci et les englobe; ils sont donc entre eux en rapport de dépendance; — dans l'enchaînement général, tout phénomène est toujours déterminé par certaines conditions génératrices; on peut ignorer ces conditions, se méprendre sur leur nature, mais elles existent forcément; — deux choses ayant une commune mesure égale sont nécessairement égales entre elles; — enfin les objets sont situés dans l'Espace et dans le Temps; juxtaposés entre eux dans l'étendue, ils se succèdent dans la durée, et en même temps ils sont multiples; d'où les propriétés des figures et des nombres... Quand notre esprit s'exerce sur ces matières dégagées et abstraites de l'objet concret de nos perceptions, il n'est pas sujet à l'erreur, car ces matières sont la forme même de notre mécanisme intelligent. C'est pourquoi la Logique, les Mathématiques et la Géométrie, ou science des propriétés des nombres et de l'étendue et, jusqu'à un certain point, la Mécanique rationnelle, science des forces, sont dites exactes, parce que leurs objets sont comme le cadre de tout ce qui existe, et ont par là même leur correspondance nécessaire dans notre capacité réceptive, dont elles constituent l'agencement organique. A la vérité ces sciences ne nous disent rien sur la nature intime de l'Être. Si on les presse, elles se réduisent toujours, en dernière analyse, à une simple tautologie. Et c'est là précisément ce qui fait leur rigueur et leur exactitude. C'est d'ailleurs le cas de toute machine envisagée en elle-même, dans la coordination de ses engrenages, et dans son fonctionnement intérieur, abstraction faite de l'aliment externe sur lequel elle est appelée à travailler.

**

Mais, pour que ce mécanisme fonctionne, il lui faut des matériaux. Ces matériaux lui sont fournis par celles de nos facultés que j'appellerai *préhensives*.

Ces facultés sont de deux sortes : les unes analytiques, les Sens ; et une autre synthétique, la Raison.

J'entends par sens, non seulement nos sens externes : la Vue, l'Ouïe, le Goût, l'Odorat, le Toucher, qui nous transmettent, chacun suivant sa fonction, une qualité quelconque des choses matérielles ; mais encore le Sens Intime, qui nous révèle nos faits de conscience. Les sens ne nous donnent prise que sur des phénomènes concrets. La vue, par exemple, ne nous fait connaître que les couleurs. Si, par suite de l'éducation de ce sens, nous arrivons à discerner les contours des objets et leur éloignement relatif, c'est uniquement par la dégradation des nuances et par la connaissance acquise des lois de la perspective. Nous n'y arrivons pas du premier coup ; c'est affaire d'habitude et d'entraînement.

De même, quoiqu'on en dise, le sens intime ne nous fournit que la perception de notre pensée ou de notre sensation actuelle, à titre de simple phénomène concret. Notre conscience n'atteint pas notre être pensant et sentant en lui-même, comme nous le démontrerons plus loin. Le concept de notre être pensant est une vue de notre Raison.

Toutes ces perceptions, bien que passagères, laissent en nous une empreinte susceptible de revivre et renouvelable à volonté. C'est ce qui constitue la Mémoire, dont nous n'avons pas à nous occuper ici, puisqu'elle est une simple reproduction de la sensation et de la perception.

J'appelle ces facultés « analytiques », parce qu'elles ne nous révèlent rien sur les objets en eux-mêmes, et n'en recueillent que certains aspects de détail, comme leur couleur, leur apparence extérieure, le bruit, l'odeur ou la saveur qui s'en échappe, leur consistance et leur dureté, par suite de la résistance qu'elles opposent au toucher, enfin le phénomène de notre pensée, de notre sentiment, de notre sensation. Et encore, ces sensations sont purement subjectives. Même à titre de simples phénomènes, ce qui les produit du dehors est, en soi, différent de ce que nous ressentons en nous. Ainsi, par exemple, le son n'a pas de réalité comme son, hors de notre oreille; c'est tout simplement un ébranlement des couches atmosphériques. Mais ce dernier point de vue importe peu pour le moment. Je retiens seulement que nous obtenons, par le ministère de nos sens, des données de détail sur les objets, et rien sur les objets en eux-mêmes,

.˙.

Cependant, je regarde par ma fenêtre et voici ce que je vois : un fût cylindrique sort de terre, recouvert d'une enveloppe grisâtre et rugueuse. A une certaine hauteur, des branches s'en détachent; de ces branches, des rameaux; et au bout de ces rameaux se balancent des feuilles vertes. Je dis : voilà un arbre. D'où me vient cette notion d'arbre? Mon œil ne m'a fait voir que des couleurs, dont les dégradations nuancées ont accusé certains contours. Le toucher, au besoin, m'a convaincu que cet objet n'est pas une illusion de ma vue. Mais quelle est la faculté qui me permet d'affirmer, sous ces apparences de détail, l'existence d'un tout individualisé, bien distinct de ce qui l'entoure?

Évidemment, ce n'est pas chacun de mes sens. Ce ne sont même pas mes sens réunis, qui ne font que percevoir, chacun selon sa fonction, quelque particularité phénoménale, et ne sont aptes tout au plus qu'à se contrôler l'un l'autre. C'est donc quelque chose d'autre; et ce quelque chose d'autre, qui saisit l'être lui-même sous ses apparences extérieures, je le nomme Raison.

La Raison, d'après cette définition (les définitions de mots sont libres), serait donc cette faculté qui nous fait percevoir synthétiquement *l'être global* individualisé (je ne dis pas la substance) sous les phénomènes de détail, seuls atteints par nos sens. Cette Raison, en somme, n'est aussi qu'un sens; un sixième ou plutôt un septième sens, si nous faisons état du sens intime. Mais ce sens se distingue des autres, en ce qu'il est un sens synthétique, qui nous donne l'aperception de *l'être en soi.*

N'est-ce pas là toutefois simplement le résultat d'un travail de notre mécanisme intellectuel qui, opérant sur des données élémentaires, en construit un tout plus ou moins arbitraire ? Il est certain que l'être ainsi perçu dans son ensemble individuel ne saurait se séparer, dans notre entendement, des phénomènes qui le caractérisent. Nous ne pouvons nous faire l'idée d'un homme, par exemple, sans voir apparaître mentalement une figure composée d'un tronc, d'une tête, de bras, de jambes. De même nous ne pouvons avoir l'idée d'un être sentant, pensant, voulant, qu'en le prenant, si je puis dire, par l'extérieur, et en constatant qu'il existe chez lui des sensations, des pensées, des volitions. Néanmoins, je persiste à croire qu'il y a là plus qu'un assemblage artificiel de phénomènes de détail. Nous avons, de l'être individualisé, une vue directe dépendant d'une autre faculté que nos sens même aidés par le raisonnement. Ce qui tendrait à le prouver, c'est que cette vue nous est commune avec les animaux, qui n'ont point le don d'abstraction et auxquels, par conséquent, on ne saurait demander de faire de telles constructions par l'opération d'un mécanisme de déductions ou d'inductions. Les sens des animaux ne sont autres que les nôtres. A eux, comme à nous, ils ne sauraient fournir que des sensations de détail : couleur, son, odeur, saveur, résistance au toucher. Cependant nous constatons, chez eux aussi, un instinct et une vue synthétique des objets et des êtres qui sont derrière ces phénomènes. Un chien ne se trompe pas sur l'identité de son maître, et ne confond pas une perdrix avec un pigeon.

Ce qui achève de me convaincre que la vue synthétique de notre Raison est bien une perception directe et globale, et non une réunion artificielle de qualités assemblées par notre mécanisme intellectuel, et que, par conséquent cette vue est irréductible aux perceptions de nos sens particuliers, c'est qu'il nous est impossible de déterminer analytiquement de quoi se compose l'individualité d'un être. Nous le voyons, par une intuition de notre Raison, et c'est tout.

Qu'est-ce, par exemple, qu'un chien, et en quoi diffère-t-il d'un autre animal ? Il en existe de tous les pelages, de toutes les tailles, de toutes les formes. On vous présente un roquet gros comme un rat, ou un molosse de la stature d'un âne; l'idiot lui-même ne s'y trompera pas: c'est toujours un chien. Si cette notion de chien n'était qu'un assemblage des qualités que nous y mettons, nous saurions en quoi consiste le composé, puisque nous en aurions fourni nous-mêmes les éléments. Or, je défie le zoologiste le plus savant de me dire, sans s'exposer à une critique contradictoire, ce qu'est précisément l'essence d'un chien, par opposition à l'essence d'un autre animal d'espèce voisine. A cet égard, le nom, aidé de la connaissance prise de quelques exemples, est la meilleure définition, sur laquelle tout le monde s'entend, tandis que, quand on veut analyser, personne ne s'entend plus. L'un dit ceci, l'autre le conteste, et cependant tous sont d'accord sur la chose, jusqu'à l'enfant lui-même, qui n'a pu encore raisonner, ni abstraire.

La Raison sans doute, comme nos autres sens, est soumise à la nécessité de faire son éducation ; mais elle n'est pas une opération de notre mécanisme intellectuel. D'autre part elle se distingue, par son objet et par son organe, de nos sens particuliers.

Par extension, et par l'effet de la faculté d'abstraire dont nous sommes doués, notre Raison englobant, dans son domaine, toute la matière de notre connaissance, élabore en outre et emmagasine des concepts, qui sont nos *idées* remplaçant les objets dans notre esprit. Il est possible que, parmi ces idées, il y en ait de fictives et d'artificielles, ne répondant pas exactement à ce qui existe dans la réalité. Cela est même hors de doute et inévitable ; car la vue de notre Raison, plus encore que la vue de notre œil, est sujette à des illusions qui demandent à être sans cesse redressées. Mais il est certain que nous avons là une faculté tout autre que celle de percevoir des détails par le ministère de nos sens, et de les assembler par le raisonnement.

.*.

Si je distingue ce que je nomme ainsi Raison, de l'Intelligence proprement dite, c'est que je réserve spécialement à celle-ci la connaissance des rapports. J'en fais un simple mécanisme. A l'aide des principes qui lui sont propres, nommés axiomes *à priori*, et qui sont, en quelque sorte, ses rouages, ce mécanisme opère sur les matériaux fournis, les uns par les sens, les autres par la Raison. Cette opération s'appelle jugement et raisonnement. Quand le jugement et le raisonnement s'appliquent aux principes mêmes du mécanisme intelligent — principes correspondant à des rapports abstraits et nécessaires — ils ne sauraient, nous l'avons dit, être sujets à l'erreur ; et ils engendrent les sciences exactes : la Logique, les Mathématiques, simples développements de la forme même de l'Intelligence. Mais quand jugement et raisonnement opèrent sur les données des sens et de la Raison, il ne saurait en être de même.

Par nos sens et par notre Raison, nous voyons les objets sous des aspects divers et toujours incomplets. Ce que les uns saisissent échappe aux autres, et réciproquement ; d'où les notions différentes, et parfois contradictoires, que nous nous en faisons. La Logique reste toujours la même, et, en soi, elle est impeccable. Mais cette même logique, qui fait tirer à l'un telle déduction d'une idée donnée, amènera l'autre à tirer tout aussi légitimement une déduction contraire de la même idée, qu'il comprend ou qu'il conçoit sous un autre aspect. Si toutes les idées avaient, pour tous, exactement la même valeur et le même sens, il n'y aurait pas deux opinions différentes sur quoi que ce soit, pas plus en poésie qu'en mathématiques.

Si j'ai réussi à être clair dans cet exposé, on verra que j'entends par « Intelligence » un pur mécanisme (*organum*) qui a ses rouages dans les axiomes *à priori* ; par « Sens », ce qui nous fait saisir les phénomènes superficiels et de détail ; et par « Raison » ce qui atteint l'être global enfoui sous les phénomènes, et, en outre, nous fournit le concept idéal. Enfin j'appelle « Jugement » et « Raisonnement » le fonctionnement de notre mécanisme intelligent, et l'opération qui consiste à lier entre eux les matériaux fournis par les Sens et la Raison. Sentir (nos Sens), concevoir (notre Raison), juger et raisonner (notre mécanisme intellectuel) : voilà les trois opérations de notre entendement.

III

La Raison, avons-nous dit, est, à proprement parler, le sens, sens synthétique, qui correspond à l'être en soi. Mais ce sens n'a pas plus de portée que les autres sens particuliers, relativement à la réalité intime de leurs objets respectifs. S'il nous fait saisir « l'être » dans son ensemble individualisé, il ne nous apprend rien sur son essence ; pas plus d'ailleurs que les sens particuliers ne nous font connaitre l'essence des phénomènes.

Nous connaissons les « phénomènes », a-t-on dit, mais nous ignorons les « noumènes ». A la vérité nous n'en savons pas plus sur les uns que sur les autres. Nous les constatons, voilà tout, comme nous constatons l'existence de l'être en soi. Nous percevons des apparences qui sont de purs effets subjectifs. Ce que sont ces apparences en dehors de nous, en tant qu'objet et même à titre purement phénoménal, comme cause matérielle immédiate de la représentation de nos sens, (et c'est bien là ce qu'il faut entendre par phénomène, à moins de dire une *Lapalissade*), nous l'ignorons tout aussi bien que le noumène ou l'essence de l'être.

Voici un coin de nature : des montagnes, des vallées, des rivières, des bois touffus, des fleurs de toutes nuances, une fraiche verdure, une brise odorante ou un aquilon mugissant, un ciel pur ou tourmenté, des jeux de lumière et d'ombre, et parmi tout ce décor, des oiseaux qui volent, des poissons qui nagent, des animaux qui circulent. Cependant rien de tel n'existe réellement en soi Otez nos sens qui nous fabriquent cette représentation, que reste-t-il, comme simple réalité intrinsèque, et sans même descendre jusqu'au fond de l'être? Quelque chose d'innomable, dont nous pouvons dire seulement : « Cela est » ; rien de plus.

Prenons un exemple plus simple : la lumière. Pour nous, c'est une sensation subjective qui, étant donné le mécanisme de notre œil, produit la vision des couleurs. Tant qu'on s'en est tenu à la simple constatation de ce phénomène de la vision, sans essayer de le décomposer, on a pris la lumière pour un fait irréductible. Mais, l'analyse aidant, on a fait un pas de plus. On a découvert qu'il n'y avait là qu'une illusion, et que la lumière n'était rien d'autre, hors de nous, qu'une vibration moléculaire de l'éther : soit un mode du mouvement. C'est fort bien, mais avons-nous atteint le fond du phénomène ? Non ; car plus tard il se rencontrera un analyste plus perspicace (et si ce n'est l'homme, ce sera un être supérieur à lui par l'intelligence), qui découvrira, dans cette vibration moléculaire, la transposition d'un phénomène plus profond ; et il atteindra ainsi un deuxième degré dans l'analyse. Est-ce tout ? Non encore ; car, derrière ce deuxième degré, il y en aura un troisième ; et sous ce troisième, un quatrième et ainsi de suite à l'infini. Et nous ne percevrons jamais qu'une suite d'illusions descendant, par une échelle sans pied, dans un abîme insondable.

Par contre, nous en savons tout autant sur l' « être en soi » que sur le phénomène. Nous n'avons pas, en effet, plus de motifs, pour récuser ce sens intérieur et global qu'est notre Raison, que pour nous défier de nos sens externes et particuliers, puisque chacun de ces sens est, au même titre, une pièce de notre organisme. Pour nous l'être en soi est une donnée proportionnée à nos moyens de connaître. Si nous ignorons son essence dernière, nous savons tout au moins qu'il existe, et nous pouvons l'affirmer, du même droit que nous affirmons le phénomène.

La philosophie moderne a rejeté avec mépris, les formes substantielles d'Aristote. Pourtant, il y a bien quelque chose qui fait qu'un homme est un homme, et qu'un éléphant n'est pas une baleine. Sans aller jusqu'à admettre les formes substantielles d'Aristote, il faut bien reconnaître un principe qui individualise les êtres. Nous ignorons ce que peut être ce principe, mais nous ignorons tout aussi bien les dessous des phénomènes. Quand on aura tout réduit au mouvement et à la quantité, croira-t-on donc avoir atteint le fond de tout ? Hélas ! ce fond se dérobe éternellement à notre prise, aussi bien pour les phénomènes que pour les noumènes.

Cependant, il ne faudrait pas trop prendre à la lettre les

idées et les concepts que nous nous formons pour nos besoins intellectuels, et voir des êtres substantiels partout où nous plaçons un substantif. Ainsi, j'ai devant les yeux une *maison*. Cette maison, je l'ai vu construire ; j'ai vu les terrassiers creuser la terre pour les fondations ; les maçons élever les murs, et les ouvriers des divers états y mettre les planchers, les fenêtres, la couverture, jusqu'à ce qu'enfin la maison ait été complète dans son ensemble. Et, bien que je me fasse une idée nette de la maison dans son unité, idée distincte de celle de ses différentes parties, je ne puis pourtant dire qu'il y a là-dessous un être substantiel, au lieu d'un simple assemblage de matériaux liés pour obtenir un tout défini. Le plan même qu'en avait conçu l'architecte avant de mettre les ouvriers à l'œuvre, ne suffit pas pour attribuer à cet ensemble une existence distincte de celle de ses éléments constitutifs. L'idée de la maison n'est donc qu'une pure entité, ne correspondant point à une substantialité réelle. Et j'en dis autant de toute machine fabriquée de main d'homme, et même de tout amas ou conglomérat de matière, susceptible de formes et de dimensions diverses, sous l'action des forces naturelles.

Il y a plus : les êtres organiques, c'est-à-dire ceux qui portent en eux un germe évolutif, suivant lequel ils se développent, ne sont pas forcément, parce que notre Raison les conçoit dans leur individualité bien tranchée, des substances unes et indivisibles pouvant être séparées des modalités qui les revêtent. Prenons par exemple l'animal ou l'homme. Nous ne savons rien de l'origine de leur formation première. Nous les voyons se succéder les uns aux autres par génération ; mais dans la doctrine même de l'Évolution, nous ne pouvons rien dire au sujet de l'apparition de la vie organique sur notre planète. Suivant les uns, c'est un amas de matière en mouvement qui, organisé de certaine façon, a produit la vie, puis la faculté de sentir et de penser. De sorte que la vie serait une résultante et non un principe. Et alors l'animal ne différerait en rien de la maison ou de la machine, sinon que son constructeur serait la Nature.

Selon d'autres, la vie est un principe spécial, qui s'assimile une certaine quantité de matière, la pétrit, la forme suivant une virtualité contenue dans un germe. Mais, comme ces germes se trouveraient eux-mêmes produits par un jeu des forces naturelles, et n'existent pas nécessairement par leur propre vertu, il s'ensuit que la question est seulement reculée d'un degré. Ce que l'on a dit de la formation organiciste de l'être, peut donc se dire également du principe vital particulier à chaque être. Ce principe n'est que le résultat de certaines combinaisons, et n'a pas en lui-même d'existence substantielle.

Enfin, on peut aller plus loin encore. Quand bien même il y aurait, au-dessus du principe vital, un autre principe plus élevé et plus primordial, l'Ame spirituelle, à moins d'admettre que ces âmes sont nécessaires et existent par elles-mêmes de toute éternité, (ce qui est absurde, puisque, étant finies, elles ne peuvent être nécessaires), il faut convenir qu'elles auraient été créées dans le Temps. Elles seraient donc, à l'égard de leur Créateur, comme la maison, dont nous avons parlé plus haut, est à l'égard de l'architecte. On ne saurait y voir encore qu'un produit, et non un principe substantiel.

C'est ici que se dresse de toute sa hauteur la conception de Spinosa. Il n'y a, il ne peut y avoir réellement qu'une seule substance, Substance nécessaire et infinie. Sans examiner pour le moment, si tout ce qui existe dans le Monde du Fini est attributs et modes de cette Substance, comme le prétend Spinosa, nous arrivons à cette conclusion suprême que l'objet de notre Raison se résout, en dernière analyse, dans l'idée de l'Être nécessaire. Nous touchons ici le fond de notre Raison. Elle nous atteste l'existence de l'Absolu, bien qu'elle soit impuissante à nous faire connaître quelle en est l'essence intime. C'est la « Raison pure » avec son unique objet : l'idée de nécessité.

Nous devons donc distinguer soigneusement la « Raison pure » de la « Raison pratique et vulgaire ». La première nous donne la vision, vision vague, indistincte, instinctive et néanmoins certaine d'un substrat substantiel, unique et universel. La seconde ne nous fournit que des notions factices proportionnées à nos besoins et créées par ces besoins.

Les idées que nous apporte notre « Raison pratique » sur les êtres contingents, ne peuvent avoir plus de consistance et de réalité qu'il n'en est dans ces êtres eux-mêmes. Cependant, elles se réfèrent à un certain état de choses qu'il ne nous est pas permis de dédaigner, puisque c'est l'état pour lequel nous sommes faits. Notre entendement arrive ainsi à se former des notions, qui ne sont vraies que d'une vérité relative et courante, eu égard au fonctionnement de nos facultés bornées.

Notre organisme intellectuel, en travaillant sur ces données, se forge, à cette occasion, des postulats qu'il prend faussement pour des axiomes *a priori*. C'est à ce genre de postulats qu'appartient ce prétendu principe, qu'une chose consistante (elle ne l'est qu'en apparence, du moment qu'elle est finie) doit être composée d'éléments consistants. Mais ce n'est pas là un véritable axiome de notre organisme intellectuel, puisque, comme nous l'avons vu, cet organisme, en opérant sur son propre domaine (les sciences exactes), en démontre la fausseté.

En résumé, notre « Raison vulgaire et pratique » n'atteint que des apparences fuyantes; notre « Raison pure » seule nous conduit à l'idée de l'Absolu entrevu dans un lointain inabordable.

IV.

Reprenons maintenant notre question où nous l'avons laissée. Logiquement, la Matière nous apparaît comme divisible à l'infini. Nous sommes conduits à cette opinion par l'induction, et aucun vrai principe *a priori* de notre organisme intellectuel n'y contredit. Au contraire, d'après les principes de l'intelligence pure, le déterminé peut naître d'éléments indéterminés.

D'un autre côté, la Matière (nous avons les mêmes raisons de le croire) est sans bornes et, par conséquent, infinie en étendue. En effet, si loin que nous portions nos regards, nous apercevons des myriades de mondes gravitant autour de nous. Nos instruments, en se perfectionnant, nous en font sans cesse découvrir de nouveaux; et derrière ceux-ci, nous en avons la certitude, il y en a encore d'autres. Nous sommes donc amenés à cette conclusion, que l'espace est peuplé à l'infini. Seul un principe de raison, d'une évidence absolue, pourrait mettre obstacle à cette marche ascendante de notre induction. Or, un pareil principe n'existe pas dans notre entendement. Nous n'y trouvons toujours que ce même *postulatum* vulgaire, en vertu duquel tout doit avoir un terme comme un commencement. Mais ce n'est pas là un premier principe évident, puisque, au contraire, nous percevons très nettement, scientifiquement même, qu'en mathématiques la série des nombres est infinie, comme l'est également le fractionnement de l'unité. Je dis « infini » et non « indéfini » (mot impliquant un terme possible, quoique non déterminable), car il est clair que la série des nombres est sans arrêt, et nous savons pertinemment qu'elle ne peut avoir de fin.

.*.

Arrêtons-nous ici. L'examen, auquel nous nous sommes livrés, de la portée de nos facultés, nous montre que ni notre organisme intellectuel, ni nos sens, y compris le sens intime, ni notre « Raison pratique » ne peuvent nous sortir du contingent. En vain nous lèverons nos regards toujours et toujours plus haut, au delà de tout horizon, nous n'arriverons jamais, par ce moyen, à prendre pied hors du Fini. Car le Fini ne saurait être la monnaie de l'Infini, et ce n'est pas en accumulant le contingent sur le contingent que l'on peut atteindre l'Absolu. Le Monde du Fini et du Contingent est donc un cercle vicieux d'où nous ne pouvons nous échapper qu'en prenant position résolument et de plain-pied dans l'Infini. Et c'est ici qu'intervient notre « Raison pure » avec son objet : l'idée de nécessité.

Vainement, certains philosophes ont tenté de s'élever à l'Absolu par le raisonnement, en partant des choses finies, et notamment en se basant sur la notion de conscience, qui nous est révélée par le ministère du sens intime. L'Absolu est hors des prises de cet ordre de facultés. Les constructions fondées sur la notion de conscience, par exemple, ou établies par les déductions de notre mécanisme intellectuel opérant d'après certains principes, tels que ceux de cause et d'effet, auront beau présenter, à certains esprits, des aperçus qui leur sembleront plus clairs que les autres; il faut se méfier de cette clarté, qui n'est qu'illusion. Ces aperçus paraissent clairs, parce qu'ils sont conformes aux procédés pratiques ordinaires de notre entendement ; mais c'est un leurre, c'est de l'anthropomorphisme. Descartes lui-même l'a bien éprouvé lorsque, par l'évolution de sa pensée, il s'est trouvé conduit à abandonner à peu près sa première démonstration de l'existence de Dieu, tirée de son fameux *Cogito ergo sum*, pour la reprendre en sous-œuvre et l'appuyer sur de purs concepts métaphysiques. En effet, l'Être nécessaire ne se démontre ni ne se prouve ; il se sent. Il n'y a qu'un seul moyen pour l'atteindre, c'est l'intuition directe de la « Raison pure[1] ». Et encore, par ce moyen, nous ne percevons que son existence. Tout ce que nous pouvons conjecturer sur son essence et ses attributs, se borne à ce que nous en fournit l'analyse de « l'idée de nécessité », qui est le fond de notre Raison.

.*.

Voyons donc ce qu'est cette « idée de nécessité », et ce qu'elle renferme. D'abord l'esprit humain, dans son ordinaire développement, ne s'y porte pas du premier élan. Cette vue de la Raison n'est pas une vue primordiale ; c'est la vue finale. C'est, si je puis m'exprimer ainsi, le coup d'œil qui embrasse, non les premiers plans, mais l'ensemble du panorama. Historiquement, il a fallu des siècles et des siècles, pour amener l'entendement de l'homme au degré de culture que suppose ce concept. Psychologiquement, l'entendement individuel n'y arrive qu'à son plus haut point de maturité. Quand il y parvient, ce n'est pas par le raisonnement proprement dit ; c'est par une sorte d'entraînement progressif, dans lequel il ne faut pas voir une suite de déductions raisonnées, mais un acheminement graduel vers le fond de sa Raison, où enfin la

---

1. Le fameux argument de saint Anselme n'est réellement qu'une intuition directe ; il n'a d'argument que le nom et la forme. Il en est de même des démonstrations d'allure géométrique de Spinosa. En somme, Spinosa pose, par définition, c'est-à-dire par affirmation, sa Substance unique et nécessaire. Le reste n'est pas véritablement du raisonnement, c'est de la glose sur cette première donnée intuitive.

dernière lueur apparaît, comme une brusque révélation et non comme une conséquence logique de prémisses posées. En voici un exemple; on peut en imaginer d'autres.

J'existe. Comment donc puis-je exister, moi qui suis né d'hier et qui mourrai demain? Tous les êtres qui sont autour de moi ont également commencé et auront leur fin. Quelle est donc leur cause, puisque n'ayant pas cette cause en eux-mêmes, ils la tirent nécessairement d'ailleurs? Tout être, il est vrai, a ses parents, qui l'ont engendré; mais ces parents ont eu les leurs, également disparus. Et, si loin que je remonte dans cette filiation, j'aperçois toujours des êtres passagers comme moi. De plus, ces êtres auxquels ma « Raison pratique » assigne une forme en apparence bien arrêtée, si je les analyse attentivement, se décomposent en des éléments incessamment fugitifs; et je ne puis pas même discerner ce qui constitue leur essence dernière... Qu'est-ce que tout cela? Est-ce réalité? Et si c'est réalité, sur quoi repose-t-elle? puisque tout s'échappe et se dérobe à l'infini, dans toutes les directions... Est-ce vaine fantasmagorie? Mais, si c'est fantasmagorie, ma « Raison » tout au moins m'en donne le spectacle, et dès lors ma Raison existe... Penché sur cet abîme, je me recueille, je fais un appel désespéré à toutes mes facultés, et soudain un éclair m'illumine : Il y a un *Être nécessaire*, Être qui subsiste par lui-même, qui est la source d'où tout découle, en même temps que la fin où tout remonte; Être qui est l'*ultima ratio* de tout.

Ainsi s'est dégagé, au fond de ma Raison, le concept de « Nécessité ». Que contient ce concept?

Il signifie : *qui ne peut pas ne pas être*. Il emporte, par conséquent, la négation absolue de tout néant. L'Être nécessaire emplit donc *tout*. Car, s'il y avait du vide hors de lui, il ne serait plus nécessaire, puisque, manquant sur un point, il pourrait tout aussi bien manquer ailleurs; et, dès lors, plus de nécessité. Il est donc *éternel*, puisqu'il ne peut pas ne pas exister. Il est donc *infini*, puisqu'il ne saurait faire défaut nulle part. Il est donc *absolu*, puisque rien ne peut lui être ajouté.

Il absorbe tout; car s'il y avait d'autre être à côté de lui, en dehors de lui et qui ne serait pas lui, il ne serait plus ni infini, ni nécessaire.

Il est *Un*, car s'il y en avait plusieurs, ils se limiteraient réciproquement et, tous manquant d'être en quelque endroit, il n'y aurait plus de nécessité pour aucun d'eux.

Il est *immuable*, puisqu'il n'est susceptible ni d'augmentation, ni de diminution, et qu'il comporte toujours, sans défaillance, la plénitude de l'être.

Il est absolument *indivisible* en aucun sens, dans l'étendue comme dans la durée, car, toujours et partout adéquat à lui-même, il ne saurait se localiser partiellement, ni se succéder.

Il est éternellement et infiniment *réalisé en acte*, car si on le supposait seulement *en puissance*, son existence ne pourrait plus être conçue comme nécessaire. Il lui manquerait quelque chose, le principal, la réalité actuelle.

Voilà ce que renferme le concept de nécessité : Éternité, Infinitude, Absorption de tout l'Être possible, Unité, Immutabilité, Indivisibilité, Réalité constante et intégrale, et j'ajouterais : Perfection, si nous n'étions portés à donner à ce mot un sens anthropomorphiste.

C'est là tout ce que nous pouvons dire de l'Être nécessaire. Quant à son essence, elle est pour nous l'*Inconnaissable*. Tenons-nous-en donc à ces caractères, qui résultent logiquement du concept de nécessité.

L'Être nécessaire n'est pas l'Indéterminé. C'est au contraire l'absolue Détermination, puisque, autrement, sa nécessité disparaît[1].

Puisqu'il absorbe tout, il absorbe la Nature elle-même, ainsi que le Monde entier du Contingent et du Fini.

---

1. Il est des expressions dont nous sommes bien obligés de nous servir, à défaut d'autres, qui rendraient moins bien notre pensée. Quand nous parlons de *détermination*, au sujet de l'Être nécessaire, nous ne voulons point dire que cet Être est compris dans des bornes définies. Nous entendons par *détermination, la réalisation en acte, sans terme et sans bornes, par opposition avec la simple puissance*. Nous prions qu'on ne l'oublie point.

V.

Mais comment l'Infini immuable peut-il se résoudre dans le Fini contingent? Comment l'Être nécessaire, toujours inflexiblement réalisé dans la plénitude de l'existence, peut-il s'accommoder d'une Nature inconsistante, perpétuellement changeante et mobile? C'est là, il est vrai, le constant écueil du Panthéisme. On pourrait alléguer l'exemple du *circulus* vital : montrer l'unité et la persistance de l'être vivant, malgré l'incessant va-et-vient des éléments qui le constituent et le continuel écoulement qui s'opère en lui. On pourrait ajouter que s'il en est ainsi d'un être qui tire toute sa substance du dehors et reste néanmoins un et identique à lui-même, quoique composé de matériaux perpétuellement renouvelés, mobiles et fuyants, il n'est peut-être pas plus difficile d'admettre l'immutabilité fondamentale de l'Être nécessaire, sous l'éternelle évolution qui se déroule dans son sein. En somme, celui-ci ne prend rien de l'extérieur, et il ne perd rien, puisque tout est en lui. Le roulement des choses finies ne modifie en quoi que ce soit son essence intime, laquelle reste toujours adéquate à elle-même.

Mais c'est là le Panthéisme commun, qui renferme le Fini dans l'Infini, système dont nous nous défendons. Tâchons donc d'aborder d'une autre manière le problème des rapports de l'Infini avec le Fini, et essayons premièrement de mieux définir ce que nous entendons par l'Infini.

***

Nous avons été conduits, par l'analyse et l'induction, à admettre, d'une part, la divisibilité de la Matière à l'infini, et, d'autre part, l'étendue de cette matière également à l'infini. Les principes rationnels de notre entendement, loin d'y contredire, nous ont au contraire confirmés dans cette idée.

Mais, si profondément que nous descendions par l'imagination ou la pensée dans les dégradations sans terme de cette Matière; si loin et si haut que nous portions les yeux, pour tâcher d'embrasser son ensemble, jamais nous ne pouvons sortir du Fini. Si donc, nous voulons franchir ce cercle vicieux pour atteindre la Substance infinie, substrat nécessaire de tout, il nous faut abandonner l'analyse et l'induction, et nous transporter d'un coup d'aile énergique dans le sein même de cette Substance nécessaire. Qu'est cette Substance en elle-même ? Nous l'ignorons. Son existence, néanmoins, s'impose à notre Raison, bien que son essence nous échappe. C'est, nous l'avons dit, l'Inconnaissable. Tout ce que nous pouvons savoir de cette essence est, pour ainsi dire, négatif, et se réduit à ceci : ce ne peut être ce que nous nous représentons comme infiniment divisible, infiniment mobile, infiniment étendu, infiniment durant, puisque là encore nous constatons les caractères du Contingent et du Fini. Nous arrivons donc à cette conclusion : L'Être nécessaire, s'il englobe tout, est néanmoins autre que ce que nous voyons et percevons par nos sens et par notre « Raison vulgaire ». Et ici se dresse, devant notre pensée, ce paradoxe étrange et pourtant inéluctable : la divisibilité, la mobilité, l'étendue et la succession à l'infini aboutissent à quelque chose d'absolument indivisible et immuable en soi, dans son ensemble intégral et infini.

En effet, si la divisibilité et la mobilité à l'infini se réduisaient à une infinité d'éléments derniers, chacun de ces éléments constituerait en soi un être nécessaire, indépendant des autres; c'est-à-dire qu'aucun d'eux ne serait plus nécessaire, puisque l'idée de nécessité emporte celle de l'absorption de tout l'être possible et, par conséquent, l'unité absolue. La Substance qui emplit tout ne saurait donc se composer de parties, ni s'agiter et s'étendre dans ce que nous appelons l'Espace, susceptible de division, ni s'écouler dans ce que nous nommons le Temps, susceptible de succession.

*
* *

Et, après tout, ce paradoxe est-il donc si déconcertant que nous ne puissions en rencontrer d'autres analogues, à notre portée ?

On trouve, chez Pascal, une Pensée qui, comme toujours,

nous donne un frisson de vertige, quand nous tentons de l'approfondir et de la suivre dans ses développements. « Je veux, dit-il, vous faire voir une chose infinie et indivisible : c'est un point se mouvant partout d'une vitesse infinie, car il est en tous lieux et tout entier dans chaque endroit. »

Une vitesse infinie ! Se fait-on bien une idée de ce que cela peut être ? Un rayon de lumière parcourt soixante-quinze mille lieues par seconde. Dans un laps de temps, durant lequel nous pouvons à peine arrêter un regard de notre pensée, ce rayon aura déjà fait plus de huit fois le tour de notre globe. Multipliez cette vitesse, un milliard, des milliards de fois ; imaginez que pendant un milliardième de milliardième de seconde (osez le concevoir, si vous le pouvez), ce rayon franchisse la distance qui nous sépare de l'une de ces étoiles, dont la lumière met des milliers, des centaines de milliers d'années à nous parvenir, et qui n'est qu'une fraction infinitésimale de l'immensité ; imaginez encore que, avec la même vitesse, ce rayon dévore l'immensité entière, dans un sens, dans mille sens, dans un milliard de sens : nous serons toujours aussi loin de la vitesse infinie que peut l'être la marche de la petite aiguille d'une montre. L'Infini, en effet, n'a pas d'expression possible. Ce point mouvant formera donc une ligne continue dont tous les points seront occupés en même temps. Et cela, non par hyperbole, ni par une illusion d'optique semblable à celle que nous éprouvons quand, avec un tison ardent, nous traçons des cercles lumineux dans l'air ; mais en toute réalité, logiquement, mathématiquement. Car, la vitesse de ce point croissant sans cesse et sans arrêt, la vitesse infinie ne pourra être acquise qu'en sortant du fini ; quand le mouvement s'opérera dans l'absolue simultanéité de temps. Et alors, c'est la continuité, dernier terme de cette vitesse infinie.

Supposons maintenant ce point se mouvant selon une ligne courbe fermée, parcourant par exemple, avec la vitesse infinie, l'orbite de notre planète autour du soleil. Il sera à son point de départ, rationnellement, en même temps qu'il en est sorti. De sorte que l'on en arrive à ceci : la vitesse infinie équivaut à l'immobilité.

Allons plus loin encore. Supposons que ce point se meuve avec la vitesse infinie, dans toutes les directions, qui sont elles-mêmes en nombre infini. Multiplions la distance infinie par une infinité de distances infinies. Que tout cela soit traversé et retraversé en tous sens comme un éclair; et ce point suffira, à lui seul, pour emplir l'immensité, sans laisser, de vide, la valeur de la pointe d'une épingle, pendant un instant de raison. Et ce ne sera pas encore la vitesse infinie... car nous avons dit : « comme un éclair », et un éclair a encore une certaine durée.

Certes, nous ne prétendons pas que l'Être nécessaire ne soit qu'un point mathématique. Nous avons de lui une tout autre conception. Nous avons seulement voulu indiquer par quelques variations, sur une pensée célèbre, ce que l'on entrevoit de lointains vertigineux, quand on tente, par quelque côté, d'aborder l'Infini.

.ˑ.

Si nous considérons la Matière (ou ce que nous nommons ainsi), comme divisible à l'infini, et si, par un effort de notre « Raison pure », nous tentons de sortir de ce cercle, nous aboutissons à quelque chose, qui n'a plus de caractère défini, du moins pour nous, et qui se noie dans un océan immobile et indivisible. D'autre part, si nous remontons l'échelle ; si nous ajoutons le mouvement au mouvement, les êtres aux êtres, les mondes aux mondes et aux systèmes de mondes, au delà de tout espace intelligible; derrière cette sphère, infinie elle-même, nous touchons encore au même Infini, dans lequel toute distinction se perd. Notre Monde du Fini, où tout est agitation, multiplicité, division, quand on pousse ces caractères à leur extrême limite, et quand on franchit cette limite, aboutit donc, par ses deux pôles, à la même unité absolue, immuable et sans parties. Le Monde du Fini est un écoulement qui part de l'Infini pour y rentrer. C'est le mouvement et la divisibilité qui sortent de l'immutabilité et de l'unité, et évoluent pour revenir s'y confondre et s'y abîmer.

Selon nous, la Substance nécessaire est ce qu'il y a comme terme fixe au dessous, au dessus, autour et au travers de cette Matière divisible, mobile et étendue à l'infini. Cette Substance inconnaissable, principe et fin de tout, et dont il serait téméraire de nous former une image sensible quelconque, est l'Être nécessaire. Elle englobe tout l'Être possible, et, encore une fois j'y insiste (car c'est là un point capital), ce n'est pas l'Être indéterminé, c'est-à-dire une virtualité contenant en puissance tout ce qui peut exister — notion irrationnelle et qui ne saurait s'appliquer qu'à un être contingent : c'est, au contraire, l'Être dans sa plus absolue détermination, toujours adéquat à lui-même, toujours réel, d'une réalité présente et en acte, toujours vivant, de la vie la plus pleine et la plus intégrale, par conséquent immuable.

**

Mais ici se lève de nouveau, impénétrable comme un sphinx, cette question formidable, qui, comme nous l'avons dit, est la pierre d'achoppement de toute philosophie panthéiste.

Qu'est donc le Monde contingent, le Monde du Fini, relativement à cet Être, qui ne saurait changer et qui, pourtant, renferme dans son sein le Fini et le Contingent ?

Je ne vois qu'un seul moyen de sortir de cette impasse. C'est de refuser au Monde du Fini et du Contingent toute réalité substantielle. Il faut le considérer tout simplement, comme une série de combinaisons et de dessins, plus apparents que réels, se brodant et se jouant sur un fond inaltérable, qui n'en est nullement affecté. Les modifications du Fini, quoiqu'elles aient leur source dans l'Infini, n'apportent pas à ce dernier la moindre particule d'Être de plus et, partant, n'altèrent point son essence intime et immuable.

Mais quelle idée pouvons-nous nous faire de tels rapports ?

Toute comparaison serait ici grossière et incomplète, puisque, tirée du Monde contingent et fini en lui-même et sans en pouvoir sortir, elle ne saurait donner l'idée du passage de l'Infini au Fini. Néanmoins, comme nous ne pouvons penser qu'à l'aide de représentations matérielles, je veux en essayer une.

Prenons un corps solide. Nous pouvons le réduire en liquide, puis en gaz. Que nous a donné cette opération ? Une modification de formes, voilà tout. Ce qui constitue ce corps en lui-même, à supposer l'opération parfaitement exacte, n'a pas varié d'un atome. C'est toujours le même substrat sous des aspects divers. Et ces divers aspects sont indifférents à ce qu'il peut y avoir d'être réel, dans le substrat en question.

Maintenant, au lieu d'un corps quelconque, considérons tous les corps, même les corps organiques, même les animaux et l'homme et, mieux encore, tout ce qui compose la Nature entière, animée et inanimée. Tout cela est susceptible de se décomposer de la même façon, en des éléments de plus en plus dégradés jusqu'à ce que tout se réduise à un fluide impondérable, uniforme ou plutôt informe, et sans qu'un atome d'être réel, s'il en existe, ait disparu. Les combinaisons seules ont varié. Il n'y a de changé que des apparences inconsistantes, qui passent et repassent. Et cet amas indistinct n'est lui-même encore que de la phénoménalité superficielle et dérivée, n'atteignant pas l'Être véritable et fondamental, qui réside hors des bornes du Fini.

D'ailleurs, pourquoi faire appel à l'hypothèse, quand nous avons le fait même sous les yeux? Ne voyons-nous pas, en effet, l'Astronomie, science d'observation expérimentale, nous révéler l'existence encore indécise de matériaux cosmiques, destinés à devenir, dans un temps plus ou moins éloigné, des mondes semblables au nôtre? Il n'y a encore là que de la matière diffuse; et ces mondes, quand ils seront formés, donneront naissance à une vie parasitaire comme celle qui s'agite actuellement à la surface de notre planète. Il s'y trouvera des végétaux et des animaux, des hommes même, ou d'autres êtres analogues, sentants, pensants, qui n'existent pas encore, qui existeront un jour et, à leur tour, disparaîtront pour faire place à d'autres. Et toutes ces manifestations parties d'un point où tout se confond dans une substance indéterminable et inattingible, retournent à ce même point, après avoir revêtu, au passage, des formes qui s'évanouissent comme elles sont venues, sans laisser de traces. Ces formes, par conséquent, ne sont point de *l'Être*.

Ce sont là, je le répète, des images bien imparfaites. Mais j'en veux venir à ceci: La substance nécessaire, dans son essence intime, quelle qu'elle soit, est l'Être, tout l'Être. Cet Être, amorphe il est vrai, puisque l'on ne saurait assigner une forme matérielle à l'Infini, n'est cependant pas indéterminé et inert. Au contraire, il est réel et vivant, de la réalité et de la vie la plus absolue; et même lui seul est réel. Le Monde contingent, qui prend sa source en lui, se développe à part, sans réalité en soi, en tant qu'être, comme une simple série de formes. Ces formes n'ont rien de nécessaire, puisque précisément elles sont contingentes, c'est-à-dire pourraient ne pas se produire, ou se produire autrement ; et elles n'altèrent en rien la réalité immuable de l'Être sur laquelle elles reposent.

C'est ainsi que le Monde du Contingent et du Fini peut coexister à côté de l'Être nécessaire, comme une sorte de projection émanant de lui, sans être absorbé par lui. Et l'on peut esquiver ainsi ce concept insoutenable que l'Infini est la totalité du Fini. Ce monde, en effet, n'est pas de l'être véritable. Il consiste en de simples modifications de l'être ; modifications superficielles et non intimes. Il est, non de la réalité substantielle, mais un pur *morphisme,* laissant toujours intacte l'essence dernière de l'Être, qui pourrait s'en passer radicalement, sans perdre quoi que ce soit de son absolue intégralité.

VI

Si nous avons réussi à nous faire comprendre, on verra que, dans ce système, on peut aller jusqu'à admettre la théorie de la Création, si chère aux Dualistes; non pas, il est vrai, la création *ex nihilo* d'êtres à la fois contingents et substantiels, ce qui nous semble une absurdité ; mais la création du Monde du Fini, tel qu'il se présente à nos yeux, avec son inconsistance flagrante.

L'Être nécessaire, en effet, n'empruntant rien au Monde contingent et fini, peut parfaitement se passer de lui sans que son essence en soit affectée, et sans qu'il cesse d'être absolument et immuablement réel et déterminé.

Reprenons notre hypothèse de tout à l'heure. Toutes ces multitudes de mondes et de systèmes de mondes, que nos télescopes vont chercher au fond de l'Espace, ne sont plus que poussière cosmique (et cette supposition n'est point hasardée, puisque le fait s'est produit à un moment donné pour chacun d'eux) : la Substance nécessaire reste toujours ce qu'elle est.

Cette poussière cosmique, à son tour, se réduit à un fluide éthéré, insaisissable à nos sens : la Substance nécessaire n'a point varié.

Ce fluide enfin se résout lui-même en des manifestations sans cesse et indéfiniment plus déliées : nous voyons toujours apparaître, au dernier plan, la Substance immuable, dans son absolue détermination en soi.

Arrêtons-nous là pour un instant. Nous pouvons parfaitement imaginer qu'il n'y a plus de Monde contingent, puisque précisément ce Monde, étant contingent, n'a point les caractères de la nécessité. Néanmoins l'idée de l'Être nécessaire et par conséquent réalisé, s'impose toujours avec la même et inéluctable autorité. Remontons maintenant cette échelle sans pied. Nous pouvons nous figurer des combinaisons autres et diverses pour chacun des mondes existants, puisque cette diversité, en fait, existe entre eux et qu'eux-mêmes se modifient à tout moment : et cependant ces manifestations n'altèrent toujours en rien l'immuable et absolue réalité.

Cependant, nous ne saurions admettre la Création, même ramenée à ces termes rationnels. L'Être nécessaire, tel que nous le concevons, ne saurait être une formule vague et inerte. Il est quelque chose d'essentiellement vivant et actif. Les modifications du Monde contingent, bien que dépourvues de substantialité, n'en émanent pas moins de cette activité ; puisque autrement, elles seraient sans cause, n'étant que des formes sans nécessité. Or cette activité ne saurait être qu'infinie et éternelle chez l'Être dont elle est un immuable attribut. Nous devons donc considérer l'Être nécessaire, cause première du Monde du Fini, comme infiniment et éternellement agissant ; et dès lors, si ce dernier Monde n'a pas l'infinitude et l'éternité dans le sens que notre Raison assigne à ces mots, quand il s'agit de l'Être *qui ne peut pas ne pas être*, nous devons néanmoins le concevoir, comme sans commencement, sans fin et sans bornes, dans l'Espace et dans le Temps.

∗ ∗

On voit que si nous n'admettons pas un Dieu personnel, suivant le concept anthropomorphiste des Dualistes, nous

nous séparons tout aussi nettement des Matérialistes et des Panthéistes.

Contrairement aux premiers de ceux-ci, nous ne limitons pas l'Être aux grossières manifestations de la Matière, telle qu'elle apparaît à nos sens bornés. Nous nous proclamons Monistes, il est vrai, mais non pas Monistes à la façon naïve de Hæckel, qui pose, pour principe de tout, un mécanisme sans base ; puisque ce mécanisme ne saurait être qu'un simple phénomène, et encore un phénomène superficiel. Les Mécanistes, en effet, ont beau pousser à l'infini la divisibilité de la Matière, pour la résoudre en ce qu'ils appellent la Force ou le Mouvement : ce Mouvement, s'il n'est une pure abstraction, une simple entité métaphysique, comme nous essayerons de le montrer tout à l'heure, ne serait encore qu'une manifestation du Fini. Ils ne sortent pas du cercle vicieux. Leur système n'a pas de fondement réel ; il nage dans le vide ou, si l'on veut, entre deux eaux.

A l'inverse des Panthéistes qui, selon nous, ne se font pas une idée vraiment rationnelle de l'Être nécessaire, nous n'enfermons pas les manifestations du Fini dans l'essence de l'Infini. Pour nous, le Monde contingent se développe à part de la vie centrale de l'Être nécessaire. Nous ne lui accordons pas, il est vrai, de réalité substantielle ; et il n'est pas besoin de métaphysique pour arriver à cette conclusion. La science expérimentale elle-même est parfaitement en voie de nous démontrer que tous les êtres organiques, l'homme compris, ne sont que des composés de formes se résolvant en des éléments insaisissables. Les manifestations contingentes sont, à la vérité, régies par des lois générales, émanant en dernière analyse, du sein de l'Être nécessaire ; mais, encore une fois, elles sont hors de son essence : ce qui est possible, puisqu'elles ne sont pas de l'Être.

Rien donc ne porte atteinte à la spontanéité, à la liberté même de leur évolution, sous l'empire des lois générales qui les gouvernent, et de l'enchaînement des causes secondes, qui se commandent et s'enchevêtrent inextricablement. Il n'y a plus ici que le problème ordinaire du Déterminisme ou du Non-Déterminisme, qui peut s'agiter dans tous les systèmes, même dans le système dualiste. Et la solution de ce problème est, après tout, indifférente à la conception que nous nous faisons de l'Être nécessaire.

Si, malgré ces explications, on persiste à nous appeler Panthéistes, nous dirons : tant pis ! Si, pour être Panthéiste, il suffit de proclamer qu'il n'y a pas, qu'il ne peut y avoir d'être véritable, en dehors de l'Être nécessaire, eh bien, oui, nous sommes Panthéistes ! Le Panthéisme ainsi entendu n'a jamais été, ne sera jamais sérieusement réfuté ; car il est inexorablement impliqué dans l'idée de « Nécessité », qui est le fond même de notre Raison. *Sedet, œternumque sedebit...*

.*.

Il est, en effet, irrationnel de feindre un Être nécessaire qui n'absorberait pas tout l'Être possible. Ceux qui se forment un pareil concept prouvent tout simplement qu'ils ne comprennent rien à l'idée de nécessité. Ils ne sont jamais allés au bout de leur Raison. Selon eux, l'Absolu consisterait plutôt dans la « Perfection infinie ». L'idée de Perfection est, en effet, contenue dans le concept de nécessité, en ce sens que toute imperfection étant limitation ou négation, c'est-à-dire néant, ne saurait être conçue dans l'Être nécessaire. Or, c'est précisément dire que rien ne peut lui manquer, que rien ne peut réellement exister en dehors de lui.

La confusion provient de ce que l'on s'attache à des qualités ou à des attributs, en perdant de vue l'Être substantiel en lui-même. Mais des qualités et des attributs ne sont pas de l'Être. Ce sont des entités métaphysiques, sans existence réelle, de pures abstractions. Quand, par exemple, nous disons : Mouvement, Vie, Intelligence, Pensée, Volonté, nous ne pouvons entendre par là que certaines modifications phénoménales, sous lesquelles l'Être, ou plutôt certains organismes contingents se révèlent à nous. Mais supprimez l'organisme, il n'y a plus ni Mouvement, ni Vie, ni Intelligence, ni Pensée, ni Volonté ; et, encore une fois, ces modifications ne sont pas de l'être substantiel. Il est même douteux que nous puissions les transporter dans l'Être nécessaire, dont l'essence immuable ne comporte peut-être aucun des attributs, propres aux choses finies.

Quand à l'idée de Perfection, telle que la comprennent les Dualistes, c'est-à-dire la divinisation des facultés de la mentalité humaine élevées à leur puissance suprême et absolue, nous la considérons comme un concept purement anthropomorphiste. C'est là, non une vue de la Raison, mais un postulat de la Conscience, qui se cherche, pour ses besoins, un point d'appui et un idéal de perfectibilité. Cet Être *parfait* est le Dieu pratique de l'activité humaine, fait à son image. C'est le Dieu des religions. Nous montrerons plus tard quelle est l'utilité, la légitimité même de cette conception, au point de vue social et moral. En attendant, aux yeux de la « Raison pure », c'est tout simplement le Dieu de M. Vacherot : *Le Dieu parfait, qui n'existe pas ;* ou, si l'on veut : *la Catégorie de l'Idéal*, de Renan.

.•.

Il faut convenir que les Matérialistes, avec leur idée puérile de l'Univers, donnent beau jeu au Dualisme spiritualiste. Quoi donc ? cette Matière accessible à nos faibles sens, prête à nous livrer ses derniers secrets, cette Nature, vivante si l'on veut, mais changeante et mobile, se mesurant dans l'Espace, se succédant dans le Temps, obéissant aux efforts de l'homme, qui peut la manipuler à sa guise, ce serait là l'Être nécessaire et infini ! Pauvre conception, et comme l'on comprend bien qu'elle ne puisse satisfaire un esprit élevé, en pleine possession de sa Raison, qui l'emporte vers l'Absolu !

Toutefois, l'insuffisance de ce système n'autorise pas les Dualistes à doubler l'Univers d'une autre Substance, pour en combler les lacunes et les défauts prétendus. En imaginant une substance étrangère au Monde matériel, ils reconnaissent donc à celui-ci une existence propre. Ce serait de l'Être ; et leur Dieu ne serait pas tout l'Être. Il ne serait plus nécessaire. L'Univers, disent-ils, est son œuvre, sa création. Soit, d'où alors l'a-t-il tiré ? Du Néant ? Il n'y a pas de Néant... De son propre sein ? Il n'y aurait donc plus de Dualisme... On insiste et l'on dit : il l'a tiré de son sein et il lui a donné une existence à part. On retombe ainsi sur la première branche du dilemme. Il ne peut exister d'être à part, en dehors de l'Être nécessaire.

Toute la place est prise ; il n'y en a plus pour personne, ni pour rien, en dehors de lui.

On reviendra à la charge et l'on nous objectera que la Nature ferait alors partie intégrante de l'Être nécessaire ; on rééditera contre nous les facéties plus ou moins spirituelles de Bayle sur Spinosa. Cette Nature, dira-t-on, est un vaste champ de carnage et de dévastation où règnent toutes les immoralités et toutes les turpitudes. C'est Dieu qui se combat lui-même et se vautre dans les vices les plus honteux... Nous pourrions répondre que, les choses étant malheureusement ainsi, ce Dieu serait toujours moins coupable d'en être le théâtre, si c'est un effet de la nécessité, que de les avoir ordonnées de cette façon, pour des êtres tirés de son sein ou du néant, par un acte de sa volonté libre et réfléchie. Si la Nature est immorale, j'attendrai que l'on ait justifié son Créateur d'avoir, de propos délibéré, institué cette immoralité ; d'avoir, par exemple, dans sa bonté suprême, créé la colombe pour palpiter sous les serres du vautour et le faible pour être dévoré par le fort. Nous pourrions, en outre, faire observer, par une comparaison familière déjà employée, que ces mêmes luttes se donnent carrière dans notre propre organisme, où des infinités de vies particulières se heurtent et s'entrechoquent, s'absorbent et se détruisent ; où les poisons attaquent les éléments sains, en se livrant des batailles continuelles. Et si c'est moi, molécule, qui chasse et tue moi, autre molécule, il n'en est pas moins vrai que c'est là précisément ce qui constitue et entretient l'harmonie de ma vie centrale.

Mais ces critiques s'appliquent au Panthéisme proprement dit et non à nous, qui séparons radicalement la phénoménalité de l'être. La phénoménalité, encore une fois, n'affecte en rien l'existence ni l'essence de l'Être nécessaire. La phénoménalité n'est point de l'être. Elle n'en est qu'un reflet purement superficiel ; et tellement superficiel que, quand les phénomènes arrivent à se produire à nos yeux, ils supposent une série infinie de sous-phénomènes, avant de toucher le fond de la Substance nécessaire, laquelle reste, en dehors des variations du Fini, éternellement et immuablement réalisée, indépendamment de cette phénoménalité.

.*.

Eh quoi ! dira-t-on, si les êtres contingents sont ainsi dénués de toute réalité substantielle, ils sont donc dépourvus de personnalité ? Les êtres vivants, sentants, intelligents et moraux que nous sommes, ne seraient que des ombres vaines, des formes illusoires, qui passent et disparaissent, comme dans un kaléidoscope ? Hélas !... Il faut en convenir : s'il y a en nous quelque réalité, c'est par ce quelque chose d'inattingible, au delà de toute analyse et par conséquent en dehors de toute personnalité finie, par quoi nous participons indivisément de la substance nécessaire. Mais la personnalité, pour n'être qu'une illusion, n'en persiste pas moins, à notre point de vue purement humain, telle que nous la montre notre « Raison pratique ». Seulement, comme tout ce qui s'agite dans le Monde du Fini, elle est une condensation passagère d'éléments mobiles et inconsistants, n'ayant de réalité que par rapport à nous et en tant que nous sommes doués pour en avoir conscience. La seule trace qu'elle laisse est l'influence exercée par elle dans l'enchaînement des causes secondaires. C'est une maille servant à relier d'autres mailles dans la trame universelle du contingent. Les Dualistes eux-mêmes, qui voudraient fixer cette instabilité se leurrent et prennent pour réalité l'objet de leurs aspirations. Qu'est donc cette âme substantielle et spirituelle dont ils ont la générosité de nous doter ? Si elle a été créée pour animer un corps terrestre, ne peut-elle également périr quand ce corps lui fait défaut, et qui nous assure de son immortalité ? Ce n'est pas sa nature, car elle n'est pas nécessaire. Tirée du néant, elle peut y rentrer comme elle en est sortie. Que signifie cet argument de l'École : « L'âme n'ayant pas de parties, ne peut se dissoudre, ni par conséquent cesser de vivre » ? Si la mort est une dissociation, la vie, à ce compte, serait donc le résultat d'une association de parties ? Mais alors, si l'âme n'a point de parties, comment a-t-elle pu commencer de vivre ? Et, si elle a commencé, pourquoi ne pourrait-elle finir de même ?

L'âme, si l'on entend par ce mot le principe inconnu de notre être, ne doit pas être cherchée dans les parties élevées de notre organisme, mais dans ses profondeurs et ses dessous. Les psychologues de l'ancienne école prenant pour des faits irréductibles et d'une nature spéciale les manifestations de notre activité mentale, telles que la sensibilité, la pensée, la volonté, la conscience, et étudiant ces manifestations en elles-mêmes en leur déniant toute attache avec les phénomènes de notre vie matérielle, s'étaient crus obligés de les attribuer à une substance particulière superposée à notre corps. Les physiologistes contemporains, au contraire, nous montrent, avec la dernière évidence, que ces manifestations sont tout simplement l'aboutissement de tout un travail purement physique à sa base, et qui s'opère dans nos organes au moyen d'actions, de répercussions et de réactions transmises par les réseaux nerveux, de la périphérie au cerveau et réciproquement. Cependant, quand ils nous ont bien détaillé le jeu compliqué de ces organes, quand ils nous ont parlé de mouvements réflexes, de tendons, de muscles, de nerfs conducteurs, d'innervation, d'éléments récepteurs et moteurs, de ganglions, de grand sympathique, de lobes cérébraux, etc. et qu'ils nous ont fait voir comment tout cela fonctionne pour se transformer en sensations, en images, en idées, en déterminations volontaires et conscientes, croient-ils donc avoir atteint la racine de notre être ? Ils ont fait de la science, il est vrai, de la science positive, et nous ne pouvons que leur en savoir gré, car ils nous ont ainsi débarrassés d'une foule de fantômes qui encombraient inutilement notre pensée. En attendant comme toute science positive, celle-ci plane encore dans le vide, flotte inévitablement *in medias res*. Qu'est-ce en effet que ce mécanisme, ces nerfs, cet influx nerveux, ces substances diverses, grises ou autres, aux attributions différentes, qui composent la masse de notre cerveau ou de notre moelle épinière ? Nous voyons bien le jeu de ces rouages, mais ces rouages d'où viennent-ils et que sont-ils en eux-mêmes ? Comment tout cela s'est-il formé et organisé pour constituer un être vivant, sentant, pensant, voulant ? On ne nous montre donc pas le principe ; on nous présente seulement des phénomènes déjà dérivés d'une source antérieure. Ces phénomènes perceptibles à notre analyse ont nécessairement un support, un substrat, une cause génératrice placée au-dessous d'eux. Ils supposent un autre étage inférieur, une infinité même d'autres étages superposés, que nous ne pouvons atteindre. Le mystère ne s'est donc pas éclairci ; il subsiste toujours ; seulement il s'est déplacé ; au lieu d'être en haut, il est en bas. C'est dans ces profondeurs, où notre conscience ne descend pas, que gisent nos origines, et que réside notre vrai principe vital. Notre conscience n'est qu'une conscience superficielle, n'embrassant que des phénomènes de surface, des résultats derniers. Elle n'est qu'une simple projection extérieure, quelque chose de semblable à l'écume qui court sur la crête des vagues, ou à ces vagues elles-mêmes qui s'engendrent et se détruisent l'une l'autre et qui ne font que rider passagèrement une nappe plus profonde.

La croyance à l'âme substantielle et immortelle, telle que la conçoivent les Dualistes, n'est donc, comme le Dieu anthropomorphe, qu'un postulat de la conscience, un article de foi religieuse. Elle peut avoir son utilité au point de vue pratique de notre vie sociale et morale, mais nous ne pouvons l'admettre comme concept rationnel. Pour nous la véritable immortalité consiste uniquement dans nos attaches avec le substrat universel. Il est clair néanmoins qu'une telle immortalité se perd dans l'ensemble et reste en dehors de toute personnalité phénoménale. Et sous le rapport purement humain, l'immortalité, toute relative, et dont force est bien de nous contenter, est celle que nous garde la mémoire de l'Humanité, selon l'importance des services que nous lui avons rendus.

Quant aux fonctions de l'organisme, telles que la Vie et la Pensée, ce sont là des phénomènes, ou, pour mieux dire, des abstractions, des aspects sous lesquels nous considérons cet organisme en tant que vivant et pensant. Il nous est impossible d'y voir rien de substantiel. Il n'y a pas de Vie ni de Pensée *en soi*. Et puisque nous sommes sur ce sujet, nous voulons ici faire table nette de toutes les abstractions qui composent notre bagage intellectuel.

VII

Il n'est de réellement existant que l'*Être*, l'*Être substantiel*. L'Être seul est un principe.

Que sont, en effet, par exemple, le Mouvement, la Force,

l'Énergie? Peut-il y avoir un Mouvement, une Force. une Énergie *en soi*? On ne peut concevoir le Mouvement sans un sujet qui se meut, la Force ou l'Énergie sans un sujet qui agit. Mouvement, Force, Énergie sont donc des abstractions ou, si l'on veut, des modifications de l'être envisagé par nous sous tel ou tel point de vue. Il en est de même de la Vie et de la Pensée. Que peuvent être la Vie et la Pensée, en dehors de l'être qui vit et qui pense? Si nous nous servons de ces expressions méthaphysiques pour désigner quelque aspect, ou quelque particularité des objets, il reste donc bien entendu qu'il n'y a là pour nous qu'un attribut, un simple mode de l'être, et non une réalité indépendante de l'être lui-même.

Je sais bien qu'en poussant la divisibilité de la Matière à l'infini, on arrive à des éléments si fuyants qu'on ne peut plus leur assigner de figure. On est dès lors porté à considérer ces éléments comme de simples points mathématiques, sans étendue ni consistance. En supposant ces points animés de mouvement ou d'énergie, on les prend pour le Mouvement ou la Force en soi. Mais c'est encore une illusion. Si insaisissables que soient ces points, ils sont cependant encore quelque chose, sans quoi il n'y aurait plus rien, et par conséquent ni mouvement, ni force. Il y a plus, ce quelque chose est toujours de la phénoménalité, et non de la vraie Substance, puisque la vraie Substance est en dehors du Fini.

Ceux-là donc réalisent une abstraction qui mettent le Premier Principe dans le Mouvement, la Force ou l'Énergie, la Pensée, l'Idée ou la Volonté.

Prenons, par exemple, la fameuse *Idée* de Hégel. Qu'est-ce que cela peut bien être? Idée signifie « vue de l'esprit », et il n'y a pas de vue sans un être qui voit. A moins de placer cette « Idée » dans le cerveau d'un être pensant, qui domine et gouverne tout (et alors cette Idée ne serait pas encore l'Être, mais un acte de cet Être) nous ne pouvons entendre par là que le *processus* suivant lequel se déroulent les manifestations de l'Univers; c'est-à-dire une opération de notre esprit constatant que ces manifestations évoluent de telle ou de telle façon. Et, pour constant que soit le mode de cette évolution, il ne nous est pas permis de le dégager sous le nom d'Idée, pour en faire une réalité en soi, en dehors de l'Être qui évolue. L'Idée ne se soutient pas ainsi toute seule, dans le vide, par sa propre vertu ; et donner l'Idée comme un principe, à moins d'y voir l'acte d'un Être supérieur réellement existant et pensant, c'est se payer d'un mot.

Il en est de même de la « Volonté » de Shopenhauer, de « l'Inconscient » de Hartmann. Qu'est la Volonté, si ce n'est le fait d'un être qui veut? Qu'est l'Inconscient, sinon un être qui agit sans se connaître?

Idée, Volonté n'ont ici d'autre signification que celle attachée par nous aux mots : Règle, Loi, Formule. Ce sont là des abstractions et j'ajouterai même : des abstractions au deuxième degré. Car, qu'est-ce qu'une « loi » ou une « formule », sinon le mode suivant lequel se combinent des nombres, des forces, ou des mouvements, qui ne sont déjà eux-mêmes que des abstractions? De sorte que Loi et Formule sont des abstractions d'abstractions.

Pures abstractions aussi, le Temps et l'Espace. Le Temps n'est que la durée des choses, l'Espace leur étendue. Otez les objets, il n'y a plus ni Temps ni Espace.

L'Espace, considéré comme l'étendue de l'Être nécessaire, c'est l'Immensité absolue, la Durée, sous le point de vue de sa permanence, c'est l'immuable Éternité. Ni l'un ni l'autre ne sont susceptibles de division, pas plus que l'Être nécessaire lui-même, dont ils ne sont qu'un aspect, c'est-à-dire encore une simple abstraction de notre esprit. Car, quand on a dit : « l'Être nécessaire », on a tout dit; il ne se laisse pas décomposer.

Par rapport aux êtres ou objets contingents, l'Espace n'est que leur dimension, le Temps leur succession. Sans doute, si le Monde des manifestations du Fini est lui-même sans bornes, sans commencement et sans fin, l'Espace et le Temps sont eux-mêmes infinis; non pas toutefois du même caractère d'infinitude que l'Immensité et l'Éternité, puisque celles-ci, se confondant avec l'Être nécessaire, sont absolument sans parties.

L'Espace et le Temps en soi, pris comme de simples cadres de réceptivité, ne sont donc que des abstractions. S'ils avaient quelque réalité en eux-mêmes, ils seraient des êtres et, qui plus est, des êtres nécessaires. Or, il est clair qu'un Temps et un

Espace vides seraient le pur néant, c'est-à-dire rien. Et dire que « rien » est une réalité, c'est le comble de l'absurde.

Il n'y a donc pas de Temps, mais des choses qui se succèdent ; pas d'Espace, mais des choses juxtaposées ; pas d'Éternité, mais l'Être qui dure éternellement ; pas d'Immensité, mais l'Être qui ne saurait faire défaut nulle part.

Notre « Raison pratique », habituée à voir tous les objets dans leur étendue et leur durée limitées, a pu seule nous fournir l'idée d'un Espace et d'un Temps indépendants de ces objets eux-mêmes. En effet, les espaces interplanétaires, qui nous paraissent inoccupés (bien que l'éther les remplisse), le rapport d'un événement passé à un événement présent, avec solution de continuité, (bien que d'autres événements intermédiaires ne laissent jamais la trame interrompue), nous donnent cette illusion d'un Temps et d'un Espace vides. Mais il n'y a pas de vide. Temps et Espace sont des aspects particuliers sous lesquels nous percevons ce qui existe. Ce sont des fictions de notre aptitude raisonnante, ou, si l'on veut, certains angles visuels sous lesquels nous apparaît l'Être, seule réalité objective.

Donc, l'Être substantiel seul est réel. Tout le reste est attributs, qualités, modes d'être ou d'agir ; soit, encore une fois, autant de fictions, par lesquelles nous tâchons de nous représenter, tant bien que mal, ce que nous pouvons saisir de l'Être avec nos facultés bornées.

Et, quand on y réfléchit, on ne peut s'empêcher d'admirer quelle énigme nous sommes, et, comme dirait Pascal, quel abîme de contradictions, de grandeur et de faiblesse. Notre Raison nous atteste l'existence d'une réalité, mais l'essence de cette réalité nous demeure à jamais inconnaissable. Nous n'en imaginons que des attributs, des qualités, autrement dit, des abstractions. Nos sens, au contraire, aidés de notre Intelligence, nous permettent d'atteindre des phénomènes, et ces phénomènes sont des illusions. Ce qui est réel nous échappe et nous n'embrassons d'une vue claire que ce qui n'a pas d'existence en soi. Fantômes, nous n'étreignons que des fantômes. Et cependant, ballottés sur un sable mouvant, nous sentons, mais à une distance vertigineuse, le roc solide sous nos pas.

VIII

Est-il bien utile, après cela, de nous attarder avec Spinosa, à rechercher quels peuvent être les attributs de l'Être nécessaire ? Spinosa dote sa Substance d'une infinité d'attributs. C'est entendu : pourvu qu'il y ait, par les mondes, des êtres assez puissants, doués d'une infinité de facultés capables d'abstraire ces aspects de l'Être et d'en former des concepts... Quant à l'esprit humain, selon Spinosa, il n'en perçoit que deux : la Pensée et l'Étendue.

La Pensée ! Était-ce bien la peine de nous en parler, si nous ne pouvons nous former aucune idée, même par une comparaison boiteuse avec nous-mêmes, de ce que peut être cette Pensée, et s'il faut en arriver à avouer, avec Spinosa, qu'il n'y a pas plus de rapport entre la Pensée divine et la nôtre « qu'entre le Chien, constellation du ciel et le chien, animal aboyant » ?

Pour l'Étendue, soit : *Deus est res extensa*. Mais Spinosa ne peut appliquer cet attribut qu'à sa « Nature naturée », c'est-à-dire à l'Univers. Et, pour nous, ce n'est pas là l'Être nécessaire. Je sais bien qu'en dernière analyse, Spinosa confond sa « Nature naturée » avec sa « Nature naturante », et ne les distingue que pour la forme : la Nature naturée étant la réalisation en acte de la Nature naturante laquelle est seulement en puissance. Pour lui, la Nature naturée est bien la vraie Substance, puisque tout ce qui existe dans l'Univers ne serait que modes de cette Substance, ce qui peut s'entendre uniquement de la Nature naturée, et en prenant le Fini pour partie composante de l'Infini. Or, là, encore une fois, est l'erreur de Spinosa. La Nature contingente ne saurait être la Substance nécessaire. Et quant à cette Substance, seul Être véritable, qui n'a rien de commun avec le Fini, elle ne saurait être conçue comme étendue, dans le sens matériel que nous donnons à ce mot, et qui emporte l'idée de divisibilité.

Spinosa (à supposer que nous restions toujours dans le domaine de la Nature naturée) aurait pu, ce semble, en cherchant bien, démêler d'autres attributs pour sa Substance. Pourquoi pas d'abord la Durée? Spinosa, il est vrai, paraît considérer l'Étendue comme une réalité et la Durée comme une fiction. L'Étendue, en effet, semble à première vue une qualité positive des corps, un élément de leur conformation ; tandis que la Durée n'est que leur permanence dans le même état, ou l'ordre selon lequel les états se succèdent, sans affecter en rien leur essence, ni ces états tels qu'ils se comportent par des causes intrinsèques. En un mot la Durée ne serait qu'un simple rapport, une pure abstraction. Mais, quand on y réfléchit, on voit qu'il en est de même de l'Étendue quoique, dans une direction différente. La Durée a autant de réalité que l'Étendue, ou l'une n'en a pas plus que l'autre. Les deux notions de Temps et d'Espace sont connexes et liées de telle façon qu'elles ne peuvent être séparées. Elles doivent subir le même sort, dans un sens ou dans l'autre.

Il y a, en outre, le Mouvement. On ne saurait confondre le Mouvement avec la Pensée et l'Étendue. La Pensée implique quelque chose de logique, l'Étendue quelque chose d'inert ; tandis que le Mouvement évoque l'idée d'agitation mécanique et de déplacement. Si, comme disciple de Descartes, Spinosa fait, du Mouvement, l'essence même de l'Étendue, il aurait dû tout au moins nous en avertir. Et il eût été plus rationnel à lui de donner, comme caractère sensible à sa Nature naturée, le Mouvement, de préférence à l'Étendue qui n'est qu'une vaine apparence.

Il y a aussi la Vie ; la Vie à laquelle tout tend et qui anime tout. Si la Vie n'est, au fond, qu'une combinaison du Mouvement, encore faut-il la distinguer de la Pensée, de l'Étendue et des effets purement mécaniques. Cette force organisatrice et vivifiante, qui monte des profondeurs de la Nature, diffère évidemment de la rencontre ou de la balance de deux impulsions.

Pour ce qui concerne les attributs anthropomorphiques, prototypes des facultés humaines, tels que la Toute-Puissance, la Toute-Bonté, l'Omniscience, la Suprême Justice, l'Amour infini, la Perfection morale absolue, etc., ce sont là des qualités qui ne peuvent convenir qu'au Dieu fictif de la Conscience et des Religions, auquel nous n'avons pas affaire ici.

En définitive, « attribut » est un mot qui ne signifie rien, sinon par rapport à notre entendement et à notre manière bornée de concevoir les choses. Quant à l'Être nécessaire, c'est une vaine tentative de rechercher quelles peuvent être son essence et ses qualités. D'accord avec les Positivistes, nous le nommons l'*Inconnaissable*. Nous écartons seulement le doute, pour affirmer énergiquement son existence. Mais cette affirmation épuise le fond de notre Raison. Tout ce que nous pouvons dire de lui, c'est de répéter avec le Poète :

... Il est, Il est éperdument !

IX

Ceux qui, de nos jours, ont tenté une nouvelle explication du Monde, ont tous à quelque égard méconnu la portée de l'une quelconque de nos facultés, ou moyens de connaissance. Et c'est pour avoir sacrifié les unes et exalté les autres qu'ils sont arrivés à des conclusions imparfaites et contradictoires.

Rappelons quelles sont ces facultés. Les Sens, y compris le Sens intime, nous font connaître les phénomènes, tant ceux du dehors que ceux du dedans. La Raison nous montre les objets dans leur consistance globale apparente, et, en dernière analyse, nous atteste l'existence (mais seulement l'existence) de la Substance nécessaire, substrat de tous les phénomènes et de toutes les formes. L'Intelligence, brochant sur le tout, nous fait concevoir les lois, les rapports, fait des constructions idéales, des hypothèses plus ou moins fondées.

Ceux qui tablent sur la donnée des sens externes alliés à la « Raison pratique », s'en tiennent au Matérialisme. Ne s'en rapportant qu'aux apparences sensibles, ils persistent à affirmer la substantialité de la Matière, sans s'apercevoir que cette Matière est essentiellement fuyante et irréelle. Et les Dualistes-Spiritualistes, qui se font de la Matière la même idée que les Matérialistes, tout en corrigeant l'insuffisance d'un tel concept par l'adjonction d'une autre substance dite spirituelle, ne sont, en définitive, que des Matérialistes conséquents.

Ceux qui s'appuient sur le Sens intime, avec l'idée de Conscience, mais qui prennent la constatation d'un simple phénomène pour la révélation de l'être substantiel lui-même, nous rétablissent le Dieu anthropomorphe de la Conscience. Ce sont les Néo-Spiritualistes. Ils partent de la substantialité de l'être pensant comme cause agissante, et remontent par induction à une cause supérieure analogue à l'intelligence et à l'activité humaines. Ils ne remarquent pas qu'en admettant la substantialité des causes secondes, ils limitent la cause première, qui dès lors n'a plus de nécessité, puisqu'elle serait localisée et ne serait plus tout l'Être.

Ceux qui font exclusivement état des procédés de notre mécanisme intellectuel, n'aboutissent qu'à des abstractions. Telle est, par exemple l'Idée de Hégel, avec ses développements successifs. Ce n'est là, au surplus, qu'un autre mode de l'Anthropomorphisme. C'est la transposition dans l'Univers de l'Intelligence *en soi*, calquée sur l'intelligence humaine, et, qui pis est, sans substantialité dernière, sans que nous sortions même du Monde contingent, puisque tout ce processus ne s'applique qu'aux choses fugitives, sans appui ferme hors du Fini.

Quelques-uns qu'effraye la métaphysique obscure de Hégel, se bornent à nous parler de formules : *La Formule Suprême* qui se prononce dans l'éternité! Prononcée par qui ?... Ou bien, tout en reconnaissant une suite liée dans l'écoulement des choses, et sans chercher à en préciser l'origine et les caractères, ils s'en remettent à une impulsion mécanique pour expliquer l'enchaînement des phénomènes ; et ils ne nous entretiennent que de *séries*, comme s'il s'agissait d'une partie de billard. Le billard de l'infini ! Mais encore, où est la table où se dérouleraient toutes ces combinaisons ?

Ceux, chez qui domine la Raison, considèrent l'Univers comme un immense organisme éternel et infini. Ce sont les Néo-Panthéistes ou Naturalistes. Mais, n'allant point au fond de leur Raison, ils ne voient pas que cette Nature changeante et mobile, ne saurait se concevoir comme l'Être nécessaire immuablement réalisé.

Viennent ensuite les analystes qui, se livrant à la critique de la portée et de la véracité de nos facultés, nous refusent toute communication sûre avec l'extérieur, sous le prétexte (fondé d'ailleurs jusqu'à un certain point) que notre pensée, nos sensations mêmes ne sont que des phénomènes purement subjectifs, n'ayant pas nécessairement de corrélation adéquate avec la réalité du dehors. Et, après Kant, voici Bain qui récuse même la connaissance que nous donnent les sens et la Raison pratique, et qui ne voit, dans les objets externes, que de simples *possibilités de sensation*.

D'autres enfin, dégoûtés des incertitudes des spéculations philosophiques, limitent les aspirations de l'Esprit humain aux résultats de ce qu'ils appellent la science positive. Ils font, de la philosophie, une simple classification des sciences.

*
* *

Pour que l'entendement humain donne sa mesure complète, il ne doit négliger aucune de ses sources de connaissance, toutes d'ailleurs également légitimes selon leur ordre. Cependant, la vraie faculté philosophique est ce que nous avons nommé la « Raison pure », qui nous donne l'intuition de l'Absolu. Les sens et l'intelligence ne peuvent nous fournir que des aperçus sur le Relatif. Toutefois ces aperçus ne doivent point être dédaignés et notre tâche est de recueillir les données de toutes nos facultés et de nous efforcer de les accorder entre elles. Et, à cet égard, si nous avions à opter entre les systèmes contemporains, nous préférerions encore celui de M. Caro, qui a récemment remis en honneur le « Νοῦς » d'Anaxagore. Il y a là au moins une vue profonde de la Raison. Nous ferions néanmoins toutes nos réserves sur l'essence de ce Premier Principe, que nous appellerions seulement l'Être nécessaire, sans nous hasarder à lui donner un autre nom.

Notre entendement, d'autre part, ne saurait, sans se mutiler, se borner à la science positive ; si peu positive d'ailleurs qu'elle est sans cesse bouleversée par des remaniements et des découvertes nouvelles. Car, que savons-nous même de la Nature, au milieu de laquelle nous vivons? Que de choses inaccessibles à nos sens, pour lesquelles nous sommes aveugles, sourds, insensibles! Par moments, un coin de voile soulevé, un éclair fugitif (la découverte des microbes, des rayons Rœntgen, etc.) nous font entrevoir des dessous jusqu'alors inconnus. Si nous avions d'autres sens et d'autres facultés, nous découvririons sans doute d'autres aspects que nous ne pouvons même soupçonner. Que vaudraient alors nos conquêtes scientifiques, à les supposer confirmées? Ce qu'elles sont réellement : de simples résultats empiriques et superficiels, dont nous avions ignoré, dont nous ignorerons toujours les causes de plus en plus profondes.

Ce qu'on appelle science positive ne suffit pas, ne suffira jamais aux besoins de l'Esprit humain. Du reste, la notion d'un « au-delà », hors du Fini, est tout aussi positive qu'un axiome de géométrie. Que l'on dispute sur son essence tant que l'on voudra, mais douter de son existence, c'est prouver que l'on ne jouit pas de la plénitude de toutes ses facultés.

Nous ne pouvons pourtant accorder aux spéculations philosophiques la même créance qu'aux affirmations de la science, si bornées qu'elles soient. L'axiome célèbre de l'École Positiviste : « Mysticisme, Métaphysique, Positivisme », est vrai ; non d'une vérité absolue, comme certains esprits trop systématiques ont voulu le prétendre ; mais d'une vérité moyenne, *grosso modo*, comme tout ce que nous pouvons saisir de la réalité ; c'est-à-dire avec beaucoup de déchet et de coulage. C'est, du reste, le cas de l'évolution individuelle, raccourci de l'évolution spécifique et sociale. Dans l'enfance, nous croyons aux revenants, aux génies, aux contes de fées, et les foules restent presque toujours à cet égard à l'état d'enfance. Dans l'adolescence, épris d'idéal, sentant les ailes de notre pensée se déployer, croyant fermement à la rigueur des principes abstraits, nous spéculons à vide et nous prenons parti avec enthousiasme pour les systèmes hardis conçus de toutes pièces. Beaucoup d'esprits, et des plus hauts, persistent même dans ces vues, et de là viennent ces opinions radicales, en philosophie comme en religion et en politique, qui captivent certaines intelligences élevées mais étroites. Enfin, l'expérience et l'étude refroidissent peu à peu cette ardeur candide et généreuse des premiers âges, en nous révélant l'infinie complexité des choses. Une pointe de scepticisme se mêle à nos convictions et nous n'acceptons plus rien que sous bénéfice d'inventaire. Nous ne croyons plus qu'à la science, et encore nous nous défions de ses théories trop hasardées. Cependant, nous n'écartons pas systématiquement les objets plus relevés de nos aspirations, puisque, en définitive, ces objets existent et sollicitent nos efforts. Nous tenons pour assurées les seules vérités démontrées, mais nous tâchons néanmoins, selon nos forces, de nous rendre compte du reste.

A cet égard les Positivistes, par la rigueur de leur système, sont restés au même plan que ceux qu'ils placent au deuxième degré du développement de l'Esprit humain. Ce sont des dogmatistes comme les métaphysiciens. Ils accordent trop à la science, qui n'est pas et qui ne sera jamais aussi certaine qu'ils le prétendent ; et ils ne donnent rien à d'autres tendances légitimes avec lesquelles la Pensée humaine ne saurait rompre sans s'amoindrir. De tous temps, au surplus, les trois éléments de l'évolution ont été mêlés. Les proportions seules du mélange ont varié. Tous trois sont nécessaires à la vie intellectuelle et surtout morale de l'âme humaine. C'est à cette dernière à en prendre et à en digérer ce qui est nécessaire à ses besoins, suivant ses appétits et son degré de culture.

Quant à l'ordre de gradation des trois états, il s'en faut qu'il soit d'une exactitude rigoureuse. Le fait positif est toujours à l'origine ; c'est le point de départ. Mysticisme et Métaphysique ne sont que des constructions subséquentes élevées sur des faits observés. Sans doute, pour des esprits incultes, ces faits ont été d'abord peu nombreux et mal analysés ; mais ils constituaient cependant un rudiment de science positive par lequel l'intelligence a nécessairement commencé, avant de se livrer à d'autres spéculations, puisque ces spéculations ne sont qu'un essai d'interprétation de ces faits. La science, en progressant, n'a pas engendré un état nouveau ; elle a développé son germe et elle a grandi en élargissant sa sphère. Son principe n'est pas récent. Il est dans le premier regard observateur que l'homme intelligent a jeté autour de lui. Si vaste que soit aujourd'hui son domaine, la science ne peut pas suffire aux aspirations de l'âme humaine, car elle n'explique rien et l'âme humaine est surtout avide d'explications.

Ces explications deviennent seulement plus complexes et exigent plus de sévérité, au fur et à mesure que les faits positifs augmentent et se précisent. La science positive, il est vrai, a détruit une foule d'illusions et de superstitions, mais elle ne saurait fermer la porte aux spéculations d'ordre supérieur. Au contraire son vrai rôle est de servir de base à des conceptions théologiques et métaphysiques de plus en plus raisonnables et épurées. Et l'on peut dire que les trois états, loin de se succéder, ont toujours coexisté et doivent progresser du même pas.

Le Positivisme n'est pas une doctrine ; c'est une constatation d'impuissance à fonder une doctrine. Ce n'est pas un nouvel état, c'est la suppression arbitraire des deux autres. Ce n'est pas une épuration, c'est une castration. Ce n'est pas une philosophie, c'est la négation de la Philosophie.

Au reste, si l'axiome positiviste n'est pas d'une vérité rigoureuse, il n'en reste pas moins une règle et une règle très judicieuse de discipline et de critique pour l'Esprit humain. N'attachons de véritable certitude qu'à ce qui est à notre portée et nous est scientifiquement démontré ; mais ne nous privons pas de spéculer sur l inconnu et même sur l'inconnaissable ; puisque c'est une tendance invincible de notre Raison et un besoin de notre vie morale. Tâchons seulement de faire le partage de ce qui est positif et de ce qui n'est que conjectural. La science d'ailleurs est d'un secours puissant, pour aider nos hypothèses, même sur ce qui la surpasse. L'ensemble des données scientifiques éclaire peu à peu, d'un jour de plus en plus lumineux, ce problème de la nature des choses, dont la solution exacte nous échappera à jamais, mais dont nous pouvons espérer d'approcher toujours de plus près.

X

Ce n'est pas seulement l'Être nécessaire qui, en soi, dans son éloignement inaccessible, échappe aux prises de notre entendement. C'est aussi le Monde du Contingent et du Fini, dans ses dernières profondeurs. Comment ce Monde se relie-t-il à l'Être nécessaire ? Où est le point d'attache ? Mystère ! Tout ce que nous savons, c'est que ce Monde n'est pas explicable sans un substrat Ce que nous savons encore, c'est qu'il plonge dans l'Infini par toutes ses racines et par toutes ses extrémités. Nous n'en percevons que des phénomènes plus ou moins superficiels.

Ceux qui expliquent l'Univers par des formules telles que : Pensée, Volonté, Force, Mouvement, à moins qu'ils ne placent cette Pensée, cette Volonté, cette Énergie dans un Être substantiel qui pense, veut, agit, ne s'aperçoivent point qu'ils ne sortent pas du Monde Contingent et n'atteignent point, par conséquent, le principe réel des choses.

Ce sont là, en effet, comme nous l'avons vu, des modes d'action ou d'évolution. Et, cette évolution étant contingente, puisque son caractère est précisément la variabilité, il s'ensuit que tout plane dans le vide et n'est que vaine fantasmagorie. Hégel, par exemple, qui, dans son incommensurable orgueil, croyait dépasser Spinosa, ne voit point qu'il reste bien au-dessous de lui. Spinosa, partant de la Substance, a du moins un point d'appui solide. Son tort est de faire de l'Univers une série de modes de cette Substance, alors que la Substance doit se suffire à elle-même. Avec Hégel nous n'avons plus que des phénomènes sans support, des nuages flottants, une rivière sans source. Et il a beau prendre une abstraction pour une réalité, il ne sort pas même du Monde du Fini.

Hæckel, à son tour, pose le Monisme. Monisme, soit ; c'est aussi notre avis. Mais la Substance unique ou moniste nous la plaçons au-dessus et en dehors du Monde phénoménal. Hæckel semble la confondre avec lui. Il ne s'occupe que des phénomènes et assigne pour loi de leur développement, le Mécanisme, c'est-à-dire un jeu et une balance de mouvements. Mais où prend-il son Mécanisme ? Où en est le principe générateur ? Qui produit ces mouvements ? Encore une fois, il n'y a pas de Mouvement en soi. Le Mouvement n'est pas même un phénomène ; c'est un mode suivant lequel les phénomènes se déroulent et se combinent. C'est une pure abstraction. Et si l'on dit que le Mouvement est inhérent aux choses contingentes, il reste à expliquer sur quoi reposent ces choses contingentes, qui ne sauraient exister par elles-mêmes.

D'autres, au Mécanisme substituent le Dynamisme, mais la question est toujours la même : D'où procède ce Dynamisme ?

Nous ne saurions trop le répéter : toutes les explications de l'Univers sont insuffisantes, si l'on ne pose à l'origine, en dehors et au-dessus de tous les phénomènes, l'Être nécessaire qui est le Substrat universel. Vouloir rendre raison du Monde, sans ce Principe absolu, est une tentative vaine et chimérique.

Établissons-le donc hors de toute contestation ; et puis, examinons comment le Monde contingent, la Nature si l'on veut, se comporte ; si elle évolue mécaniquement ou dynamiquement. Toutefois, ne perdons pas de vue que, dans cette discussion, nous restons en plein dans le Monde phénoménal. Dynamisme ou Mécanisme ne sont pas des principes, mais seulement deux concepts différents du mode de développement et d'évolution des phénomènes. N'oublions pas non plus que nous n'atteignons pas même ainsi le dernier fond de ces phénomènes. Car, ces lois que nous considérons comme primordiales (Force ou Mouvement) ne sont encore vraisemblablement que superficielles. Ce sont des manifestations dérivées d'autres manifestations plus profondes, qui échappent à notre vue fatalement bornée, et qui se succèdent et s'étagent à l'infini, avant de sortir même du contingent et de toucher le vrai Principe initial.

*
* *

Force et Mouvement sont à peu près identiques, si ce n'est que le Mouvement impliquerait plutôt l'idée d'effet, la Force l'idée de cause. Mais, pour ceux qui prennent le Mouvement pour un principe en soi, le Mouvement se confond avec la Force ou l'Énergie, puisqu'il serait sa cause à lui-même. L'antagonisme entre le système Mécaniste et le système Dynamiste n'est donc pas là. Il consiste dans une conception différente du mode évolutif de la Nature.

Pour les Dynamistes, la Nature est une sorte d'organisme évoluant suivant une coordination d'ensemble, et déroulant les phases et les vicissitudes de son existence, selon une disposition intrinsèque qu'elle porte en elle, de la même manière que le corps de la plante ou de l'animal se développe en emplissant la forme virtuelle contenue dans son germe. Et remarquons qu'il n'est pas question ici de *Finalité*, dans le sens que les conceptions anthropomorphistes attachent à ce mot, mais seulement d'*affinité* et d'harmonie supérieure ou d'ensemble.

Pour les Mécanistes, au contraire, il n'y a pas de Nature. Ce que l'on appelle ainsi est la résultante de tous les accidents produits par la rencontre, le choc et la combinaison fortuite des éléments ou des mouvements.

Les Dynamistes admettent une Force initiale et dominante d'adaptation qui préside à tout. Les Mécanistes ne reconnaissent que des mouvements multiples, qui se balancent et s'équilibrent. Dans le premier système l'Ordre est à l'origine et vient d'en haut. Dans le second, il est un résultat accidentel et procède d'en bas. Ce dernier système, comme on le voit, n'est autre que l'Atomisme des anciens, les mouvements remplaçant les atomes.

Nous pourrions prendre cette question de haut et affirmer *à priori* que, pour quiconque a l'intuition de l'Être nécessaire, source d'où tout émane, le Dynamisme seul est acceptable. Cependant, comme nous avons posé que le Monde phénoménal est un ensemble de manifestations sans existence substantielle, et n'intéressant pas la vraie Substance en elle-même, nous pourrions admettre, à la rigueur, le Mécanisme et les combinaisons du hasard. Et nous verrons plus loin qu'il faut, en effet, faire une part à la contingence fortuite.

Mais nous soutenons que, tout au moins dans ses grandes lignes, et sauf le coulage et les déchets insignifiants, la Nature est mue par le Dynamisme. Nous allons essayer de le démontrer par l'observation et l'expérience.

.˙.

Ce qui s'offre de plus général à nos yeux, quand nous considérons l'Univers, c'est l'aspect astronomique. C'est là surtout que le Mécanisme semble régner en maître incontesté. Examinons toutefois.

D'après la théorie Newtonienne, les astres gravitent les uns autour des autres en vertu de leur attraction réciproque. Notons-le d'abord en passant, cette attraction serait plutôt du Dynamisme que du Mécanisme. D'après cette théorie, la gravitation résulte de la balance de deux mouvements se faisant contrepoids : le mouvement centripète et le mouvement tangentiel. L'attraction explique bien le premier mouvement ; mais le second d'où vient-il ? Aussi, Newton reste-t-il obligé d'admettre que le Créateur, en douant les corps célestes de la propriété de s'attirer réciproquement, leur a imprimé un mouvement en ligne directe, qui se transforme en courbe fermée par suite de l'influence attractive. Autrement, en vertu de l'attraction seule, ces corps tomberaient les uns sur les autres.

Était-ce donc bien, pour les disciples de Newton, le cas de chanter victoire et de proclamer, avec Voltaire, la suppression des causes occultes? D'abord, le principe de l'attraction est, en lui-même, tout aussi occulte que les autres principes. Ensuite, cette théorie ne rend compte naturellement que d'un seul des éléments du problème. Il reste à savoir d'où vient le mouvement tangentiel. S'il faut toujours supposer une *main*, qui a placé les planètes à l'endroit précis, et leur a imprimé exactement le mouvement voulu pour faire équilibre à la force attractive, ce n'est pas là une explication scientifique. Il était bien plus simple de laisser cette *main* faire le tout, que de lui enlever une moitié de sa besogne, en l'astreignant à continuer de s'occuper de l'autre moitié.

Les tourbillons de Descartes, au moins, donnaient l'origine du mouvement circulaire, et, en même temps d'un troisième mouvement, celui de la rotation des astres sur leur axe, dont le système de Newton ne rend aucunement compte.

Mais la constance et la perfection de cet équilibre, entre le mouvement centripète et le mouvement tangentiel, peuvent-ils bien s'expliquer par les seules lois de la mécanique? Pour que la pondération reste exacte et pour que l'ordre ne soit pas troublé, les deux mouvements doivent demeurer inaltérablement soumis à une équation d'une précision rigoureuse. Or, tout cela paraît comme trembler sur la pointe d'une aiguille. A la moindre perturbation, l'astre qui gravite autour d'un autre devrait tomber sur son centre ou être lancé dans l'espace. Et ces perturbations sont fréquentes dans les mondes planétaires. Voici, par exemple, la planète *Mars*, qui tourne autour du soleil. A sa conjonction avec *Jupiter*, elle subit l'attraction de ce dernier et dévie sensiblement de son orbite pour tendre vers l'astre perturbateur. L'équilibre parfait, entre la force attractive et le mouvement tangentiel, va donc se trouver rompu; à moins que l'attraction de Jupiter n'ait produit, en même temps, un ralentissement correspondant dans la vitesse circulaire de Mars. C'est ce qui arrive en effet. De même, quand la perturbation a cessé, l'astre influencé reprend sa première position, avec sa vitesse tangentielle antérieure. D'où proviennent ce ralentissement et surtout cette réaccélération, indispensables pour que le trouble soit seulement momentané, si l'on suppose les deux mouvements originairement indépendants l'un de l'autre ?

Dira-t-on que l'éloignement ou le rapprochement du centre attractif a précisément pour effet de diminuer ou d'augmenter la vitesse circulaire? Eh, parbleu, je le vois bien. Mais cela prouve que les deux mouvements procèdent d'une cause unique, et ne sont pas en antagonisme pour se contrebalancer réciproquement ; qu'au contraire, ils sont connexes et agissent d'ensemble, sous la même impulsion.

D'autre part, en dehors même de toute perturbation accidentelle, la vitesse du mouvement tangentiel n'est pas constante pour le même astre. Elle varie suivant les courbes de l'orbite de cet astre. Ceci ne s'expliquerait pas si ce mouvement était autonome et indépendant. D'après le système de Newton, étant donnée une puissance attractive exactement combinée avec un mouvement tangentiel initial, qui lui ferait contrepoids parfait, ces deux mouvements étant d'origine diverse et n'ayant de connexité que par leur opposition, les orbites des planètes devraient être parfaitement circulaires. Or, il n'en est rien. Ces orbites sont elliptiques, l'astre central occupant un des foyers de l'ellipse.

Il s'ensuit que l'astre gravitant autour de son centre subit une attraction plus ou moins forte, selon la position qu'il occupe, plus ou moins rapprochée du noyau. Et nous voyons le mouvement tangentiel se modeler exactement sur l'attraction, s'accélérer ou se ralentir suivant que la courbe de l'orbite est plus ou moins prononcée. Cette particularité devient encore plus frappante quand il s'agit des comètes. C'est la preuve qu'il n'y a pas ici lutte, mais accord et concert. Les deux mouvements sont commandés par une force unique et harmonique, dont ils ne sont que deux effets surbordonnés l'un à l'autre et liés entre eux par une cause commune.

L'attraction est ici hors de toute discussion. Il est certain que les corps célestes s'attirent, comme le prouve l'influence des astres perturbateurs. On n'a pas même de raison de mettre en doute l'application des lois de Képler à la gravitation planétaire, si ce n'est qu'au *carré* il faut substituer le *cube* des distances. Mais nous inclinons à croire que la combinaison de l'attraction avec un mouvement tangentiel indépendant, est une garantie bien médiocre de la stabilité de l'équilibre. Ce résultat mécanique a grandement besoin d'être appuyé sur quelque fondement plus solide, et qui rende cet équilibre imperturbable.

Nous pensons donc qu'à côté de la force attractive il y a une force répulsive. Chaque corps céleste aurait ainsi autour de lui, constituant son domaine propre, une sphère d'expansion, impénétrable à ses voisins, à la limite de laquelle ils sont retenus respectivement par l'attraction, mais avec impossibilité d'empiéter les uns sur les autres. Nous le déclarons franchement, à tort ou à raison, ce n'est pas nous que la crainte d'une collision entre notre planète et un astre vagabond empêchera jamais de dormir.

En admettant cette hypothèse, on comprend bien mieux la stabilité du cours des astres, malgré les perturbations passagères. Ces astres, en gravitant autour d'un centre, ne sont plus suspendus dans le vide, à la merci du moindre heurt. Ils sont comme s'ils roulaient sur une surface résistante, représentée par l'influence expansive de l'astre central.

Dans l'hypothèse newtonienne, comme nous l'avons dit, on ne saisit pas bien pourquoi les orbites des planètes sont elliptiques, alors qu'elles devraient être circulaires. On le comprend au contraire parfaitement, si l'on suppose, autour de l'astre central, une atmosphère d'expansion, affectant la forme ovoïdale, qui paraît si chère à la Nature. Le mobile étant alors comme s'il roulait autour d'un plan résistant, la force d'attraction, qui le sollicite, rencontre la force expansive qui l'oblige à suivre une marche oblique. Si la force attractive s'accentue, comme il arrive dans les courbes plus prononcées, où l'astre gravitant se trouve plus rapproché du foyer occupé par l'astre central, la vitesse de la marche oblique s'accentue également. Si, au contraire, par suite de l'éloignement, la force d'attraction diminue, la vitesse de la chute oblique diminue en proportion. C'est justement l'effet qui se produit quand on fait glisser un mobile sur un plan incliné. La pesanteur alors est la seule force agissante. Elle précipite directement le mobile sur son point d'attraction ; la résistance de la surface fait dévier ce mobile et la vitesse de la chute se modifie suivant que la pente est plus ou moins rapide, et selon le plus ou moins d'intensité de la puissance attractive.

D'après cette théorie, l'attraction serait la seule et unique cause de la gravitation. La *chiquenaude initiale*, qui imprime le mouvement tangentiel, devient complètement inutile ; surtout si l'on admet, à l'origine, le mouvement de rotation, sur son axe, du tourbillon de matière cosmique d'où est né le système planétaire. On se rend compte également de ce dernier mouvement rotatoire des astres sur eux-mêmes. En outre, on comprend parfaitement pourquoi les deux mouvements centripète et centrifuge sont toujours solidaires l'un de l'autre, puisqu'ils sont les deux effets connexes d'une même impulsion. Enfin, on peut s'expliquer comment l'équilibre est nécessairement inaltérable.

Mais c'est là du Dynamisme et non plus du Mécanisme.

Il convient toutefois de remarquer que l'atmosphère d'expansion de l'astre central devait dès lors varier, et être différente, relativement à chacune des planètes qui l'entourent. Or, rien n'est plus facile à comprendre, si l'on se reporte à la genèse et à la formation du système planétaire. La planète la plus éloignée du centre s'est, par exemple, détachée la première du tourbillon ; et elle continue à se comporter à l'égard du reste de ce tourbillon, comme si ce dernier ne s'était pas morcelé de nouveau plus tard, car ce morcellement ultérieur n'affecte en rien la masse centrale, par rapport à la planète détachée. Une seconde planète s'étant formée à la nouvelle limite du tourbillon réduit de cette façon, cette planète se trouve influencée par ce qui reste intérieurement du tourbillon ; et, de même, jusqu'à la planète la plus centrale, qui ne subit plus que l'action seule du noyau définitivement solidifié. Ainsi, il faudrait tenir compte, pour la planète la plus rapprochée du noyau central, de la force d'expansion inhérente à ce noyau restreint à lui-même ; et, pour les autres planètes, en remontant jusqu'à la première en date et la dernière en éloignement, de l'expansivité de la masse formée par le noyau central combiné respectivement pour chacune avec les planètes intermédiaires ; le tout représentant le tourbillon tel qu'il se comportait, avant les dislocations successives qu'il a subies.

Il resterait, dans cette hypothèse, à expliquer le mouvement particulier des comètes. Mais on n'est pas encore fixé sur la nature de ces astres errants. Les comètes sont-elles des corps durs et compacts pétris des mêmes matériaux que les planètes? Sont-elles de simples vapeurs incandescentes? Leur éclat leur est-il propre, ou n'est-il qu'un reflet emprunté? Tout ce que nous pouvons en dire, c'est qu'elles obéissent à d'autres lois de gravitation que les planètes formant le fond stable du tourbillon. Et, quelle que soit leur composition, il semble qu'on peut, sans témérité, les assimiler à ces effluves qui ont la propriété de traverser les corps terrestres, sans se mêler à leurs éléments constitutifs, et qui passent même d'un corps à un autre. Il y a, en effet, des comètes qui, dit-on, visitent plusieurs systèmes planétaires.

**

Cette dernière comparaison des corps terrestres avec un tourbillon cosmique n'est pas sans fondement, et nous allons retrouver ici la confirmation incontestable de notre théorie de l'expansion. On admet généralement que les lois de la gravitation sidérale et planétaire ne sont pas d'une autre nature que celles du mouvement moléculaire dans les corps solides, liquides et gazeux. Les molécules s'attirent en vertu de la loi de cohésion, et cependant, même dans les corps les plus durs, ces molécules ne se touchent pas. Chacune a autour d'elle un espace libre qui est son atmosphère d'expansion, impénétrable à ses voisines. L'eau, par exemple, arrivée à un certain degré de compression, n'est plus susceptible de réduction dans son volume; l'attraction moléculaire y agit (nous l'appelons viscosité), mais, en même temps, la force répulsive entre les molécules y est tellement incoercible, que sur un décimètre cube de ce liquide vous briseriez un pilon d'acier, avant de rapprocher ces molécules plus que leur nature ne le comporte. L'influence de la température est, à cet égard, plus puissante que toute pression mécanique. Suivant le degré de chaleur, les corps se dilatent, tout en restant solides, ou bien deviennent liquides ou même gazeux. C'est-à-dire que, sans modifier leur composition chimique, et sans perdre absolument leur cohérence, les molécules de ces corps se rapprochent ou s'éloignent dans des proportions considérables. Et l'on sait avec quelle violence elles s'emparent de l'espace nécessaire à leur expansion. Une simple vapeur d'eau suffit pour déplacer des masses énormes. De même, rien ne résiste à l'explosion des molécules ennemies. Quelques pincées d'une poudre qui s'enflamme font voler en éclats le fer et l'acier, sauter les monuments, disloquer les montagnes.

D'autre part, comment, dans la théorie mécanique, expliquer la cohésion dans les corps durs? Si les molécules qui composent une barre de fer ne se touchent pas, si elles gravitent à distance les unes des autres, pourquoi la nécessité d'un effort si violent pour les séparer? Et, une fois qu'elles sont disjointes, pourquoi ne se ressoudent-elles pas, quand bien même on les resserrerait, autant qu'elles l'étaient auparavant, par une pression équivalente à la force d'adhésion qui les liait primitivement entre elles? Pourquoi, pour reproduire cette cohésion, faut-il dénaturer leur substance, les soumettre à une opération où de nouvelles forces entrent en jeu, les amener à l'état de fusion, pour leur permettre de s'amalgamer de nouveau, dans des conditions différentes de leur contexture primitive? Pourquoi la force de cette nouvelle cohésion varie-t-elle par le passage plus ou moins brusque d'une température à une autre, comme dans la trempe de l'acier? Pourquoi enfin en est-il différemment dans les tissus vivants? Les lèvres d'une blessure se recollent; les deux fragments d'un os brisé adhèrent de nouveau par un travail de reconstitution nommé exostose. Ceci ne peut s'expliquer que par la force organique ou vitale rayonnant dans tout l'être, et non par une combinaison qui, si elle était purement mécanique et indépendante d'une force centrale directrice, s'opérerait tout aussi bien sur un corps mort.

Ce n'est certainement pas l'équilibre de mouvements pondérés qui peut produire de tels effets. Si les lois de la Nature sont les mêmes dans l'infiniment grand et dans l'infiniment petit (et il n'y a de grand et de petit que par rapport à nous), nous pouvons considérer tout un système planétaire, toute une nébuleuse, toute une agglomération de mondes, comme un corps analogue à la pierre que nous foulons aux pieds, comme une goutte d'eau, comme un nuage aérien. Les astres seraient les molécules de ces corps. Ils gravitent entre eux suivant des lois chimiques ou dynamiques et non mécaniques. Ou plutôt il n'y a, dans la Nature, ni mécanique ni chimie; ce sont là des distinctions arbitraires à notre seul usage, selon les apparences que les choses revêtent à nos faibles yeux. Au fond, les procédés de la Nature sont partout identiques. Qu'arriverait-il si quelques degrés de chaleur de plus s'introduisaient dans les espaces interplanétaires? Sans doute, nous verrions le cours des planètes se modifier, et les astres, comme les molécules des corps, s'écarter les uns des autres, tout en continuant à rouler dans des orbites agrandies.

Le prétendu mécanisme astronomique est donc, au fond, du dynamisme. Et, s'il en est ainsi dans cet ordre de choses que le système mécaniste pouvait considérer comme son fort inexpugnable, que devient cette théorie si nous examinons plus profondément le travail de la Nature?

XI

Tout, dans la Nature, proclame le Dynamisme universel. L'équilibre mécanique de mouvements divers et contraires, qui luttent et se contrebalancent, peut-il bien rendre compte de l'énergie qui anime tout et dont rien ne se perd? du bouillonnement des laves, du fracas de la foudre, de la fermentation des matériaux chimiques dans les laboratoires naturels, comme au fond des creusets, et enfin de la vie? Laissons de côté les procédés suivant lesquels les corps dits inorganiques se constituent, se désagrègent, se recombinent, se cristallisent, sous des aspects, dans des proportions et selon des formes constantes, obéissant à une poussée directrice qui ne laisse rien au hasard d'un faux mouvement; et considérons la Nature dans son incessant travail de gestation, d'enfantement, de développement des êtres vivants. Pas un millimètre cube d'humus dans lequel ne s'agitent des myriades d'êtres organisés; pas une pincée de poussière, pas une goutte d'eau vue au microscope, qui ne recèle tout le fourmillement d'un monde. Creusez plus avant, ramassez dans une carrière un morceau de craie, vous y constaterez la présence de myriades de carapaces minuscules ayant revêtu autant d'organismes vivants. Et, si vous réfléchissez que ce morceau de craie appartient à une couche enveloppant notre globe sur une épaisseur de plusieurs kilomètres, votre imagination reculera épouvantée devant l'intensité du grouillement vital qu'il a fallu, pour constituer un pareil ossuaire. Et c'est là encore seulement ce que notre vue débile peut apercevoir ; chacun de ces êtres, à peine perceptibles, est, à son tour, un univers pour d'autres êtres plus infimes. A quelles profondeurs descendent ces manifestations de la Vie? A l'infini, sans doute.

Les entrailles du sol renferment ainsi les vestiges superposés de générations innombrables qui se sont succédé à sa surface, se modifiant sans cesse, évoluant sous l'influence des milieux. On peut dire que toute l'écorce terrestre n'est que matière vitale fossile ayant, à un moment donné, composé quelque tissu d'un corps organisé, plante ou animal, et fournissant encore l'aliment de tout ce qui végète, se meut, pense, veut et agit... Et reportez, en outre, tout cela sur chacun des mondes qui pullulent dans l'espace sans bornes...

.*.

Mais suivons, dans son incubation et dans sa formation, l'un de ces organismes. Deux cellules, l'une mâle, l'autre femelle (et pourquoi mâle et femelle?) se joignent. Que résulterait-il de là en mécanique? un accouplement de cellules, voilà tout. Peut-être, si une troisième vient s'y adjoindre, puis une quatrième, et ainsi de suite, se fera-t-il un agrégat de matière plus ou moins considérable, suivant la rencontre. Or, voyez ce qui se passe : ces deux cellules se pénètrent, se fondent l'une dans l'autre, et de cette fusion naît un germe, que vous n'apercevriez pas à l'œil nu, et qui contient déjà virtuellement un chêne, un éléphant, un homme. Et non pas un homme quelconque indifféremment, mais un être qui possède en puissance toutes ses formes, toutes ses qualités, tous ses défauts ; à qui l'on pourrait, si le regard était assez perçant, prédire dès maintenant qu'il végétera obscur et ignoré, ou qu'il porte déjà, dans son sein, les destinées des empires. Ce germe, en vertu d'un pouvoir intrinsèque, appelle à lui les éléments qui lui conviennent, les absorbe, se les assimile, les façonne pour emplir sa forme potentielle. Il grandit et se maintient en éliminant, par un incessant travail, les matériaux qui le constituent, les remplaçant au fur et à mesure par de nouveaux. La matière même qui composait le germe primitif a disparu ; la force évolutive déposée dans ce germe est restée, et c'est toujours le même être à travers les phases successives de son existence. De cet être sortiront à leur tour des milliers d'autres germes. La plupart avorteront ou périront, car ils ne sont qu'en puissance, et cette puissance peut disparaître comme elle est venue. Mais si l'un d'eux rencontre un terrain favorable, le même travail recommencera.

Et qui nous dira ce qui s'agite de forces vivifiantes dans cet être : et les procédés de l'assimilation et de la nutrition, et la circulation du sang dans les veines et les artères, son épuration continuelle au contact de l'air dans les poumons, et l'ébranlement des tendons pour produire les mouvements, et les décharges nerveuses à travers ces réseaux de fibres si menues et si prodigieusement emmêlées, dont il n'est pas une qui reste inutile, pas une qui n'ait sa fonction dans l'ensemble harmonieux de l'organisme ; enfin, le jeu des molécules cérébrales dans la sensation, la mémoire, la pensée, la conscience, sous l'empire des passions, sous l'effort de la volonté ! Et tout cela pourrait se réduire au simple mécanisme, et être le résultat d'une adaptation fortuite !

En vérité, il faut avoir une foi bien robuste dans l'efficacité des combinaisons du hasard, pour s'imaginer, par exemple, que l'œil de l'animal, cet instrument d'une délicatesse et d'une précision si étonnantes, n'est qu'un produit purement accidentel, et que, si cet organe se trouve agencé de manière à transformer les vibrations de l'éther en sensations visuelles, il ne le doit qu'à la rencontre occasionnelle d'accidents heureux ! Tout au moins devrait-on admettre que le besoin crée l'organe, que le milieu en favorise l'éclosion et le développement, et qu'il y a effort des deux parts pour se mettre à l'unisson. Or, c'est là précisément le Dynamisme.

Je ne voudrais pas mêler des considérations d'apparence poétique à des spéculations d'ordre purement philosophique. Néanmoins, je demanderai aux partisans du Mécanisme, qui font résulter toutes les manifestations de la Nature de la balance de mouvements indépendants et des froides et insensi bles combinaisons du hasard, s'ils ont suffisamment pris garde aux phénomènes de la végétation et de la fécondation de la Vie. Ont-ils prêté l'oreille à ce profond murmure qui monte, au printemps, des flancs de la planète, révélant l'ardeur procréatrice qui anime tous les êtres? Faut-il leur décrire la sève qui fermente, le sang qui bouillonne, les fleurs qui se penchent l'une vers l'autre, l'étamine qui recherche le pistil pour le pénétrer, les insectes qui bruissent et se poursuivent, dispersant le pollen, les animaux qui rugissent ou roucoulent d'amour dans les forêts, et tout ce renouveau périodique attestant que le GRAND PAN n'est pas mort, qu'il ne mourra jamais! Et dans cet immense rut de la Nature que de germes avortés, que de semences perdues! Non, tout n'est pas réglé par le principe mécanique de la « raison suffisante ». Il n'est pas vrai que tout s'équilibre par une équation exacte, suivant la loi du « moindre effort ». Il y a au contraire, au fond des choses, une énergie débordante dont une partie seulement trouve son emploi et qui décèle un foyer inextinguible de force organisatrice et de vie.

XII

La doctrine moderne de l'Évolution et du Transformisme, doctrine confirmée par des faits indéniables et aujourd'hui assise sur des bases tellement solides, qu'on peut la considérer comme appartenant à la science positive, a été revendiquée par les partisans du système mécaniste. A tort, selon nous. Cette doctrine s'accommode bien mieux du Dynamisme.

L'Évolution, en effet, implique bien plutôt une force qui se déploie suivant des lois d'ensemble, qu'une série de mouvements divers se heurtant pour engendrer un résultat accidentel. Toutes les phases évolutives de l'existence d'un être sont déjà contenues en puissance dans son germe, et ses développements sont commandés *ab initio* par la virtualité recélée dans ce germe. Sans doute ces développements sont toujours influencés par les circonstances extérieures et ambiantes. Cependant, il n'en est pas moins vrai que l'impulsion initiale domine toujours et que les modifications sont l'accessoire. Ce qui est exact de l'être individuel l'est aussi de la Famille, de la Race, de l'Espèce. Mais il faut reprendre la question de plus loin.

D'après la théorie de Darwin, des variations *accidentelles* se produisent dans la conformation des êtres. Ces accidents par une circonstance *fortuite* rencontrent un autre *accident* favorable dans le milieu ambiant, et ainsi se fait l'adaptation. Cette adaptation nécessite donc la concordance de trois hasards : hasard dans la variation de l'être ; hasard dans la variation du milieu ; et hasard qui met en présence ces deux premiers hasards.

Pour assurer la permanence et la progression de cette adaptation, Darwin pose deux lois : celle de la transmission par l'hérédité, et celle de la conservation des variations utiles ; les variations nuisibles ou simplement inutiles, se trouvant à la longue éliminées par la concurrence vitale.

Utiles ou nuisibles à quoi ? S'il n'existe point, je ne dirai pas un type idéal, ce qui dénoterait un plan préconçu dans une Intelligence créatrice, mais au moins une affinité antérieure et supérieure, une virtualité immanente dans les choses, qui les pousse vers une organisation progressivement meilleure, en quoi un accident peut-il être utile ou nuisible ? Il est ce qu'il est, vaille que vaille ; et le résultat doit demeurer tel que le fait le hasard de la rencontre. On ne conçoit d'utilité qu'au point de vue d'un but à atteindre, et, sans but, tout est indifférent. On dit : celui qui est le mieux outillé triomphe dans la lutte. Mieux outillé en quoi, et pour quelle lutte ? Une lutte suppose un effort vers un objectif à poursuivre, vers un résultat à réaliser, ce résultat fût-il vague et indéterminé. Il y a donc tendance au progrès. Et alors ce n'est plus là du Mécanisme, qui ne saurait que consacrer un effet tel quel. C'est au contraire du Dynamisme, comportant une poussée latente vers le mieux.

D'après le système de Darwin, le principe et l'agent régulateur du progrès est la concurrence vitale en vertu de laquelle l'être le mieux doué élimine ses adversaires. Soit. Mais pourquoi, encore une fois, un être serait-il mieux doué qu'un autre dans un ordre de choses où l'on n'admet pas, sinon de perfection typique, du moins une coordination en puissance qui classe cette supériorité ? D'où lui viendrait d'ailleurs cette supériorité qui lui assure la prédominance, si l'on nie une force plastique qui a travaillé à son profit pour cette coordination supérieure ? Si c'est là l'effet d'un pur accident fortuit, les monstres devraient prédominer, car la monstruosité constitue le plus souvent une supériorité. Un géant est plus puissant qu'un homme ordinaire; un génie est supérieur à une intelligence médiocre. Pourquoi donc ne voyons-nous pas les géants se perpétuer et écraser leurs concurrents; les génies, par leur reproduction, exclure les intelligences ordinaires en vertu de la loi de l'hérédité et de la conservation des variations utiles ? Au contraire, toutes les supériorités dépassant la moyenne, ne sont que des phénomènes passagers, qui tendent à disparaître comme ils sont venus, pour se noyer dans la masse et se ramener au niveau normal.

Mais, dira-t-on, l'exubérance d'une faculté spéciale ne constitue pas nécessairement une supériorité réelle. Elle est souvent un déséquilibre. Les plus grands, les plus forts, les plus intelligents ne sont pas toujours les plus vivaces, ni les plus endurants dans la lutte pour la vie. Sans doute, et cela prouve précisément que la vraie supériorité consiste dans la conformité avec un type moyen harmonique.

Et ce type, une fois formé par la Nature, il n'est au pouvoir de personne de le modifier en dehors des cadres qu'elle-même a tracés. En vain, par des croisements entre espèces différentes, a-t-on tenté d'obtenir des produits mixtes et hybrides. Ces types, si bien organisés qu'ils paraissent pour la lutte de la vie, sont voués à l'impuissance de se reproduire, ou bien retournent peu à peu à la forme primitive, dénonçant ainsi une Force plastique naturelle qui ne tolère pas de rébellion.

Quant à la loi de la transmission par l'hérédité, elle est bien réelle. Mais, comment peut-on parler de lois dans un état de choses où tout est le résultat d'accidents fortuits ? Que de la rencontre de deux accidents, il se dégage des séries d'effets qualifiés du nom de « lois » : je le veux bien. En d'autres termes, je consens à admettre, pour votre système, des lois qui seront des *formules*, c'est-à-dire la constatation et la conséquence du balancement des mouvements. Si au contraire, vous me posez d'abord des lois qui commandent le jeu de ces mouvements, je vous arrête et je vous dis : « Vous n'êtes plus des Mécanistes ». D'où viendrait, en effet, la loi de la transmission par l'hérédité, par exemple, dans votre système ? Une telle loi est antérieure et supérieure à vos combinaisons, puisqu'elle les régit. Or, si les mouvements ne sont plus autonomes et indépendants les uns des autres, s'équilibrant par leur seul antagonisme et donnant des résultats tels quels, impossibles à classer et à prévoir, ce n'est plus du mécanisme, mais le produit d'une impulsion qui commande ces mouvements d'ensemble.

J'en dirai autant de cette autre loi que Darwin appelle la « corrélation de croissance ». Une telle loi n'implique-t-elle pas une symétrie potentielle intime dans le mode de développement des êtres ?

Et puis, supposons une combinaison de mouvements ayant par hasard façonné un être organique. Cet organisme fonctionne, je l'accorde. Mais comment, en mécanique, en produirait-il un autre, plusieurs autres semblables à lui, quoique en dehors de lui, et tout en restant lui-même ce qu'il était ? Une horloge n'engendre pas une horloge. Si l'on m'objecte que les mouvements, en se répercutant, donnent naissance à d'autres mouvements par séries, je ferai d'abord remarquer qu'un mouvement qui se communique se perd dans le mouvement communiqué, à moins qu'il n'y ait une force génératrice de mouvements persistant après l'effort. Et ceci est du Dynamisme.

Je demanderai ensuite d'où peut provenir la *variabilité*, loi également posée en principe par Darwin et qui est même son point de départ. Une machine bien ajustée ne varie pas. On n'a jamais vu le mouvement à cylindre d'une montre se métamorphoser en mouvement à ancre. Une machine construite de main d'homme est sujette à se détraquer, sans doute ; non à se modifier. Celle qui est formée par le jeu des mouvements naturels ne saurait, il est vrai, se détériorer, si l'on admet la constance et la conservation de la même quantité de mouvement. Mais une fois que l'adaptation est faite et bien faite, elle devrait persister sans changement, en vertu des lois de la mécanique. Si donc vous constatez la variabilité des êtres, c'est donc qu'il y a une force qui les pousse à la variation. Et, de fait, Darwin lui-même, qui avait d'abord nié l'influence du milieu ambiant sur les variations de l'organisme, a avoué plus tard qu'il s'était trompé. Or, ceci est la ruine du Mécanisme, puisqu'il faut reconnaître la plasticité du germe sous l'action harmonique de l'ensemble des conditions où il vit et se développe. C'est renoncer implicitement à la théorie de l'adaptation fortuite.

.·.

Comme processus évolutif, la théorie de Darwin est désormais hors de doute. Seule, l'explication qu'il en donne est contestable. On a remarqué toutefois que les variations ont été quelquefois plus brusques qu'il ne le pense ; ce qui tend encore à démontrer l'action d'une force plastique harmonique. Du reste, Darwin n'a pas eu, que nous sachions, la prétention d'instaurer un système philosophique complet. On voit seulement qu'il incline vers l'explication mécanique. Et ce penchant se révèle encore mieux dans son deuxième ouvrage, sur la « Descendance de l'homme » notamment dans sa théorie de la production des caractères sexuels secondaires chez les mâles. Nous pensons qu'ici il s'est fourvoyé complètement et nous le montrerions avec la dernière évidence, si cette digression ne devait nous entraîner trop loin. Quoi qu'il en soit, en esprit pratique qu'il était (comme en général ceux de sa race), Darwin s'est borné à la constatation de faits. Il a restreint son sujet aux transformations successives chez les êtres vivants, animaux et plantes, sans même se hasarder à sonder le problème de l'origine de la Vie sur notre planète. Ceux qui sont venus après lui ont poussé plus loin. Hæckel a fait de cette théorie partielle, une doctrine philosophique d'une portée universelle.

Ainsi, l'affinité qui produit la molécule, ou la cellule, la cohésion qui réunit les molécules pour en former des corps, et les combine de tant de façons diverses, sous des formes si multiples, en groupes de même espèce et régis invariablement par les mêmes lois plastiques ; la Vie, qui appelle, autour d'un germe, les éléments propres à constituer les organes ; l'agencement si compliqué de ces organes, pour servir à des fonctions déterminées, telles que la nutrition, la sensation, la pensée, la volonté; la reproduction de ces germes avec une puissance d'épanchement touchant à l'infini, tout cela ne serait que le résultat d'heureux hasards, qui eussent pu ne pas se produire, ou se produire autrement, et qui se sont acheminés vers l'ordre que nous voyons, par une suite fortuite de tâtonnements, au petit bonheur! Encore faudrait-il supposer une impulsion initiale. Si cette impulsion procède d'un foyer unique, ou seulement même d'une prédisposition dans les éléments, c'est tout simplement le Dynamisme. Si, au contraire, on pose, à l'origine, la multiplicité d'éléments ou de mouvements autonomes, indépendants les uns des autres, on comprendrait bien comment ces éléments ou ces mouvements s'excluent, se repoussent ou se limitent réciproquement ; on ne verrait pas pourquoi ils s'allient pour engendrer des composés harmoniques. A moins, encore une fois, qu'on ne leur attribue une tendance à se combiner entre eux. Mais alors cette tendance ne peut résulter que d'une loi supérieure, qui les discipline et les pousse vers une action commune. Et nous retournons ainsi toujours au Dynamisme.

Si l'évolution des choses procédait par à-coups fortuits, il faudrait admettre le Chaos à l'origine. Si l'ordre sortait de l'incohérence, il pourrait n'en sortir que partiellement; et nous trouverions bien, par ci, par là, quelques vestiges du désordre originel. Quelque chimiste a-t-il donc jamais trouvé, au fond de ses creusets, une molécule indifférente ou récalcitrante, qui hésite à s'allier avec une autre, ou à s'en écarter, selon sa nature ? Quelque astronome a-t-il découvert, dans le champ de son télescope un astre réfractaire aux lois de la gravitation ? Et que dire de la connexité qui se révèle dans les phénomènes en apparence les plus divers ? Si un mouvement s'arrête, il se transforme en chaleur. Le mouvement et la chaleur ont donc, au fond, une essence identique... Et sans doute aussi le magnétisme, l'électricité, la vie même, qui se réduisent ainsi à un principe unique dont les manifestations ne sont différentes que pour nous, à raison de notre perception incomplète de leur véritable caractère.

Sans doute, le Monde est l'œuvre des infiniment petits. Seulement, ces infiniment petits se comportent comme des agents disciplinés, et non comme des facteurs indépendants, dont le grouillement ne pourrait engendrer que désordre et confusion.

XIII

Cependant il y a des monstres ! Nous en convenons. Il s'agirait toutefois de savoir si ces monstres se rencontrent souvent dans la nature brute livrée à elle-même. Nous ne pensons pas que l'on ait trouvé fréquemment des bancals, des bossus, des déjetés, des hydrocéphales chez les animaux vivant à l'état sauvage. On en voit d'estropiés par suite de quelque accident ou de quelque blessure ; mais les monstruosités congénitales ne s'observent guère que dans l'état de développement factice dû à l'ingérence des hommes.

On objectera aussi les bouleversements, les cataclysmes, les déchets de toutes sortes. Nous ne le nions pas. Il est certain que les éléments sont en lutte, en conflit, et que tout, dans la nature, s'entrechoque et se heurte, pour finir toutefois par se coordonner. Il en est ainsi dans le règne inorganique, comme dans le règne organique et même intellectuel et moral. Mais ces éléments sont menés au combat par une Force supérieure qui les dirige en les dominant. Ils ne sont pas dépourvus d'une certaine initiative donnant prise à ce que nous appelons le hasard ; mais cette initiative, loin de troubler l'ordre général ne fait en définitive que le servir. Ce qui en résulte, du reste, est superficiel et n'atteint en rien le fond des choses. Les données fondamentales sont stables ; et si elles peuvent admettre des conséquences lointaines indéterminées, ces conséquences, quelles qu'elles soient, répondent toujours aux prémisses. Il suffit que la quantité de Force et de Vie qui est dans la Nature, se retrouve toujours sous une forme ou sous une autre.

Ce que nous nommons le hasard a d'ailleurs ses causes secrètes ; et tout phénomène, si imprévu qu'il nous paraisse, tire sa raison suffisante d'antécédents et de circonstances, dont nous pouvons dire seulement que nous n'en connaissons pas la filière. Néanmoins, nous ne pensons pas que les choses soient réglées, jusque dans leurs moindres détails, sur un plan fatidique. Nous constatons une impulsion d'ensemble dans un sens déterminé, et c'est assez pour proclamer une puissance organisatrice harmonique. Des écarts, des anomalies au moins apparentes peuvent se produire (et il doit s'en produire, en effet, étant donnée une force en exubérance), mais ces écarts n'altèrent en rien l'ordre supérieur.

*
* *

Et qu'importe, après tout, au plan général de la Nature et à l'ordre universel, qu'un individu périclite ou s'engraisse de la substance d'un autre? Qu'une race disparaisse devant une autre race ? Qu'une espèce anéantisse une autre espèce? Qu'un monde ou un système de mondes soit absorbé par un autre système? Il est trop vrai que la nature entière est un immense champ de bataille où tout se mange et s'entre-dévore. En attendant, tout cela c'est la Vie, la Vie infinie qui remanie sans cesse et repétrit les mêmes matériaux; et qui, au bout de toutes ces vicissitudes, récupère toujours son compte exact.

On ne saurait nier la part d'initiative consciente ou inconsciente qui milite dans l'individu. Cette initiative pourtant est déjà influencée par une multitude de conditions antérieures et elle est, en outre, circonscrite dans un cercle si étroit que, dans sa plus large expansion, elle peut être comptée pour rien au point de vue de l'ensemble. Si l'homme a pu, jusqu'à un certain point, modifier la surface de sa planète, sa faune, sa flore, sa configuration même, la Nature est-elle donc atteinte et contrariée dans ses parties vives ? Nos œuvres les plus fécondes et les plus durables sont précisément celles que nous accomplissons inconsciemment, sous l'impulsion de la force latente qui est en nous. Nos efforts les mieux concertés aboutissent le plus souvent à un résultat différent de celui que nous avions prévu et voulu. Et tout finit par rentrer dans un cadre formé par des circonstances supérieures à notre volonté.

Si nous essayons de faire dévier quelque type naturel, il semble d'abord obéir plus ou moins docilement à nos efforts. Mais aussitôt qu'il est soustrait aux conditions factices, auxquelles nous l'avions soumis, il retourne à son premier pli et il est repris dans le circuit général.

Un homme a son tempérament contre lequel il peut réagir par sa volonté; il ne se change jamais foncièrement. Si un individu se distingue par une puissante initiative, c'est justement parce qu'il se trouve organisé pour l'action, comme d'autres le sont pour la contemplation et le laisser-aller. Ses actes, dans leur énergie la plus libre, sont commandés par sa complexion. L'éducation et l'entraînement sont évidemment des facteurs non négligeables, à condition pourtant que le germe soit en lui. Et quand il est arrivé au terme de sa carrière on voit qu'en somme il a donné tout simplement ce que comportait son organisme. De même, les familles, les groupes évoluent en développant le principe vital déposé dans leur sang. Cette évolution est libre. Elle est sujette aux aléas et aux chocs des événements. Certes, l'avenir ne préexiste pas; il se fait petit à petit. Toutefois, il est dominé non seulement par l'enchaînement du passé, mais aussi par la force intrinsèque qui dirige les agents et par l'ensemble des circonstances ambiantes que crée la poussée latente de la Nature.

Il en est ainsi des destinées des empires, des races, des civilisations, de l'humanité entière. Nous nous agitons, et une force transcendante nous ramène toujours à ses fins. Les événements qui composent l'histoire n'ont point de nécessité. Ils auraient pu ne pas être ou être autrement. Au surplus, ils auraient eu leur équivalent et le résultat définitif fût resté égal pour la Nature. Est-il vrai que « le nez de Cléopâtre, s'il eût été plus court, toute la face de la terre aurait changé? » Peut-être, et qu'importe ? Les faits peuvent bifurquer à un tournant de l'histoire. Il est probable que si Bismarck avait été tué dans un des nombreux duels de sa jeunesse, il n'y aurait pas aujourd'hui d'Empire allemand, et peut-être y aurait-il encore un Empire français. Empire pour Empire, la civilisation n'y eût rien perdu. Et, tout bien pesé, individu, groupe, race, espèce, meurt qui devait mourir, triomphe qui devait triompher.

Ainsi l'Univers est régi par une puissance harmonique dont les agents secondaires ne sont que les très humbles serviteurs. Le résultat du travail de ceux-ci, si spontané et libre qu'il paraisse et qu'il soit en effet, est, tout au moins dans son ensemble, l'œuvre d'une influence prédominante. Les légers écarts qui peuvent se produire de la part des forces élémentaires ne sauraient jamais troubler l'ordre général.

Nous ne prétendons point d'ailleurs que cet ordre résulte d'un plan préconçu, pensé et mis à exécution par une Intelligence et une Volonté agissant à la manière de l'intelligence et de la volonté humaines. C'est là de l'anthropomorphisme. Nous essaierons, au contraire, de démontrer plus loin, lorsque nous étudierons les diverses manifestations de l'activité humaine, que les causes secondes, même les causes intelligentes telles que l'homme, n'ont réellement aucune conscience d'un tel idéal. Elles évoluent vers une fin ignorée d'elles, sans archétype préfixe de vrai, de beau, de bien, comme but transcendant de leurs efforts. Nous affirmons seulement qu'une influence harmonique supérieure et immanente ramène tout à l'ordre et au progrès, à travers les agitations aveugles, mais obéissantes, des éléments secondaires.

Nous concluons donc au Dynamisme. Sans le Dynamisme d'ailleurs nous ne saurions comprendre le Mécanisme lui-même. Le Mouvement ne peut être qu'un effet et non une cause. Car, il n'y a pas de mouvement sans un moteur ; et l'ordre universel implique un moteur d'essence unique.

XIV

L'idée que nous nous faisons des choses est donc celle-ci :

Un fond inconnu et inconnaissable qui est l'Être, le seul Être, tout l'Être, l'Être substantiel, éternel, immuable, infini, toujours absolument réalisé.

Et... non pas à côté de cet Être (car rien ne saurait exister en dehors de lui), mais dans cet Être même, sans affecter son essence, — telle une série de broderies sur une trame inaltérable, — tout un Monde d'apparences et de phénomènes, sans fixité, sans réalité substantielle, éternel néanmoins comme sa source et atteignant comme elle l'infini ; non toutefois l'Infini absolu, attribut exclusif de l'Être nécessaire, mais seulement l'infini en puissance et en tendance.

Bien que nous sachions de science certaine que ce Monde phénoménal se fonde sur l'Être réel, puisque sans ce dernier, il n'aurait point de base, nous sommes impuissants à saisir le lien qui l'y rattache et le passage de l'un à l'autre.

Ainsi, ignorants de l'essence de l'Être nécessaire, dernier substrat de tout, nous n'atteignons pas même l'extrême limite de notre Monde phénoménal. Nous en sommes réduits à nager entre deux eaux, au sein d'un océan sans fond, sans surface et sans rivages. Le peu que nous en saisissons autour de nous, à la portée de nos facultés bornées, constitue la science, ou plutôt *notre science*. Le reste est, ou imagination de poète, ou spéculation philosophique, ou parti pris religieux.

La science s'étend et s'approfondit de jour en jour. Il est cependant aisé de voir qu'elle ne peut nous mener bien loin dans la connaissance intime des choses. Derrière chacune de ses découvertes, on se trouve en face de l'insondable inconnu, qui recule sans cesse et reste toujours inabordable de quelque pas que nous avancions. Ne pouvant accéder au premier principe du plus simple des phénomènes, la science est et restera toujours confinée dans l'empirisme. Car les principes mêmes qu'elle pose ne sont pas de vrais principes. Ce sont des postulats ou des phénomènes constatés, derrière lesquels d'autres phénomènes s'enfoncent et se superposent à l'infini, se dégradant et s'amplifiant dans tous les sens, avant de toucher le fond et d'atteindre le faîte, également inaccessibles.

Et pourtant, telle est la nature de l'âme humaine, que convaincue de l'impossibilité pour elle de rien pénétrer foncièrement, elle ne saurait néanmoins se contenter de la science positive. Il lui faut, ou le rêve, ou l'idéal rationnel, et dans tous les cas l'appui moral nécessaire à sa vie de conscience. Cet appui, la science ne pourra jamais le lui donner, puisque, condamnée à flotter *in medias res*, elle ne saurait rencontrer de point solide. La science est plutôt propre à lui ôter tout appui, en lui démontrant le néant universel. Or, l'âme humaine est avide de fixité. Sentant sa faiblesse, elle éprouve l'invincible besoin d'un réconfort; et ce réconfort, elle ne peut le chercher que hors d'elle-même. La philosophie rationnelle pourrait, à la rigueur, lui fournir cet appui. Mais la philosophie suppose une culture qui est l'apanage exclusif de quelques êtres privilégiés. La masse n'est pas sur la terre pour philosopher. Sa fin est de vivre, et de vivre principalement de la vie sociale et morale. Force lui est donc de trouver un autre soutien; et de là est né le sentiment religieux.

XV

Le sentiment religieux répond, au demeurant, à une réalité en soi ; puisque, en définitive, tout être raisonnable doit reconnaître un premier Principe. D'autre part, on ne saurait nier que ce sentiment soit en nous et se rattache à l'une de nos fonctions vitales, tant il est constant et universel. Comme toutes nos autres facultés, qu'elles soient d'ailleurs naturelles ou acquises, il demande donc satisfaction. Il en est toutefois du sens religieux comme de tous nos autres sens. Leur objet se réfracte en passant par notre organisme ; nous n'en percevons que des images modelées à notre portée. C'est par ces images subjectives, hallucinations vraies ou fausses, que nous nous mettons en rapport avec l'extérieur. Nous y puisons ce qui peut s'accommoder à notre usage, et de ces extraits, ici comme toujours, nous formons nos fictions religieuses.

Le Dieu des religions n'est pas le Dieu de la Raison. Ce dernier est réel, mais il est si loin de nous que nous sommes réduits à le nommer l'*Inconnaissable*. Comme le Roi constitutionnel, il règne et ne gouverne pas. L'autre est fictif ; mais de l'endroit où nous le plaçons, il nous tend la main, et il est toujours prêt à nous assister. Le Dieu de la Religion, c'est le Dieu de la Conscience et du sentiment moral et social, facultés sinon aussi profondes, du moins bien plus puissantes et plus fécondes chez l'homme, que la Raison elle-même.

Du Dieu de la Raison, il est licite, il est légitime, il est nécessaire d'extraire un Dieu pour la Conscience. Comme nous ne savons rien de lui, outre son existence, il est parfaitement logique que nous nous en fassions une idée conforme à nos besoins. La marge est grande et nous pouvons tailler à l'aise dans cette matière. L'erreur ne consistera point à imaginer ceci ou cela, mais à prétendre restreindre la vérité à notre imagination ; à nous déclarer infaillibles et seuls en possession de la vraie doctrine. Car, de vraie doctrine, à cet égard, il n'y en a pas ; ou plutôt toutes sont vraies, d'une vérité relative, selon les circonstances ; et toutes recèlent une parcelle de vérité réelle, en ce sens qu'elles proclament un principe supérieur dont nous dépendons.

.*.

Toutes les religions, depuis le Fétichisme et l'Idolâtrie jusqu'au Monothéisme spiritualiste, qui en est le type le plus pur, sont légitimes, du moment qu'elles nous fournissent aide et soutien. Ne jetons pas trop non plus la pierre aux superstitions. Elles aussi ont leur raison d'être. Le Monothéisme anthropomorphiste, qui s'adapte si bien aux aspirations des esprits élevés et cultivés, vivant par la conscience (puisqu'il est la divinisation de cette conscience), aboutit en effet à une notion par trop exclusive. Les races sémitiques, à l'esprit simpliste, pourront s'en contenter. Les cerveaux aryens, dont la compréhension est plus large, plus souple et plus complexe, sentent bien qu'à côté de cette force dominante, d'autres forces latentes, obscures, exercent leur action sur le gouvernement des choses; et que tout ne ressortit pas à la juridiction d'une conscience rationnelle calquée sur le modèle de la conscience humaine. De là, ces concepts métaphysiques, dont le Christianisme a entouré cette notion si rudimentaire du Dieu unique et anthropomorphe de la Bible. De là aussi ce culte des divinités secondaires, telles que les Esprits célestes, la Vierge, les saints, qui consomme la fusion entre le polythéisme atavique et le monothéisme d'origine sémitique. De là enfin, une foule de superstitions locales chez les masses. Tous les besoins de l'âme, en effet, réclament leur pâture. La Religion doit parler à toutes nos facultés. Ces facultés sont diverses suivant les races et les degrés de culture. Jusque dans la même race, on trouve encore des nuances. Aux uns, chez qui la sensibilité et l'imagination dominent, il faut la pompe du culte et l'aliment du sentiment affectif; aux autres il suffit du dogme rigide et du précepte de raison. Du reste, la meilleure conception religieuse est celle qui, selon les temps et les circonstances, est la mieux appropriée à notre nature, nous fournit le plus solide point d'appui, et répond le plus pleinement à nos exigences morales et sociales.

Au surplus, nous ne sommes pas maîtres de notre nature. Elle se forme sous l'empire de conditions multiples d'une infinie variété. Tout travaille à cette formation, depuis les sources lointaines et inconnues de l'évolution vitale et mentale d'où chaque groupe est sorti, à travers tous les degrés et toutes les étapes de sa filiation, jusqu'aux moindres circonstances ambiantes, qui influent sur leur organisation et leur caractère, et les modifie incessamment. Quoi donc d'étonnant à ce que l'idéal des temps diffère ? Pourquoi se plaindre de ce que la vérité d'hier n'est plus la vérité d'aujourd'hui ? « *Deux degrés d'élévation au pôle renversent toute la jurisprudence...* » Il est vrai ; et comment peut-il en être autrement, surtout en une matière qui dépasse l'entendement humain ?

**

Tout, pour nous, est relatif et subjectif. Notre représentation du Monde n'est pas nécessairement le Monde réel. Elle est seulement ce que nous nous approprions, de ce monde, pour l'usage de nos facultés. En ce sens, celles-ci sont véridiques, puisqu'elles nous procurent ce qui convient à notre nature. Mais, ôtez l'œil et l'oreille, il n'y a plus de couleurs ni de sons, car l'Univers en lui-même est sombre et muet et nous seuls lui prêtons la lumière et la voix. Ramenez tel lobe du cerveau à l'état rudimentaire, et nous voguons sur un océan obscur, où s'agitent des forces et des mouvements tumultueux. Développez ce lobe, au contraire, et vous aurez l'ordre inaltérable et l'infini métaphysique. Comprimez le cerveau de l'homme au gabarit de celui de la brute, et il n'y a plus de morale, il n'y a plus de Dieu. Affinez-le dans un certain sens et vous obtenez le sentiment de la religiosité et du devoir. Chaque être prend son bien dans le fond inconnu et inconnaissable, suivant ses moyens et ses besoins, comme chaque estomac distille sa nourriture à même les matériaux bruts ; et si vous la lui dosez scientifiquement, vous ne le nourrirez pas, vous le tuerez ; car cet organe n'est pas conditionné pour cette exacte précision. Ce qui d'ailleurs est poison pour l'un, est aliment vivifiant pour un autre. Si donc le résultat de cette appropriation n'est pas la vérité réelle et objective, c'est du moins la vérité pour nous, tels que nous sommes faits pour la recevoir.

Nous devons, au point de vue pratique, nous résigner au parti pris. Il ne nous est même pas permis, socialement du moins, de nous en désintéresser. « *Nous sommes embarqués,* » comme dit Pascal. Il nous faut accepter la fiction, tout en sachant qu'elle n'est qu'une fiction, puisque tout autre appui croule inévitablement sous nos pas.

Sans doute, il est une Raison souveraine, ou tout au moins un Ordre suprême et transcendant, qui régit tout. Mais qui peut se vanter de les connaître, lorsque parmi les plus grands génies, lumières de l'humanité, on n'en rencontre pas deux complètement d'accord. Quant au raisonnement critique, méfions-nous en avec soin; car nul instrument n'est plus trompeur. Avec le raisonnement, je me fais fort de démontrer logiquement, en partant de principes certains, qu'il est légitime de renier sa patrie, de tuer son père et sa mère et de tordre le cou à son enfant nouveau-né.

Dans l'impossibilité où nous sommes de posséder la vérité absolue, le préjugé universellement accepté est encore pour nous le plus probant, en attendant mieux; puisque le préjugé n'aurait pu s'établir, s'il ne reposait sur quelque base profonde, qui nous échappe. C'est le cri de notre instinct intellectuel, souvent plus sagace, quoique spontané et inconscient, que notre raison elle-même. Le meilleur parti à prendre est donc de nous y soumettre. Aussi bien, c'est le préjugé qui nous fait vivre. Le dernier mot, en matière de religion, est peut-être celui de Tertullien, de saint Augustin et de Pascal : « *Credo quia absurdum.* »

DEUXIÈME PARTIE

LE FINI

SECTION PREMIÈRE

CARACTÈRES DU FINI

Si le caractère de l'Infini est la nécessité et l'immutabilité, le caractère du Fini est la contingence, l'inconsistance, la mobilité et l'écoulement perpétuel.

Je prends, par exemple, une parcelle quelconque de ce que, dans notre ignorance, nous appelons matière, et je m'aperçois que c'est toujours un composé. J'aurai beau fractionner, pulvériser, liquéfier, vaporiser, je n'arriverai jamais aux derniers éléments, à supposer qu'il y en ait. Les corps les plus durs ne sont que des agglomérations flottantes... de quoi? Nous n'en savons rien. Les molécules elles-mêmes, qui constituent les corps, et qui ne sont, elles aussi, que des agrégats, ne sont pas en contact immédiat avec leurs voisines. Entre le diamant et une vapeur gazeuse, il n'y a, au point de vue de la consistance, qu'un degré du plus au moins. Une barre d'acier trempé est un nuage. Tout se réduit à l'impalpable, à l'impondérable, à l'inconnaissable.

Jamais, à aucun moment de la durée, pendant la fraction la plus infinitésimale du temps, aucun corps, aucun être fini ne persiste dans l'intégralité du même état, ne s'arrête dans son mouvement. A tout instant, il perd de sa substance, si c'est un objet inert et mort. A tout instant il répare sa perte, si c'est un être organique et vivant. La plume avec laquelle j'écris a déjà changé, en écrivant cette ligne. Mon cerveau s'est déjà modifié en concevant cette pensée. Ma main a déjà laissé et retrouvé d'autres molécules, pendant qu'elle passe d'un trait, sans solution de continuité, d'une lettre à la lettre suivante du même mot.

La Nature entière, qui plonge dans l'infini par toutes ses extrémités, est un écoulement ininterrompu, sans commencement, sans fin, sans bornes. Dans l'objet d'apparence inerte, comme dans l'animal, depuis le grain de sable et l'organisme le plus infime, l'infusoire ou le bacille microscopique, jusqu'aux mondes et aux systèmes de mondes qui peuplent l'étendue, tout se forme, se transforme, se déforme et passe pour laisser la place à d'autres combinaisons.

Ce travail incessant d'organisation, de désorganisation, de réorganisation, c'est l'Évolution, la grande loi des choses finies. C'est elle qu'il faut étudier, qu'il s'agisse soit des formations dites inorganiques, soit de la production de l'être vivant, soit du développement de l'espèce, soit de la vitalité des peuples et des races, soit des œuvres mêmes de l'activité et de la pensée humaines : sciences, langues, civilisations. Tout naît d'un germe insensible, grandit, lutte pour l'existence, puis dépérit et meurt pour s'effacer devant des concurrents mieux doués, ou pour renaître de ses cendres, sous de nouveaux aspects, et tendre ainsi, sans fin, sans trêve, sans limites, à remplir le cadre inaccessible de l'infini.

*

Le Monde du Fini est donc un tourbillon. Hégel (qui est le philosophe du Fini et de l'Intelligence comme Spinosa est le philosophe de l'Infini et de la Raison), en a fort bien déterminé le processus métaphysique. « En soi — De soi — Pour soi » et j'ajouterai « Hors de soi » ; c'est-à-dire : incubation, développement, organisation, désorganisation et réenfantement — perpétuel Devenir — éternel cercle vicieux.

Jeté dans un milieu qui sans cesse s'évanouit, l'être fini n'est en quelque sorte qu'une apparence. C'est un groupement sans fixité, qui n'a peut-être de réalité que dans et pour notre entendement. Si, par exemple, je considère une plante, ma raison, telle qu'elle est conditionnée, me porte à voir dans cette plante une unité bien définie. Mais une analyse plus profonde et plus exacte me fait constater en elle une collection et un assemblage d'êtres infinitésimaux, qui ont leur vie particulière, républiques grouillantes dont le pullulement constitue cette unité organique d'un degré supérieur. D'autre part, cette plante, qui m'apparaît comme bien déterminée et délimitée dans son essence individuelle, n'est plus que la molécule composante d'un être plus vaste, qui est l'espèce à laquelle elle appartient. Et l'espèce a bien sa réalité, quoiqu'on en ait pu dire ; puisque, comme tous les êtres finis, elle a son évolution vitale, son commencement rudimentaire, sa maturité, son déclin, sa mort, ses matériaux à elle réservés dans le laboratoire de la Nature. Et, ces matériaux une fois épuisés, elle retombe dans le néant sans que nul effort puisse l'en tirer. Ressuscitez donc aujourd'hui, si vous le pouvez, le moindre échantillon de la flore ou de la faune des temps carbonifères !

Où commence le groupement ? Comment se produit-il ? Où finit-il ? Est-ce, selon le dicton populaire, l'œuf qui a fait la poule, ou la poule qui a fait l'œuf ? Y a-t-il des monades, c'est-à-dire des formes virtuelles, en puissance, travaillant à s'alimenter et à se remplir, à l'aide de matériaux empruntés, et commandant, de l'intérieur, leur développement externe ? Ou bien ces formes ne sont-elles que des assemblages de ces matériaux eux-mêmes pétris du dehors, dynamiquement ou mécaniquement, au gré d'influences plastiques ou fortuites ?

∴

J'écarte résolument le hasard et l'accident ; car ce qui paraît certain, tout d'abord, c'est l'existence, dans le Monde du Fini, d'une force organisatrice, sans cesse en gestation et en travail. Mais, à qui cette force appartient-elle ? Est-ce à un élément ou à des éléments primordiaux ? Ou bien est-ce à la masse indistincte et confuse, dont les matériaux se cherchent et se combinent par une tendance qui leur est immanente ? Dans ce dernier cas, pourquoi ce fractionnement par groupements particuliers ? Pourquoi pas une masse compacte, organisée d'une seule venue ?

La « Monade », dans tous les cas (j'entends par ce mot la forme virtuelle des êtres), serait transitoire et factice. Car les formes apparaissent, se modifient et disparaissent. Elles ne sont donc pas des éléments primordiaux, sans quoi elles seraient permanentes et même éternelles. Elles sont évidemment un effet et non une cause. Et cependant il est hors de doute qu'il y a, dans les êtres, une virtualité latente qui tend à remplir et à nourrir une sorte de substance invisible. Cette substance, il est vrai, peut subir des variations dans son développement; mais ces variations restent toujours légères et superficielles. De l'organisme ainsi formé se dégagent, à leur tour, des germes qui contiennent, eux aussi, dès le principe, une virtualité personnelle bien accusée. Si l'on analyse ces germes, aussi profondément que le permet notre faible puissance d'investigation, on voit qu'ils ne sont pas des unités irréductibles. Ce sont déjà des Micro-organismes, c'est-à-dire des composés, et conséquemment quelque chose d'arrangé et d'artificiel; en un mot, le résultat d'un premier travail d'adaptation et non des éléments primitifs. Et pourtant ce résultat devient, à son tour, une cause qui commande un développement potentiel. Que conclure de là? Sinon que nous nageons en plein dans cet immense cercle vicieux qu'est le Monde du Fini.

Les Organicistes, les Vitalistes, les Animistes pourront disputer longtemps encore avant de parvenir à s'entendre ; car chacun d'eux ne juge et ne peut, hélas ! juger que sur des apparences, dans une question dont la complexité dépasse évidemment notre compréhension.

Le fait est que, dans le Monde du Fini, tout est à la fois cause et effet, action et réaction. Encore une fois, où commence ceci? où finit cela? Qui peut le dire? Tout se fond en des nuances infiniment fuyantes et dégradées.

.*.

Ce qui demeure acquis, c'est la loi du groupement évolutif. Tout est groupement et tout groupement est soumis à l'évolution. Quel est le principe générateur du groupement? Nous ne le savons pas. Comment évolue-t-il? Nous pouvons l'étudier. Les procédés de la Nature sont, à cet égard, les mêmes partout. Ils se manifestent dans les phénomènes les plus communs, comme dans les combinaisons les plus compliquées.

Si je veux allumer du feu dans ma cheminée, je dispose le

bois et le charbon et j'en approche une allumette. Mais, tant qu'il ne se sera pas établi un foyer central d'activité ou de tirage, le feu, après avoir consumé quelques matières facilement inflammables, s'arrêtera et ne prendra pas. Aussitôt, au contraire, que ce foyer sera organisé, il attirera à lui les éléments combustibles qui l'environnent, lesquels à leur tour animeront et fortifieront ce foyer central. D'où vient ce foyer? Il n'a pu se former sans les éléments qui sont destinés à le constituer. D'autre part, ces éléments ne peuvent se grouper, ni se coordonner sans lui. Qui a commencé? puisqu'ils ne peuvent commencer sans une impulsion réciproque. Cercle vicieux, d'où pourtant ils se tirent, et sans qu'il y ait de monade de foyer.

Il doit en être de même pour toute création originaire, pour tout commencement de série. (Car la question ne se pose pas autant pour la transmission du mouvement, que pour son ébranlement initial.) Comment a pu se constituer le premier être organique? Naturellement il a été des plus rudimentaires. Cependant pour qu'il y ait organisme, même à l'état d'embryon, encore faut-il supposer une coordination, une discipline intérieure. D'un côté, les matériaux ne peuvent s'organiser sans l'appel d'une influence disciplinante. De l'autre, cette influence ne peut s'exercer sans les matériaux. Et il n'est pas permis de supposer une influence indépendante, *en soi*. Ce ne serait là qu'une pure abstraction. D'où viendra le premier pas? Il a été fait pourtant; et vraisemblablement sans monade organique, comme tout à l'heure, sans monade focale. Une monade organique, supérieure aux matériaux qui l'alimentent, n'aurait pas varié. Elle eût été parfaite, comme type, du premier coup. Or les formes ont varié et se sont perfectionnées à l'infini.

.˙.

Il est pourtant impossible de méconnaître, dans la formation des groupements, une force plastique, modifiable il est vrai jusqu'à un certain point, mais qui crée des types naturels, en dehors desquels il n'est rien de viable, ni de fécond. En admettant même la théorie mécaniste d'évolution de Darwin et de Hæckel, encore doit-on constater, dans l'agencement des conditions ambiantes, une influence disciplinante, qui ne tolère pas les monstruosités hors nature. Ces monstruosités ne manqueraient pas de pulluler et de se reproduire à l'infini, si tout était abandonné au hasard des circonstances fortuites. Pourquoi le pléthorique crève-t-il, au lieu de se développer en stature, en proportion des aliments que son appétit le porte à ingérer? C'est qu'il y a une mesure que le type naturel ne peut dépasser, et au delà de laquelle le moule virtuel contenu dans le germe éclate. Pourquoi l'hybride reste-t-il stérile? si ce n'est parce que ce type n'a ni place ni aliment dans l'économie vitale.

Les mêmes observations s'appliquent, non seulement aux corps naturels et aux êtres que nous appelons substantiels, mais aussi à toute série, à tout groupement de phénomènes, même à ceux qui, à première vue, paraissent les plus arbitraires et les plus conventionnels.

Prenons, par exemple, la culture des facultés intellectuelles de l'homme et ce qui en résulte : la Pensée, avec son expression, le Langage. Un homme isolé, abandonné sans éducation à ses seules forces, est incapable de pensée, bien qu'il ait l'intelligence en puissance. L'homme même civilisé et cultivé retombe peu à peu en cet état, quand il est séparé de la société de ses semblables, échoué sur une île déserte, par exemple. Car le roman de Robinson Crusoë n'est qu'une fable. Le vrai Robinson, réduit à la solitude, redescend au niveau de la brute. Les premiers spécimens de l'espèce humaine se sont trouvés nécessairement dans cette situation. Néanmoins, à un moment donné, la pensée est apparue, avec son signe et sa condition indispensable, la parole.

J'en conclus d'abord que la pensée se dégage du contact des intelligences. Bien qu'elle ait son organe individuel en chaque homme, elle est surtout et avant tout une fonction sociale. L'homme isolé est impuissant, le groupe est fécond. Mais pour que la fécondation ait eu lieu, pour que la lumière ait brillé, il a fallu que l'étincelle partît... d'où? De l'individu sans doute. Et pourtant, comment cette étincelle a-t-elle pu partir de l'individu, quand ce dernier ne peut rien s'il n'est lui-même frappé par l'étincelle? Encore le cercle vicieux! L'idée a jailli néanmoins, avec son signe, le langage. Le foyer s'est formé, il a grandi, il a rayonné, se comportant comme toutes les choses évolutives, donnant naissance à d'autres foyers intellectuels et à d'autres langues. Puis, il a été détrôné et oublié, ou est resté à l'état de civilisation momifiée ou de langue morte. Pourquoi une langue meurt-elle? C'est qu'elle n'est que le corps extérieur d'une certaine culture de l'esprit. Cette culture est, elle aussi, un véritable organisme, soumis aux phases et aux vicissitudes de la vie. Tant qu'elle se développe suivant son génie propre et la virtualité qui est en elle, le langage, son expression, suit les mêmes stades de développement. Mais, quand l'âme intime a changé, le corps qui était modelé sur elle et fait pour elle, tombe nécessairement comme une dépouille inerte.

Le langage est une production spontanée de l'instinct intelligent des groupes sociaux. Il s'adapte, par une sorte de croissance naturelle à toutes les conditions intimes et ambiantes de la vie physique et intellectuelle de ces groupes. Il se façonne insensiblement pour telles oreilles, pour telles cordes vocales, pour telles résonnances atmosphériques, pour telles tournures d'imagination, pour telles nuances de vision et de conception, pour tels états d'âme et de pensée. Et avec une même structure générale, calquée sur le mécanisme logique de l'esprit humain, les idiomes divers revêtent des caractères particuliers à chaque centre de civilisation. C'est pour cela, sans doute, qu'il ne saurait y avoir de langue vivante universelle, et que nul ne peut être grand écrivain, si ce n'est dans la langue qui a présidé à sa formation mentale; de même qu'un être quelconque n'a la plénitude de ses facultés vitales que dans le milieu pour lequel il est fait. On peut, à la rigueur, posséder à fond des langues étrangères, on peut les parler et les écrire correctement et avec élégance, comme on écrit des langues mortes ; on ne saurait y acquérir un style à soi ; car, de quelque faculté d'imitation et d'assimilation que l'on soit doué, on n'a jamais qu'une seule personnalité originale, vraiment vivace et féconde.

Il n'est pas d'ailleurs au pouvoir de l'intelligence réfléchie et délibérante de créer une langue nouvelle ou de redonner la vie à une langue morte. Cette dernière peut servir encore à échanger des idées entre des esprits qui l'entendent. Il en a été ainsi pour la langue latine au moyen âge et jusque dans les temps modernes. Mais si, dans la langue latine, on constate la vie, c'est-à-dire le mouvement, l'accroissement, l'épuration, la souplesse plastique, la personnalité du style, quand on lit Lucrèce, Cicéron, Virgile, Horace, Tacite, on s'aperçoit bien vite que ce n'est plus qu'une langue figée dans un moule inert, quand on l'étudie dans saint Thomas d'Aquin, dans Spinosa et même dans Erasme, le fin lettré. Toute nouveauté, en effet, ne peut plus être que barbarisme ou solécisme. Les scholastiques s'en sont bien payé quelques-uns, hélas! En vain. Il ne pousse plus d'exostose sur les os d'un squelette. Et pourtant cette langue était si belle! Elle pouvait être si bien appropriée à la haute culture intellectuelle! Pourquoi donc tant d'écrivains éminents n'ont-ils pu lui restituer même un semblant de vitalité? C'est que le génie qu'elle traduisait était bien irrémédiablement éteint; c'est qu'il lui manquait désormais le souffle créateur qui monte des profondeurs obscures où s'élabore la vie. La grande matrice des choses avait épuisé, pour elle et pour la culture qu'elle incorporait, tous les aliments qu'elle leur tenait en réserve. Elle revit dans des rejetons dignes d'elle; c'est tout ce qu'on peut lui demander.

Il en est ainsi de tous groupements quelconques : des familles, des races, des espèces, des états sociaux, politiques ou économiques, des corps d'institution, des mœurs des nations, des courants civilisateurs, intellectuels, scientifiques, esthétiques et moraux; enfin, de tout ce qui s'agite dans la sphère de l'activité individuelle ou collective.

∴

De ces considérations diverses se dégage la formule universelle du Monde du Fini : l'évolution par groupements, au gré d'une force organisatrice qui soulève et anime tout. Pour nous, nous dirions *la Vie*, si l'on voulait ne pas trop nous chicaner sur l'extension que nous donnons à ce mot. En effet, tout ce que nous voyons, se comporte comme organisme vivant, depuis les créations cosmiques jusqu'à la pierre que nous foulons aux pieds, depuis l'être censé substantiel jusqu'aux séries d'êtres ou de phénomènes de toute nature. Tout s'organise autour d'un noyau vivifiant, d'un germe ou d'un foyer, pour remplir le cadre virtuel acquis par ses antécédents, donne naissance à d'autres germes suivant des procédés multiples, depuis le bourgeonnement jusqu'à la fécondation sexuelle, depuis le dédoublement jusqu'au réenfantement surgissant de la désagrégation, de la décomposition et de la pourriture Tout est emporté dans un immense tourbillon vital, sans cesse en gestation, éternellement mobile, éternellement inconsistant, éternellement fuyant; mais obéissant pourtant à des lois fixes et générales, qui ne sont telles, sans doute, que parce qu'elles procèdent de l'Être infini et immuable, principe et substrat de tout.

SECTION II

DE L'INTELLIGENCE ET DE LA PENSÉE

Il y a dans l'étendue infinie, peuplée de milliards de milliards de mondes, un point minuscule qui est notre Terre. C'est un de ces corpuscules, (et des moindres), détachés de ces étoiles sans nombre, qui sont autant de soleils, centres de systèmes planétaires, fourmillant dans l'incommensurable espace. Des planètes supérieures de notre tourbillon, à peine doit-on l'entrevoir par échappées, noyé qu'il est dans la lumière de l'astre central autour duquel il gravite de trop près. De l'étoile la plus rapprochée, on ne saurait même soupçonner son existence. Un infini en durée a précédé la naissance de ce grain de poussière; un infini en étendue l'absorbe, tel qu'un atome perdu. Cet atome est pourtant encore tout un univers pour d'autres êtres plus infimes. Des myriades de siècles ont présidé à son incubation et à sa formation, jusqu'au moment où sont apparues à sa surface des végétations diverses, comme de la mousse sur un caillou; puis quelques parasites vivants, qui se sont mis à pulluler à la façon de tous les parasites, et enfin, parmi ces derniers, l'homme... Qu'est-ce que l'homme?

Au physique, ainsi que nous le voyons, c'est un parasite de la Terre. Né du limon de sa planète, il vit de la substance du sol qui le porte; et sa dépouille retourne incessamment à la matrice commune, pour alimenter d'autres existences aussi éphémères que la sienne. Il est même si étroitement localisé sur son morceau de boue; ses attaches, avec le milieu spécial qui l'a façonné et pétri, sont tellement serrées, que l'on ne peut, sans danger pour sa vie, le transplanter d'un coin à un autre de ce « petit cachot », (Pascal) où il est parqué. Si l'on tente de l'acclimater sur une autre zone, il faut en sacrifier des milliers avant qu'un individu, plus heureusement doué que les autres, parvienne à y faire souche d'une race modifiée, apte à vivre dans des conditions ambiantes nouvelles. Si, du fond de la plaine, il veut s'élever au sommet d'une montagne quelque peu escarpée, l'air respirable lui manque, la chaleur vivifiante de son centre lui fait défaut, avant qu'il ait pu seulement poser le pied sur le toit de sa prison. Essaye-t-il de s'envoler dans l'atmosphère, il n'a pas perdu de vue l'horizon du petit canton d'où il s'est soulevé, que déjà le sang lui jaillit des pores et que l'asphyxie le tue. En un mot, il est incorporé, comme un acarus, à sa portion de croûte terrestre. C'est le dernier venu, c'est le plus parfait, si l'on veut, des insectes nés de la Terre.

Mais il se relève par l'intelligence. Se redressant sur son grain de sable et se posant en face de l'immensité, il dit fièrement (et sans rire) : Moi et Non-Moi. C'est, dit Pascal, « un roseau, le plus faible de la nature, mais un roseau pensant ». En effet, par la Pensée, il cherche à percer le mystère des choses. Il se connait ou du moins a la prétention de se connaître lui-même. Il aspire à l'Idéal, au Vrai, au Beau, au Bien; c'est-à-dire à la participation consciente, à l'Ordre suprême qui régit l'Univers. Il sait s'élever au-dessus de la brutalité des faits, pour interroger la loi qui doit les dominer, afin d'en dégager des règles meilleures de conduite. En un mot, c'est un être libre, conscient et moral.

Qu'est donc cette Pensée qui le fait « plus noble que l'Univers » ?

*
* *

D'abord elle ne lui est pas venue tout d'un coup. Des milliers d'années, des milliers de siècles, peut-être, se sont écoulés avant que l'homme arrivât à l'état conscient. Le long passé obscur, révélé par les découvertes géologiques, en fait foi. Des générations sans nombre se sont évanouies sans laisser d'histoire. Or, l'histoire est la conscience de l'Humanité. Et quand la faculté de penser s'est éveillée chez l'homme, que d'imaginations enfantines ne s'est-il point forgées, à combien de divagations ne s'est-il point livré ! Aujourd'hui encore, même dans les pays les plus civilisés, où la science brille de l'éclat le plus intense, les masses profondes ne pensent point par elles-mêmes; elles restent le jouet de toutes les superstitions. A peine se haussent-elles à quelques notions supérieures qu'on leur inculque laborieusement et dont elles se font une conception puérile. Elles sont incapables de s'analyser dans leurs moindres actes, dans leurs sentiments les plus simples, dans leurs idées les plus rudimentaires. Si elles ont l'instinct du

Vrai, du Beau, du Bien, ce n'est que par une sorte de reflet vague d'un rayon descendu des sommets éclairés.

La faculté virtuelle de penser est cependant, sinon égale, du moins de même nature chez tous, sauf les aptitudes diverses des races et des individus. Elle a été en puissance, dans sa plénitude, du jour où l'homme a eu le cerveau conformé comme nous le voyons. Elle couve à l'état latent dans les couches inférieures de la société, puisqu'il suffit de l'éducation pour faire éclore parfois un grand génie, chez le rejeton d'ancêtres complètement illettrés, qu'aucune évolution apparente n'avait préparés à cet enfantement. C'est même dans ces conditions que se recrutent constamment les génies qui élaborent l'idéal de l'Humanité. Car le génie n'est point héréditaire. La Science use ses adeptes en quelques générations, parfois en une seule. La haute culture de l'intelligence n'est point l'état normal de l'homme. Il semble que ce soit un météore, qui brille un instant, en projetant sa lumière autour de lui, puis s'éteint sans retour, après avoir allumé d'autres feux à son contact; telle une vapeur incandescente, montée à la surface d'une masse en fusion. De cette masse confuse se dégagent sans cesse, par sélection, les éléments privilégiés (ou sacrifiés, comme on voudra), appelés à l'illuminer. Ce sont eux qui constituent sa vraie noblesse. Il s'opère ainsi un drainage de ce qu'il y a de meilleur dans le corps de l'Humanité pour en former le cerveau.

Il faut donc considérer deux états dans l'intelligence : la faculté nue et la faculté cultivée. La première appartient à l'individu; la seconde est un produit de la civilisation, bien qu'elle conserve son siège dans l'individu. La pensée n'est, en somme, comme tout ce qui compose le Monde du Fini, qu'un phénomène évolutif — phénomène collectif et social, procédant d'un enveloppement obscur, et tendant à s'organiser en foyer, pour rayonner sur tout ce qui l'entoure. Et cette conclusion apparaîtra encore plus claire quand nous aurons tâché de déterminer quel est le véritable caractère de la pensée.

.˙.

La pensée, à tout prendre, n'est qu'un mirage subjectif, analogue à celui que cause en nous la sensation. C'est la répercussion, dans notre entendement, de la réalité extérieure, telle qu'elle nous arrive en se filtrant et en se réfractant à travers notre organisme intellectuel, pour engendrer un produit proportionné à nos moyens. Quand nous pensons, il se passe en nous un phénomène interne, qui est notre manière de nous mettre en rapport avec le dehors, de même que, quand nous sentons, nous subissons une modification de notre être, correspondant à quelque chose d'extérieur, que nous nous approprions de cette façon. Mais, ce que nous atteignons ainsi n'est pas nécessairement, en soi, tel que nos sens ou notre raison nous le présentent. Notre pensée n'est pas une communion intime et directe, avec une pensée pure planant au-dessus des choses et dont celles-ci ne seraient que le reflet ou la réalisation. Nous ne voyons pas les objets extérieurs par le dedans et par intuition idéale comme le veulent les spiritualistes dualistes. De ces objets, nous extrayons par contact et par prise de possession externe, un produit qui nous est propre et que nous nommons idée, ou pensée. Ce résidu, nous l'élaborons au moyen d'un mécanisme spécial particulier aux êtres doués d'intelligence. Cette fonction d'ailleurs, comme nous venons de le voir, est tout au moins dans son exercice, une fonction progressive et évolutive. Au cours des âges, aussi bien que dans le développement individuel, elle n'embrasse son objet que peu à peu, à la longue, d'une manière toujours incomplète et souvent erronée. Si la pensée était une pure essence interne, correspondant à une autre essence supérieure de même nature, elle devrait s'adapter à son objet d'une manière adéquate, sans hésitation, ni défaillance. Or, il faut bien l'avouer, il n'en est rien. Qu'est, pour l'homme, sa pensée, je ne dirai pas en présence de la réalité infinie, mais seulement par rapport à lui-même, à la connaissance de ses besoins et de ses destinées? Hélas! s'il n'avait que son intelligence réfléchie et raisonnante pour le guider, il serait le plus misérable des êtres; car elle le trompe et l'égare autant qu'elle le sert. S'il n'y avait chez lui un instinct inconscient, qui le pousse à son insu, dans la vraie voie, son intelligence consciente n'aboutirait le plus souvent qu'à semer le désordre autour de lui.

En résumé, notre pensée est un assemblage de produits, extraits pour nos besoins, d'une réalité qui nous échappe. C'est notre représentation telle quelle, de l'univers et de nous-mêmes, en vue de la mission que nous avons à remplir dans l'ordre universel.

Jetés au travers et au milieu des choses, flottants au sein d'un monde, dont les caractères sont l'inconsistance et la mobilité, mobiles et inconsistants nous-mêmes, sans autre boussole que nos facultés bornées, nous pouvons à peine entrevoir quelques phénomènes prochains et superficiels, derrière lesquels se déroulent, dans tous les sens, d'autres manifestations à l'infini, sans aucun point fixe auquel nous puissions nous rattacher. Nous ne découvrons que des aspects fuyants. Tout recule autour de nous sans prise possible, quand nous voulons y porter la main. Il nous est même impossible de dire, avec confiance, d'où nous venons, où nous allons. Notre raison, dans une vue suprême, nous montre bien, au delà de ces perspectives perdues, un fond nécessaire, mais ce fond est inconnaissable et inattingible.

Depuis que la Philosophie est née, elle a cherché, avec passion et avec angoisse, le critérium de la certitude. Elle ne l'a jamais trouvé; elle ne le trouvera jamais. La raison en est bien simple : c'est que l'esprit humain est enfermé dans ce fatal cercle vicieux, qui est la loi inexorable du Fini. Archimède ne demandait qu'un levier et un point d'appui pour soulever le monde. Le levier, nous l'avons, c'est notre intelligence; mais le point d'appui nous fait défaut. Nous devons le prendre en nous; de sorte que le point d'appui et le levier se confondent. Or, on ne saurait se soulever rien qu'en s'arcboutant sur soi-même. Certes, s'il y eut un moment où la pensée put se croire en possession d'un procédé infaillible pour asseoir la vérité, ce fut quand elle découvrit le syllogisme. Dégager une conclusion des prémisses avec la rigueur d'une formule mathématique... ce dut être un éblouissement. Il fallut bientôt en rabattre. On ne tarda pas à s'apercevoir que le syllogisme se prêtait à tous les sophismes; et il ne fut pas besoin d'attendre, pour le déprécier, que Kant l'eut réduit à sa véritable valeur : une simple tautologie. L'*évidence* de Descartes valait mieux. L'évidence, toutefois, n'est telle que relativement à l'organisation donnée de notre entendement. Elle ne nous sort pas de notre cercle. Si nos facultés sont trompeuses, l'évidence est décevante comme le reste. Nous ne pouvons nous fier à elle que par des raisons tirées du dehors. C'est pourquoi Descartes lui-même est obligé de l'appuyer sur la *Véracité de Dieu*, ce qui n'est encore qu'un postulat. Pour nous, nous pourrions dire que, englobés comme nous le sommes dans l'universelle évolution, façonnés pour y jouer notre rôle, par des forces organisatrices qui régissent et coordonnent tout, il nous est permis de nous considérer comme étant vraisemblablement en harmonie avec l'ensemble dont nous faisons partie. C'est là notre suprême ressource.

Quant à la *Méthode*, quelle qu'elle soit, elle ne peut jamais être qu'un simple procédé de travail. La Méthode, sans doute, est féconde en résultats utiles quand elle est bonne et bien employée, mais elle est impuissante par elle-même à fonder la certitude. Elle n'est, au fond, qu'une discipline des opérations de l'esprit; elle ne saurait donner à ces opérations une base que leur nature ne comporte pas.

**

Si nous n'avons pas, si nous ne pouvons avoir de critérium absolu pour atteindre et mesurer la vérité, que vaut donc notre pensée? Hélas! elle n'est qu'un jeu, un noble jeu sans doute, si nous l'envisageons uniquement comme pure satisfaction donnée à nos aspirations idéales. Elle n'a peut-être pas plus de valeur, sous ce rapport, que les tours d'adresse et les talents de société que nous obtenons, par l'éducation, de la dextérité et de la sagacité natives de certains animaux. Mais ce jeu amplifie la puissance de nos facultés et arrive à leur donner une portée incalculable au profit d'un objet plus réel.

Et quiconque veut constater cet objet n'a qu'à ouvrir l'histoire et à prendre une carte géographique du globe. Il verra que partout et toujours l'importance des races humaines a été en raison de l'activité et de la culture de leur intelligence. Depuis l'origine du mouvement scientifique qui a renouvelé le bagage intellectuel de l'esprit humain, c'est-à-dire depuis quelques siècles, la population de l'Europe a triplé et quadruplé. Des contrées désertes se sont peuplées. La vie intensive a afflué partout, refoulant de toutes parts et dominant l'animalité et l'humanité inférieure. La pensée a fait de l'homme le roi de sa planète. S'il n'en devient peut-être pas meilleur (c'est du moins l'avis de Pascal), son règne s'étend et s'affermit au point d'assujettir à ses lois tout ce qui s'agite autour de lui. Voilà l'objet le plus clair et le plus palpable de l'intelligence. Elle n'est donc, à tout prendre, qu'une faculté vitale supérieure, une fonction sociale, un instrument de civilisation.

II

Essayons maintenant de nous rendre compte de ce qu'est l'être pensant en lui-même, dans le fonctionnement de son organisme intellectuel et dans la manière dont il élabore sa pensée. Examinons de plus près si les procédés de cet organisme supposent, comme certains le prétendent, l'existence d'une substance particulière dont l'apanage exclusif serait de penser.

Sans nous attarder aux vieilles spéculations scolastiques, prenons la thèse de l'école spiritualiste moderne. Cette école fonde le dualisme sur la notion de conscience.

« *Cogito, ergo sum* ». Cela paraît à première vue clair comme le jour. Néanmoins il s'est produit tant de commentaires sur cet axiome en apparence si simple ; on l'a interprété en tant de sens divers que, pour savoir au juste ce qu'il signifie, peut-être faudrait-il être Descartes en personne, et encore... Il en a donné lui-même des explications qui n'ont fait qu'embrouiller le problème.

Pour notre compte, nous estimons que Descartes, en ces trois mots, a confondu deux points de vue d'ordre absolument différent. « *Cogito* » est la constatation d'un phénomène de conscience ; « *ergo sum* » est une affirmation de la Raison. Descartes lui-même déclare n'alléguer, à l'appui de sa proposition, autre chose sinon qu'elle est évidente. Or, l'évidence est une vue de la Raison et non une constatation de la conscience. Il aurait pu tout aussi bien dire : « Cet animal se meut, boit ou mange, donc il existe » ; et l'évidence rationnelle eût été égale.

Ou plutôt Descartes n'a point confondu, et c'est là qu'est son illusion. Quand il a dit : « Je pense », il s'est imaginé saisir son essence pensante en elle-même et pouvoir ainsi affirmer, comme un fait, son existence indivisible d'âme incorporelle. Et la suite fait bien voir que telle est son idée, car aussitôt il se renferme dans sa pensée, comme dans un fort, pour l'exclure de son organisme corporel et prétendre qu'il pourrait continuer à penser, quand bien même il n'aurait point de corps — ce qui est manifestement absurde.

Il est certain que si la conscience atteignait l'essence pensante *en soi,* nous tiendrions là au moins, vaille que vaille, un point de repère fixe. Nous poserions le pied sur un sol résistant. Nous aurions un point d'appui. Mais l'implacable cercle vicieux, qui nous enserre, ne le permet pas.

La conscience, en effet, comme tous nos autres sens, nous révèle uniquement des phénomènes fugitifs: telle ou telle pensée actuelle. Je ne saurais dire : « je pense », sans ajouter aussitôt, pour être complet : « je pense à ceci ou à cela ». Pour affirmer que je pense, en général, je suis obligé de faire intervenir une faculté autre que la conscience: soit la mémoire, qui me rappelle d'autres pensées, soit le raisonnement qui me montre que, sous une idée, il doit y avoir un sujet dont la propriété est d'avoir des idées ; sont enfin la Raison qui aperçoit l'être supposé (mais seulement supposé), derrière les phénomènes.

La conscience n'est donc pas autre chose qu'un sens spécial: un sens interne, si l'on veut, pour le distinguer des sens externes. En réalité, ce sens, comme les autres, ne nous fait connaître que de simples phénomènes concrets : soit nos sentiments, nos pensées actuelles. Il ne produit, en somme, qu'une nouvelle réfraction de ces phénomènes sous la forme d'une vision intérieure. Non seulement il ne nous apprend rien de plus sur leur nature réelle, mais il ne nous laisse rien deviner sur sa propre essence de vision interne.

Essayer de tirer de là une certitude, sur la consistance de notre être intime, est donc une vaine tentative. Si nos sens extérieurs peuvent nous tromper sur le fond réel des choses, nous n'avons aucune raison d'accorder plus de créance à ce sens intérieur qu'est notre conscience. Si la pensée du dehors peut n'être, en nous, qu'un rêve, la pensée de notre pensée peut, tout aussi bien, n'être que le rêve d'un rêve. Car c'est avec le même organisme intellectuel que nous atteignons mentalement le « Moi » et le « Non-Moi ». Si un système de glaces reflète les objets environnants et se reflète, en même temps, lui-même, ce dernier reflet aura-t-il nécessairement plus de réalité que le précédent ?

La vérité est que notre machine intellectuelle, sensation, sentiment, raison, pensée et volonté comprises, est un véritable système de réflecteurs. C'est un composé, composé harmonique, sans doute, quand il est à l'état sain, mais non une unité essentielle et irréductible. Les travaux récents de la science sur les maladies de l'intelligence et de la volonté, sur les oblitérations et les dédoublements de la mémoire, de la conscience, de la personnalité, ont mis ce point hors de doute. En nous montrant comment ces facultés se décomposent et se dissolvent, ils nous font voir comment elles sont constituées. Et où arrêtera-t-on le siège définitif de la conscience ? Si je veux écouter les battements de mon sang dans mes artères, je suis forcé de les considérer comme des phénomènes extérieurs; de même pour saisir ma pensée par la vue interne, je dois, en quelque sorte, l'extérioriser et lui donner un corps. Pour avoir conscience de ma conscience, il me faut reculer le point de vue, et transformer ma perception de conscience en pensée, et ainsi de suite, à l'infini. C'est une série de répercussions qui suppose toujours, dans son dernier acte, un sujet, sans doute, mais un sujet instable et susceptible de division, qui doit s'établir provisoirement sur un point pour examiner le reste, comme il faut que je m'appuie sur une jambe pour soulever l'autre.

L'affirmation du « *Moi* », par opposition au « *Non-Moi* », dont on a fait tant de bruit, et sur laquelle on a prétendu fonder des systèmes philosophiques n'a donc pas l'importance qu'on a essayé de lui attribuer. Le *Moi*, si on le place dans la conscience, est insaisissable. Il fuit à l'infini dès qu'on tente de l'approcher. La perception concrète que j'ai, à l'instant, de ma pensée, est déjà hors de moi. Pour la fixer, je suis obligé de la transformer en idée, avec un signe de reconnaissance, un mot approprié. Ce n'est plus de la conscience, mais de la mémoire, c'est-à-dire du *Non-Moi* intelligible, au même titre que les objets extérieurs.

Le Moi, le vrai Moi est un être de raison. C'est un être

composite de même nature que tous les autres êtres appartenant au monde phénoménal. Il sort peu à peu d'un enveloppement primitif, pour s'organiser, s'alimenter, s'accroître, se perfectionner, suivant les lois de l'universel devenir, et finalement se dissoudre et s'anéantir comme tout ce qui vit. Nous le formons à l'aide de toutes nos facultés indistinctement : sensations, sentiments, raison, conscience, mémoire. Il se synthétise dans notre entendement. A ce titre, il comprend non seulement ce qui vient de notre fond, mais ce que, par la pensée, nous nous approprions de l'extérieur, et sans que nous puissions attribuer plus de valeur aux perceptions de notre conscience qu'à celles de nos sens externes, lesquels font partie de notre Moi, au même titre que nos autres facultés. A vrai dire, il n'y a pas de Moi et de Non-Moi, au sens que les Dualistes attachent à ce mot. Nous avons notre *représentation*, qui englobe l'ensemble de nos pensées. Cet ensemble relié par notre organisme est notre seul Moi. Et encore lui faut-il le contact fécondant de la société pour se constituer.

.*.

Maine de Biran a tenté de rajeunir le point de vue de Descartes. Il pose l'indivisibilité de la conscience qui aurait d'elle-même, sans intermédiaire, une perception nette et claire, et atteindrait ainsi directement sa propre essence, tandis que nous ne connaîtrions ce qui se passe dans notre corps, que par le rapport de nos sens. Notre corps serait ainsi du Non-Moi, relativement à notre âme pensante et consciente, qui serait le Moi véritable.

Mais, outre ce que nous venons de dire sur la portée de la conscience et la nature réelle du Moi, nous ferons remarquer que la distinction établie par Maine de Biran ne repose sur aucun fondement sérieux et qu'elle est, au contraire, radicalement contredite par les faits. Il est faux que nous n'ayons la connaissance de notre corps que par le rapport de nos sens externes. Nous avons très certainement une conscience corporelle, indépendante de la vue, de l'ouïe, du toucher, de l'odorat et du goût. Je n'ai qu'à me recueillir, à m'immobiliser, à m'écouter vivre, je ne dirai pas pour percevoir les pulsations de mon cœur et de mes tempes — ce qui pourrait encore se rapporter au sens de l'ouïe — mais pour sentir le frémissement vital qui court à travers mon corps, mes bras, mes jambes, mon cerveau ; en un mot, pour saisir obscurément peut-être, quoique d'une façon suffisamment probante, ces sensations que l'on appelle cénesthésiques et qui me révèlent le sourd travail de la nutrition et de la vie dans tout mon organisme. J'ai parfaitement conscience d'ailleurs des diverses modifications de ma santé générale ; et sans parler des douleurs locales dont je puis souffrir intérieurement, je me sens alerte et dispos ou maladif et abattu. Cette conscience corporelle est même plus complète, sinon aussi nette, que celle de ma pensée, car elle pénètre tout mon corps dans son ensemble, cerveau compris, tandis que je n'atteins ma pensée que dans son acte présent, comme un simple phénomène. Ma conscience intellectuelle n'est donc point quelque chose de spécial, mais bien plutôt une partie mieux exercée de ma conscience générale, laquelle embrasse à la fois mon être entier, corps et pensée réunis. Il suit de là que mon âme pensante et consciente n'est pas un être distinct de mon organisme. C'est une de ses fonctions. Mon Moi n'est pas une essence indépendante de mon corps et le reléguant au dehors, c'est la synthèse de mon être complet avec toutes ses facultés physiques et intellectuelles indissolublement liées.

.*.

M. Francisque Bouillier, se plaçant au même point de vue que Maine de Biran, identifie la conscience avec la pensée, qui serait, selon lui, l'essence même de l'âme. Il la présente comme adéquate à l'intelligence. Malgré notre vive sympathie pour le talent de M. F. Bouillier, nous ne saurions ici partager son avis. Sans doute, toute pensée claire est consciente ; elle n'est même claire qu'à cette condition. Cependant combien de pensées obscures s'agitent à notre insu dans notre cerveau. Il y a certainement une partie profonde non seulement de notre être (ce qui est évident de soi), mais de notre mentalité, où ne descend pas la conscience. Sans parler de l'hypnotisme ou des dédoublements de personnalité qui, après tout, sont exclusivement des cas pathologiques, auxquels sont sujets les seuls névrosés, l'activité spontanée et secrète de notre intelligence, dans le sommeil, dans nos moments de torpeur et de distraction nous échappe complètement. Et pourtant, tout le prouve, cette activité est bien réelle. Il y a plus ; il s'opère en nous, même à l'état de veille et de la plus pleine possession de nous-mêmes, un travail spontané de nos facultés intellectuelles souvent plus fécond en résultats que le travail conscient et volontaire. Le Génie est parfois plus sagace et plus puissant quand il s'ignore et va d'instinct, que quand il est troublé par la réflexion. La conscience est d'ailleurs, elle aussi, une faculté progressive et évolutive, postérieure logiquement et de fait à l'intelligence. Elle est obscure et presque nulle chez certains êtres, je dirais même inconsciente (tout jeu de mot à part); elle n'obtient de véritable consistance, comme toutes nos autres aptitudes, que par l'éducation, le dressage et l'entraînement. Et pourtant, si la pensée était l'essence de l'âme, si la conscience pénétrait la pensée dans ses derniers replis, nous devrions voir clair en nous comme dans une coupe de cristal. Malheureusement il n'en est point ainsi. Même quand notre attention est parfaitement éveillée et fortement tendue, il nous est mille fois plus pénible et plus difficile de discerner nos pensées et d'analyser le travail intérieur de nos facultés intellectuelles que de nous rendre compte de nos actes et de nos fonctions corporelles.

La conscience n'est donc qu'un nouveau phénomène mental superposé à d'autres phénomènes qu'il n'embrasse pas tous ; et c'est Huxley qui a raison.

Néanmoins la conscience, pour n'être qu'un sens particulier, n'en est pas moins la plus noble, incomparablement, de nos facultés. Par elle nous connaissons ce que nous avons de meilleur et de plus relevé : notre intelligence, qui est notre qualité maîtresse et nous fait hommes. Sans elle nous n'aurions, à proprement parler que des instincts comme les animaux. Loin d'être une faculté superflue et inutile, elle est l'instrument de nos conquêtes les plus précieuses. Elle nous permet de nous étudier et d'augmenter, par la connaissance que nous prenons de nous-mêmes, et par conséquent de nos rapports avec le dehors et nos semblables, notre domaine intellectuel, et d'en tirer les règles de conduite de notre vie. En un mot, c'est elle qui fait de nous des êtres libres et moraux.

III

La physiologie contemporaine, prenant nos fonctions mentales par leur côté extérieur, je veux dire par le côté physique, nous montre, ainsi que nous l'avons déjà remarqué, comment s'engendrent et s'oblitèrent, par suite des maladies de notre cerveau et de notre système nerveux, les phénomènes psychiques : sentiment, pensée, mémoire, conscience, volonté, personnalité. Il est établi qu'il n'existe pas même de connexité nécessaire entre ces diverses manifestations d'ordre intellectuel. Les unes peuvent disparaître partiellement ou totalement et les autres subsister dans leur intégrité, selon que telle ou telle partie de notre organisme est affecté par la maladie.

Ceci serait absolument inexplicable dans l'hypothèse d'une essence pensante une et indivisible. Il est donc désormais impossible de nier sans parti pris l'identité fondamentale du physique et du moral.

Cependant les psychologistes purs s'obstinent à maintenir un abîme infranchissable entre le physique et le psychique. Ils ne veulent même tolérer, sur ce point, ni la recherche, ni la discussion. C'est un siège fait. Leur dernier argument est l'irréductibilité de la pensée à la sensation. Comment expliquer, disent-ils, qu'un objet perçu par nos sens, qui ne peut nous fournir qu'une image représentative figurée, soit transformé en pensée, si cette perception n'est pas appréhendée par quelque principe spécial qui la métamorphose et la transpose en se l'appropriant suivant sa propre essence ?

Nous pourrions dire d'abord que la nature physique elle-même fourmille d'exemples de ces sortes de transpositions. Comment le mouvement se change-t-il en chaleur ? Y a-t-il dans la nature une Essence calorifique qui absorbe le mouvement pour en extraire un produit analogue à elle-même ? Mais n'insistons pas sur ce genre d'arguments. Nous avons mieux dans le propre domaine de nos facultés.

Un ébranlement moléculaire de l'éther, perçu par notre rétine, se transforme pour nous en lumière et en vision. Des vibrations et des ondulations atmosphériques, agissant sur notre tympan, deviennent le son. Or, ni la lumière, ni le son n'ont de réalité hors de nous, du moins en tant que son et lumière. Ce sont uniquement des modes subjectifs, suivant lesquels nous saisissons certaines modifications du mouvement. Il en est de même pour nos autres sens : l'odorat, le goût et même le toucher. Il n'y a, dans les choses, ni parfum, ni saveur en soi, ni froid, ni chaud, ni même de dureté, puisque tout est plus ou moins inconsistant et mobile. Nous sommes ici, ne l'oublions pas, sur le terrain purement physiologique. Comment explique-t-on que le mouvement se métamorphose en sensation, en passant par notre œil, par nos oreilles, par nos autres sens ? La couleur, le son, le parfum, la saveur ne sont pas plus réductibles au mouvement que la pensée ne peut l'être à ces diverses sensations. Cependant, si la réduction s'opère dans le premier cas, pourquoi ne s'opérerait-elle pas tout aussi bien dans l'autre, par une nouvelle transposition ? Il y a là deux phénomènes successifs de même nature, tout aussi explicables ou inexplicables l'un que l'autre. Notre organisme ne perçoit et ne peut percevoir que le mouvement, seul réel. Le mouvement fait vibrer notre rétine, notre tympan, et par communication, la matière de notre cerveau. Voilà le phénomène physique. La sensation, qui en résulte, est tout autre chose. Elle est aussi immatérielle et subjective que la pensée; et si l'on admet qu'il n'est pas besoin d'une « essence » spéciale indépendante de l'organisme qui reçoit le mouvement et ne fait que vibrer, pour transformer ce mouvement en sensation (essence qui devrait nous être commune avec les animaux les plus bas placés sur l'échelle biologique), on ne voit pas la nécessité d'une autre « essence » encore plus spéciale, pour métamorphoser à son tour la sensation en pensée. Nous voyons là, tout au plus, une seconde réfraction, non plus mystérieuse, en somme, que la première, et qui peut tout simplement résulter d'un organisme plus perfectionné.

*
* *

Allons plus loin ; et voyons si la pensée, par sa nature, est bien aussi irréductible à la sensation qu'on veut le prétendre.

La pensée consiste d'abord dans la formation des idées, ensuite dans la comparaison des idées entre elles, ou jugement, puis dans l'examen de ce que contiennent les idées pour en tirer une conclusion, c'est-à-dire le raisonnement. Si l'on ajoute à cela la connaissance que la pensée prend d'elle-même par la conscience et d'où elle déduit les lois de son propre fonctionnement, on embrasse tout le travail de nos facultés intellectuelles.

Prenons d'abord l'idée la plus simple, celle d'un objet concret : cette feuille de papier sur laquelle j'écris. Si, cet objet une fois éloigné de mes yeux, je veux le *penser*, ce qui se présente à moi, c'est son image sensible, c'est-à-dire la sensation elle-même. L'idée est donc ici tout bonnement le rappel mental de la sensation. J'en puis dire autant de toute idée concrète : tel homme, tel animal, telle plante, tel objet.

Pour m'épargner cette reproduction dans ses détails, je suis obligé de lui substituer un mot, c'est-à-dire quelque chose de sensible et de convenu, qui ne renferme rien d'essentiel en soi, puisque quand j'écarte ce mot, je vois de suite apparaître à sa place l'image de l'objet qu'il désigne. L'idée d'un objet concret n'est donc pas même, comme le disait Condillac, une sensation transformée. C'est moins que cela encore : c'est la sensation elle-même reconstituée ou sommairement évoquée, au moyen d'un point de repère conventionnel.

Si je passe à des notions plus complexes : l'espèce, le genre, la série, l'idée que je m'en fais n'est que le rappel de la sensation d'un groupement de plusieurs êtres semblables. Si je pousse plus avant encore, si je veux avoir l'idée de l'homme en général, par exemple, je vois aussitôt surgir mentalement devant mes yeux, un être plus ou moins indéterminé, mais avec un corps, des bras, des jambes, une tête, le tout formant une figure parfaitement concrète quoique plus confuse que celle de tel homme en particulier.

Il n'en est pas autrement de nos idées métaphysiques, telles que celles de mouvement, force, énergie, cause, effet, lois, formule, rapports, ordre ; ou des idées morales de vrai, de beau, de bien, de juste. Pour me former ces idées, je dois appeler à mon aide la vision mentale des phénomènes sensibles d'où elles sont extraites. Je ne puis me faire l'idée du mouvement, de la force, de l'énergie, sans voir en imagination un objet qui se meut, ou donne une impulsion à un autre objet ; de cause et d'effet sans me figurer un être agissant ou subissant une action ; de lois, de formule, de rapports, d'ordre, sans la vision mentale de choses placées dans une certaine symétrie les unes vis à vis des autres ; de même pour les idées morales de juste, de vrai, de beau, de bien, (le mot, bien entendu, étant écarté), si je n'ai devant les yeux, une image concrète, me représentant un acte de justice, un fait vérifié ou reconnu exact, une belle statue, une action louable, d'où j'ai tiré par abstraction le concept général que j'ai enfermé dans le mot qui le désigne.

La formation de ces concepts abstraits de qualités n'a, du reste, en soi, rien de mystérieux. Elle résulte de la confrontation entre l'objet perçu et notre organisme intellectuel, tel qu'il se comporte avec ses diverses facultés : sens externes, sens intime, raison ou sens global, et mécanisme organique, travaillant sur les matériaux fournis par ces sens. Or, tout cela, sauf la différence de degré, nous est, comme nous l'avons déjà dit et comme nous le verrons encore, commun avec les animaux. Cet organisme, d'ailleurs, a besoin pour fonctionner, d'être longtemps exercé et développé par l'éducation. Il est extrêmement flottant et indécis et l'on sait avec quelle profondeur d'ironie la verve de Pascal s'est exercée là-dessus. Quoi qu'il en soit, ces concepts n'ont de consistance en nous que par les mots qui les condensent. Sans le mot, force nous est d'évoquer une image sensible qui les contienne. Le mot écarté, l'idée se réduit donc à l'image, c'est-à-dire à la vision figurée, et je mets au défi qui que ce soit de penser sans mots, autrement qu'en faisant appel à des images concrètes.

∴

En prononçant un mot exprimant une idée générale ou abstraite, nous croyons avoir une vue mentale directe de la généralité ou de l'abstraction. Or, cela n'est pas vrai. Nous n'avons réellement qu'une image ou une série d'images sensibles, que notre mécanisme intellectuel fait jouer ensemble et d'où il extrait des rapports, des lois, des formules, des généralités. Il est obligé de matérialiser aussitôt ces extraits en les condensant dans un signe, qui est le mot, sous peine de les voir disparaître en même temps que les figures d'où ils sont tirés. Sans ce signe ou ce mot, nous n'aurions pas d'idées générales permanentes, mais seulement des éclairs passagers, qui s'évanouiraient avec les images concrètes elles-mêmes.

Les idées sont donc des aspects d'images sensibles, captés et solidifiés dans un signe représentatif. Les mots sont comme des numéros d'ordre placés sur des sacs dont nous connaissons le contenu, pour l'y avoir mis de nos propres mains. Il suffit de nous rappeler le numéro pour savoir, à première vue et sans vérification, quelle est la valeur du sac. Mais la valeur est dans le sac, non dans le numéro qu'il porte; et si nous enlevons les numéros, nous sommes obligés de vérifier et de compter à nouveau, une à une, les espèces que nous avons enfermées sous l'enveloppe.

Ce qui fait notre illusion à cet égard et nous donne à croire que nous avons de véritables vues intellectuelles et directes des généralités en elles-mêmes, indépendamment des images desquelles ces concepts sont tirés, c'est la grande habitude que nous finissons par acquérir en jonglant avec les mots, au point d'en être dupes et de prendre le mot pour l'idée elle-même. Cette habitude nous fait oublier l'opération machinale, et néanmoins toujours réelle, qui se fait à l'aide des mots. Il se passe ici dans notre esprit comme un tour de prestidigitation dont nous pouvons nous rendre compte par la comparaison avec le jeu d'un musicien consommé qui, tout en lisant couramment un morceau de musique très compliqué, fait voler ses doigts sur les touches d'un clavecin. Ni les notes tracées sur le papier ni les touches de l'instrument ne constituent le son musical. Elles n'en sont que le point de repère et le procédé évocateur. Le commençant, pour se rendre compte de la valeur de ces signes, doit les épeler à grand effort d'attention, tâtonner de ses doigts, et faire chanter en imagination, dans son oreille, le son qui se rattache à la note écrite et à la touche. Peu à peu, l'habileté survenant, il arrive à déchiffrer et à jouer avec une prestesse prodigieuse. Il finira par exécuter, même les yeux fermés, dans l'obscurité la plus complète, les roulades les plus vertigineuses. Pour lui, la touche s'identifie au son; l'œil même ne la voit plus, le doigt s'y porte machinalement. Cependant la touche et le son ne se confondent pas, et le travail primitif d'analyse et d'adaptation, pour se faire inconsciemment, n'en subsiste pas moins.

De même pour les mots parlés, écrits, ou simplement *pensés*. Ils nous sont devenus tellement familiers qu'ils nous font illusion sur leur valeur et leur nature réelles. Ils ne sont rien par eux-mêmes. Ce sont des termes de convention, derrière lesquels il y a uniquement ce que nous y avons mis ; c'est-à-dire des extraits ou des résidus de représentations concrètes. Ce sont des signes d'abréviation nous dispensant de reconstituer ces représentations toujours matérielles, pour en faire à nouveau les mêmes extraits. Par leur moyen nous solidifions ces extraits une fois pour toutes, au point de nous en leurrer et de prendre pour des vues intellectuelles fermes, ce qui n'est qu'une échappée fuyante, entrevue à travers des images sensibles, seuls noyaux et seuls éléments stables de l'idée.

Néanmoins, le mot a une telle importance pour notre pensée que sans lui, nous le répétons, toute idée générale ou abstraite nous serait sinon radicalement insaisissable, du moins impossible à fixer et à retenir. Car cette idée, encore une fois, ne correspond pas à une réalité *en soi*, que nous puissions percevoir d'une vue intellectuelle directe dans un prétendu monde purement intelligible, mais seulement à des aspects propres à des objets concrets et qui n'en peuvent être séparés autrement que par abstraction — abstraction solidifiée et matérialisée dans le mot.

Sans les mots, enfin, ou au moins sans un signe quelconque de convention, nous ne pouvons penser mentalement que par images. Qu'on essaye de se faire l'idée de couleur, par exemple, sans prononcer ni penser le mot ; on ne parviendra qu'à se représenter, figurément, des surfaces diversement colorées.

Il y aurait, à cet égard, une étude à faire : ce serait de rechercher comment se sont formés les mots et ce que leurs racines signifient dans le langage primitif. Les philologues nous montrent que les objets et les êtres sont toujours désignés par quelque qualité visible et saillante qui les caractérise, par quelque effet d'harmonie imitative en rapport avec ces qualités, par relation à quelque phénomène matériel qui parle à l'imagination. Le cheval, c'est le rapide ; le tonnerre, le fracas imité par le son rauque ou éclatant des cordes vocales; l'âme, le souffle ou le vent. Toujours nous retrouvons au fond de chaque idée représentée par son mot, une image sensible qui en est le substrat ; image à laquelle se sont ajoutées successivement d'autres images, pour amplifier l'idée ou la préciser ; mais l'image, simple ou compliquée, est toujours là et c'est elle qui fait le fond de l'idée.

Il suit de là que toute idée même générale et abstraite, si nous la ramenons à sa forme véritable, est essentiellement concrète et se réduit à une *sensation* reproduite et reconstituée. Les mots seuls nous permettent de généraliser. Et l'on en arrive à se demander si l'intelligence, qui produit le monde abstrait de la pensée et différencie l'homme de l'animal, ne réside pas uniquement dans la faculté (supposant, il est vrai, un organisme plus complet et plus perfectionné) de créer la parole et de s'en servir.

Pour se rendre compte de la supériorité que peut donner, à cet égard, la culture et l'entraînement, on n'a qu'à considérer la différence qui sépare la faculté nue, en puissance, de la faculté développée par l'éducation et l'exercice. Si nous avions en nous une substance particulière dont l'essence ou tout au moins la fonction essentielle fut la pensée, il semble que nous devrions penser aussi naturellement que nos poumons respirent. Or, sans descendre jusqu'au sauvage à l'égard duquel on peut objecter qu'il est d'une race inférieure ; sans même parler des êtres abandonnés, retrouvés dans les bois dans un état à peine supérieur à celui des bêtes, — exemples rares et dont on pourrait contester la portée — prenons le paysan absolument illettré, qui est de notre race et qui fût peut-être devenu un génie s'il était allé aux écoles ; quelle est sa pensée ? Sortez-le des quelques notions empiriques qu'il a acquises dans son milieu et demandez-lui de donner son avis sur les questions générales et abstraites, sur les destinées de l'Humanité, sur l'origine et la fin des choses, sur d'autres points même de moindre importance, qui sont familiers aux esprits cultivés, et sur lesquels ceux-ci discourront avec aisance, à tort et à travers peut-être et à perte de vue : il restera bouche béante. Ce n'est pas cependant qu'il n'ait quelque intuition de ces graves problèmes. (Il n'est pas en vain un être intelligent, frotté à la civilisation ambiante), mais il n'a pas, à proprement parler, d'idées parce que aucun fond de visions intellectuelles, réalisées par des mots, n'est emmagasiné dans son esprit et que tout se réduit pour lui à des sensations ou à des aspirations vagues. L'idée (j'entends l'idée fixée et communicable) ne peut donc naître qu'à la condition de trouver son expression, son corps si l'on veut, représenté par le mot ou le signe. Autrement la vision fugitive qui en est le substrat, s'échappe brusquement et sans retour.

Le mot d'ailleurs, comme nous l'avons dit, absorbe tellement l'idée, et l'idée est si peu une vue directe de l'entendement sur un *intelligible en soi*, que la plupart des divergences d'opinions proviennent de ce que les mots représentant les idées sont entendus sous des sens différents et n'ont pas la même valeur pour tous ; tandis qu'une pensée pure, ayant son objet pur, indépendamment de sa traduction, devrait être la même pour tous ceux qui seraient doués de la même essence pensante.

* *

Si je porte maintenant mon examen sur les faits de conscience et sur les idées que je m'en forme, je m'aperçois que ma vue interne ne me donne encore que des images concrètes. Quand je dis : « Je pense, » cela signifie : je pense à ceci, ou à cela, à un homme, par exemple. Je ne puis avoir conscience de cette idée, sans reproduire la vision elle-même. La conscience de l'idée se confond donc avec l'idée. C'est le jeu de glaces et de répercussions que nous avons signalé plus haut. Si je dis : « Je pense », en général, ce n'est plus une vue de ma conscience qui, comme tous nos autres sens particuliers, ne peut saisir que des phénomènes actuels, mais une affirmation de ma raison, laquelle aidée de ma mémoire me rappelant une suite de sensations perçues me fournit la notion générale de *pensée* et de *conscience*, renfermée dans un mot. Si j'écarte ce mot et que je veuille, sans son aide, évoquer la notion de pensée et de conscience, il me faudra faire revivre telle ou telle sensation qui la comporte, et l'idée se réduira toujours à l'image concrète.

Quant à prétendre qu'en disant : « Je pense », je perçois mon essence pensante elle-même dans son for intime, c'est là, comme nous l'avons vu, une pure illusion, qui ne résiste pas à la plus sommaire analyse.

En ce qui concerne la notion des premiers principes qui président au fonctionnement de notre organisme intellectuel et en sont la forme même, ou si l'on veut, les rouages, tels par exemple que ces axiomes : Le tout englobe la partie — il n'y a pas d'effet sans cause, ou de fait sans une condition déterminante — la ligne droite est le plus court chemin d'un point à un autre -- deux choses égales à une troisième sont égales entre elles — etc., en un mot, ce que l'on nomme les catégories de l'entendement, j'observe d'abord que le fond de ces principes nous est commun avec les animaux. Frappez un animal par derrière, il se retournera pour voir qui le touche et se mettre en défense. Lâchez un cheval, au milieu de la campagne, hors de tout chemin frayé, il pointera droit sur son étable. Ils ont donc, tout aussi bien que nous, la notion instinctive de causalité, et savent, comme le géomètre, que la voie la plus courte est la ligne directe. Le rustre illettré qui raisonne (et raisonne fort bien) sans se rendre compte des règles de la logique, est resté à cet égard, toute proportion de puissance intellectuelle gardée, au même point que l'animal. Mais nous ne lisons pas ces principes dans notre entendement comme dans un livre ouvert. Nous devons, pour les formuler, les extraire des objets par l'analyse et, pour les avoir toujours présents à l'esprit, les fixer par des mots et des phrases. Si je veux, par exemple, avoir l'idée réelle que le tout est plus grand que sa partie, sans me servir des mots qui objectivent cet axiome dans mon entendement, je suis bien obligé de susciter la vision concrète d'un objet, pour le comparer mentalement à une de ses portions.

Pour les idées d'essences et de substances purement spirituelles, sans vision figurée, je ne les explique pas, je les nie. Ce ne sont que de vaines entités. Il est faux que nous ayons l'idée, je dis une idée véritable, d'un pur esprit sans corps. L'idée d'une âme spirituelle et néanmoins substantielle est une notion fictive et négative, obtenue par l'élimination successive de toutes les qualités sensibles que nous observons dans les corps. Quand cette élimination est complète, il ne reste absolument rien. C'est une abstraction, et qui plus est, une abstraction à rebours, qui ne correspond même pas, comme les idées métaphysiques, à quelque chose de vrai en tant qu'extrait. C'est un mot vide, *flatus vocis ;* et le mot, comme toujours, nous fait illusion.

Il reste donc établi que l'idée est la reproduction mentale figurée de la sensation perçue par nos sens, et que les mots à l'aide desquels nous conservons ces sensations et les emmagasinons dans notre entendement, ne sont qu'un procédé mnémotechnique, propre à nous faciliter l'opération de l'intelligence, en nous dispensant de vérifier à chaque instant ce qu'il y a sous ces mots. Mais ce dessous seul constitue la véritable idée, et cette idée est toujours une image sensible.

* * *

Passons maintenant à la combinaison des idées entre elles, c'est-à-dire au jugement et au raisonnement. Nous observerons que si notre cerveau suffit à percevoir la sensation et à renouveler cette sensation sous forme d'idée, il n'y a rien de plus mystérieux dans le fait de confronter deux idées, de les comparer, et d'en déduire une troisième vue impliquée dans les deux premières.

« Cet homme est bon ». Voilà un jugement. J'ai l'idée de cet homme que je vois et que je connais. J'ai l'idée de bonté, que j'ai classée dans ce mot, après l'avoir extraite de la vue d'une ou plusieurs actions charitables. Voyant cet homme accomplir une de ces actions, je lui applique cette dernière idée. Quant à l'idéal même de bonté, comme de toute autre vertu, au critérium duquel j'apprécie les faits, nous verrons plus tard s'il existe *a priori*. Dans tous les cas, c'est tout au plus une *catégorie* de notre organisme moral, analogue aux premiers principes qui sont le fond de notre mécanisme intellectuel.

« Cet homme est bon : si je m'adresse à lui pour en obtenir un service, il me le rendra. » C'est là un raisonnement. Il comporte un élément de plus que le jugement ; une troisième idée, celle du service à recevoir, qui est impliquée dans l'idée de bonté que j'attribue à l'homme en question. (Je prends à dessein, pour être clair, les exemples les plus simples ; mais les mêmes et seuls éléments se retrouveront toujours dans les raisonnements les plus abstraits et les plus compliqués.) Il n'y a rien, en définitive, dans ces combinaisons qui dépasse la portée des idées elles-mêmes, sauf l'élément actif dont le rôle est de les mettre en présence, de les comparer, d'en dégager ce qui y est contenu. Ceci est l'affaire de notre organisme intellectuel. Et ce même organisme, qui suffit pour élaborer les matériaux de la pensée, suffit également pour les juxtaposer et en faire des constructions.

L'organisme intellectuel, comme nous l'avons déjà constaté, est foncièrement le même chez nous et chez les animaux. Seulement, chez les animaux, il est spontané ; chez nous, il est réfléchi et conscient, à la condition encore toutefois d'être cultivé. Les animaux ont l'instinct, nous avons l'activité libre ou la volonté. Mais l'activité volontaire et libre de l'homme ne se distingue de l'activité instinctive et spontanée de l'animal qu'en ce que celui-ci agit sous l'aiguillon des appétits actuels qui le sollicitent, et dont le plus fort fait pencher la balance de son côté (et même il n'est point certain que les animaux ne se forment point des idées obscures contrebalançant, une fois acquises, l'impulsion du moment), tandis que chez l'homme, les mobiles sont des idées ou des concepts, ce qui donne plus d'ampleur et de complexité à sa faculté de détermination. De sorte que la différence consiste tout simplement dans l'élargissement indéfini du champ d'option. En attendant, le mécanisme de l'activité cérébrale reste toujours de même nature, chez l'homme et chez l'animal.

.*.

Il y a pourtant quelque chose qui me trouble et que je ne veux point dissimuler. Que sont donc ces idées d'Absolu, qui occupent le fond de notre Raison ? Nous ne sommes en communication qu'avec le contingent et le fini et néanmoins le Nécessaire et l'Infini s'imposent à nous, en vertu de la constitution même de notre entendement. D'où peuvent venir de telles idées, qui ne se rapportent à rien de ce que nous voyons, à rien de ce que nous sentons ? Après tout, sont-ce bien là de véritables idées ? Non, sans doute ; car une idée, pour avoir droit à ce nom, doit être une vue mentale claire et précise de son objet. Or, nous n'embrassons pas l'Infini, nous n'étreignons pas l'Éternel et l'Absolu. Si nous voulons nous en faire une conception telle quelle, nous ne pouvons qu'ajouter l'étendue à l'étendue, la durée à la durée; et quelque effort que nous fassions, nous n'atteignons jamais que des images sensibles qui, pour être poussées à perte de vue, n'en demeurent pas moins concrètes, quoique sans terme. Les idées de Nécessaire, d'Absolu, d'Infini, d'Éternel, et j'ajouterai de Parfait, ne sont chez nous qu'une tendance vague, une sorte d'instinct intellectuel, et non de véritables idées. Et à cette tendance s'élèvent même seules quelques intelligences d'élite. Pour le vulgaire, ce ne sont que des mots vides, qu'il prononce sans y attacher de sens précis, ou en leur donnant un sens erroné.

Il n'en reste pas moins prodigieux que de telles aspirations se rencontrent dans un petit tas de boue organisée. Le problème n'en serait pas moins insoluble, quand bien même l'on supposerait en nous une essence ou substance spirituelle. Car cette substance serait finie et l'on ne comprendrait pas davantage, dans cette hypothèse, comment le Fini peut tenter l'Infini. Du reste, nul n'a sondé les profondeurs de ce que nous appelons « Matière ». Notre organisme est un sphinx qui n'a point lâché, qui ne lâchera vraisemblablement jamais son dernier mot. Sans doute, les Dualistes, à la fois spiritualistes et matérialistes, qui le considèrent comme un composé de ce qu'ils entendent communément par « matière », c'est-à-dire d'éléments étendus, consistants, palpables et foncièrement pénétrables à nos sens, peuvent s'étonner qu'une machine en apparence si grossière puisse s'élever à l'idéal. Mais les recherches des savants sur les forces vitales qui s'agitent en nous, laissent entrevoir quel mystérieux abîme est, au contraire, le dernier fond de cette machine. Les expériences sur l'hypnose et la névrose, par exemple, nous révèlent le problème déconcertant qu'est notre système nerveux, lequel pourtant n'est encore qu'un phénomène superficiel relativement au résidu dernier et impénétrable de l'être vivant.

Les travaux d'approche des physiologistes contemporains, notamment les belles études de M. Th. Ribot, en nous faisant voir comment nos facultés mentales se forment et se déforment, en partant du simple mouvement reflexe pour s'élever graduellement jusqu'aux régions éclairées par la pensée et la conscience, ont acculé les psychologistes purs à leur dernier retranchement : l'irréductibilité de la pensée à la sensation. Nous avons voulu prendre ces intransigeants à revers et démontrer que cette prétendue irréductibilité est une chimère ; qu'au contraire l'idée prise en elle-même, en ce qu'elle est réellement quand on l'a dépouillée des voiles illusoires qui l'enveloppent, non seulement se réduit parfaitement à la sensation, mais n'est que la sensation même, consolidée, cataloguée et étiquetée, sans qu'elle ait même à subir une seconde réfraction après celle qui s'est opérée à l'entrée de nos sens.

IV

Cependant, nous le savons, les psychologistes purs ne capituleront pas. Il y a là pour eux une question de politique. Ils croiraient l'Idéal en péril.

Notre représentation du monde sera, en effet, radicalement différente, selon la notion que nous nous ferons de la Pensée.

D'après les spiritualistes-dualistes, (nous l'avons déjà remarqué), la Pensée serait une essence primordiale, précédant et dominant le monde des faits. Cette essence, d'une nature particulière, pénétrant, engendrant et régissant tout, et dont notre âme intelligente serait participante, aurait pour objet un monde purement intelligible ; de sorte que, par la pensée, nous saisirions les choses non matériellement en elles-mêmes, mais à leur source, et par une sorte de vision supérieure propre à de purs esprits. Il y aurait un monde de la Pensée, dont le monde matériel ne serait que la réalisation tangible ; et par notre âme intelligente nous serions admis à communier avec cette Pensée, par dessus les choses elles-mêmes, que nous atteindrions ainsi dans leur principe et dans leur essence intime. C'est la théorie platonicienne.

Si une telle doctrine était fondée, cette Pensée, matrice immatérielle de tout ce qui existe, ne saurait être que la Pensée suprême dont notre âme, par sa nature de spiritualité pensante recevrait directement quelques rayons proportionnés à ses facultés. Malebranche a trouvé la véritable formule de cette doctrine en disant que « nous voyons tout en Dieu ».

Selon la thèse sensualiste, au contraire, nous prenons contact avec les réalités par l'intermédiaire de nos sens. Nous les saisissons par l'extérieur. Avec l'aide de nos facultés intellectuelles, opérant sur les données de l'observation et de l'expérience, nous les rétablissons dans leurs rapports et dans leur ensemble, remontant ainsi de l'effet à la cause présumée ; soit que nous concluions à un Premier Principe intelligent et spirituel (car ce système, qui est celui de Locke et de Condillac, ne nie pas nécessairement une Pensée supérieure), soit que, écartant ce Principe comme non établi, nous nous déclarions simplement matérialistes.

Ces deux doctrines si opposées, puisque l'une part d'un monde de purs esprits, tandis que l'autre aboutit presque fatalement au matérialisme, ont néanmoins ceci de commun, que toutes deux croient être en rapport direct avec la réalité. Et c'est en quoi, selon nous, toutes deux sont également erronées.

Non, il n'y a pas de Pensée pure, correspondant à un pur domaine intelligible. Il y a seulement la pensée humaine, fonction spéciale à l'homme. Ce dernier se fabrique, par son aide, un monde fictif et idéal qu'il arrange à sa façon, pour ses besoins, avec des éléments empruntés au monde réel. Et ce monde idéal est vrai par rapport à lui et pour les nécessités de son existence ; il n'est pas nécessairement vrai, tel que nous nous le figurons au regard de la *réalité en soi*.

D'autre part, nos sens ne s'ouvrent pas directement sur la réalité, même matérielle. Ils ne nous révèlent que des apparences superficielles réfractées à travers notre organisme comme « le bâton plongeant dans l'eau, que notre œil voit courbé, que notre raison redresse ». Nous attarder sans critique au témoignage brut de nos sens, c'est nous condamner à ne voir que la surface des choses, et une surface trompeuse. C'est ce que nous démontre une recherche plus approfondie de la nature des phénomènes, et un plus sérieux contrôle exercé par nos sens eux-mêmes se rectifiant les uns les autres, et surtout par notre Raison qui se les asservit tous pour en former un sens global et synthétique.

Avec nos sens, notre raison et notre organisme intellectuel, nous arrivons ainsi à nous construire un idéal. Mais c'est l'idéal humain ; ce n'est pas nécessairement l'idéal vrai : sans quoi il forcerait l'adhésion de toute pensée. C'est notre idéal à nous, perfectible comme notre pensée elle-même et force est bien de nous en contenter.

.*.

Au reste, c'est une sottise de nier l'Idéal. Nous ne vivons que d'idéal. Quelles que soient l'origine et la nature de la Pensée, elle est toujours la Pensée. On ne rabaisse pas le diamant en montrant qu'à l'analyse il n'est que du charbon.

Prenons le système le plus platement matérialiste ; non pas celui de Bückner qui, admettant la divisibilité de la Matière à l'infini, n'est autre que le Monisme mécanique ; non pas même le vieil atomisme d'Épicure et de Lucrèce qui, à raison de l'éloignement et de l'inaccessibilité des éléments premiers, donne encore une certaine impression de grandeur imposante ; mais le système ridicule qui pose pour substrat et dernier fond de tout, les soixante et quelques corps simples que la science n'est pas encore parvenue à décomposer (et qui seraient ainsi l'Être nécessaire!). De ce monde si puérilement borné, il n'en faudra pas moins faire sortir la Pensée. On ne saurait la nier, puisqu'elle est un fait.

Nous sommes donc obligés de reconnaître que nous sommes des êtres pensants et que l'Idéal reste toujours notre guide et notre unique objectif, dans nos spéculations, comme dans la conduite de notre vie. Quoi que nous fassions, nous sommes irrévocablement prisonniers de l'Idéal. L'Idéal est ce qui caractérise notre nature et nous ne saurions le répudier, sans cesser d'être hommes.

Nous savons bien que l'Idéal se ressent de la représentation plus ou moins brutale ou relevée que l'on se fait du Monde. Nous ne nous dissimulons point que le Matérialisme excuse et flatte nos instincts bas ; tandis que le Spiritualisme nous hausse aux plus nobles aspirations. Mais nous constatons en ceci le jeu ordinaire d'oscillations qui se fait sentir en tout. L'idée chimérique que nous nous sommes formée de nous-mêmes, appelle la réaction opposée, non moins chimérique. Quand l'équilibre se sera enfin établi, quand la conscience humaine, mieux éclairée, se sera mise à son véritable niveau, nous reconnaîtrons que si nous ne sommes point l'*Ange*, nous ne sommes pas non plus la *bête*.

Nous sommes des êtres pensants, et c'est bien là, comme l'a dit Pascal, notre vrai titre de noblesse. Cependant il faut nous garder d'illusions trop orgueilleuses. Si, par la Pensée, nous sommes les rois de notre planète, nous ne sommes pas les rois de l'Univers. D'autres êtres, mieux doués que nous, habitent sans nul doute ces mondes innombrables que nous voyons rayonner sur nos têtes pendant les nuits sereines. Peut-être ont-ils d'autres sens que nous. Peut-être voient-ils ce que nous ne voyons pas, entendent-ils ce que nous n'entendons pas. Peut-être leur intelligence conçoit-elle des idées que nous ne pouvons même soupçonner. Tout en restant dans le cadre ordinaire de nos facultés, nous pouvons même supposer ces facultés portées chez eux à un degré supérieur de puissance et de compréhension. Telle déduction, par exemple, que nous n'atteignons qu'au prix des efforts pénibles d'un raisonnement sujet à une foule d'erreurs est peut-être saisie par eux d'un seul coup d'œil lucide; tel problème qui nécessite pour nous des pages de calculs est peut-être résolu par l'inspection seule des données; telle vue morale qu'obscurcissent en nous les passions et l'intérêt, peut leur apparaître étincelante dans toute sa pureté.

Mais ne nous laissons point entraîner trop loin dans ces rêveries. Prenons l'homme tel qu'il est, et essayons de le suivre dans quelques-unes des manifestations de son activité intelligente.

Section III

DU BEAU ET DE L'ART

Nous avons déjà laissé entrevoir notre conception de la Science.

La Science, ou plutôt notre science, est ce que nos facultés de connaître saisissent de la réalité objective. La réalité est infinie et nos facultés sont misérablement bornées. Notre science — à l'exception des lois de notre propre mécanisme intellectuel, et des propriétés du temps, de l'espace et des nombres qui constituent ce que nous appelons *sciences exactes*, et qui ne sont telles que parce qu'elles sont une forme et un cadre vides — notre science, disons-nous, est limitée à l'observation de quelques phénomènes de surface, derrière lesquels se déroule un inconnu immense et sans fond. Sur ces données précaires, nous bâtissons des théories et des systèmes dits scientifiques, qui ne sont déjà plus de la science proprement dite, mais des constructions métaphysiques plus ou moins plausibles. De sorte que nous arrivons à nous demander si ce que nous nommons science, science positive même, représente bien une réalité vraie en soi, ou seulement un rapport de convenance entre nos facultés telles que la Nature les a formées pour nos besoins et quelques aspects de cette réalité foncièrement inconnue de nous. Qu'est-ce, par exemple, que l'électricité? Nous n'en savons rien. Nous constatons certains effets; nous déterminons quelques circonstances dans lesquelles ces effets se reproduisent; nous en faisons quelques applications utiles à notre usage. Quant à la chose en elle-même, mystère impénétrable!

La Science, la Science positive n'est donc que l'adaptation à nos facultés, dans une certaine mesure, d'une réalité qui nous demeure à jamais inconnaissable, je ne dirai pas seulement dans son essence intime, mais même dans ses dessous prochains, au delà de quelques apparences sommaires. Nous sommes réduits à un simple contact avec l'objet de nos recherches, et encore ce contact ne produit en nous qu'un mirage proportionné à nos moyens et au rôle que nous avons à jouer. Ce qui en résulte est un amas toujours grossissant, et toujours imparfait de matériaux ajoutés, détail par détail et successivement, les uns aux autres. C'est un assemblage d'aperçus superficiels et bornés, comme nos facultés elles-mêmes, et sujets à d'incessantes rectifications. L'idéal qui apparaît à l'horizon de nos visées n'est pas un idéal défini, nous offrant une sécurité absolue. C'est un idéal indéfini et subjectif que nous pouvons toujours amplifier et que nous devons à tout instant redresser. Notre guide, en cette poursuite, n'est pas la vérité objective, puisque nous ne la connaissons pas, mais la mesure de nos facultés. Et notre unique ressource, comme critérium de la Vérité, est de croire que ces facultés ne sont pas trompeuses.

.

S'il en est ainsi de la Science, qui pourtant correspond à un objet externe précis : la réalité vraie, que dirons-nous de l'Art et de son objet, le Beau? C'est ici qu'éclate avec évidence le caractère purement subjectif de cette autre faculté que nous nommons le Goût. Car enfin, pourquoi tel assemblage de couleurs, plutôt que tel autre, nous charme-t-il? Pourquoi telles combinaisons de sons, sous le nom de musique, éveillent-elles en nous des sensations exquises, et d'autres nous choquent-elles, alors que dans la nature, et en dehors de notre sensation, il n'y a pas même de sons ni de couleurs?

On ne peut pas dire cependant que le Beau soit purement factice et conventionnel. Seulement, il est l'expression d'un accord entre un objet et certaines facultés qui nous sont propres et qui peuvent être différentes chez d'autres êtres organisés autrement que nous. Même parmi les hommes, la notion du Beau peut varier suivant la culture et le goût naturel ou acquis des races. Pourquoi, par exemple, pour les formes plastiques, préférons-nous le type caucasique aux types mongolique et nègre? Uniquement parce que nous appartenons à ce type. Car, en réalité, tous les types se valent pour la forme, du moment qu'ils sont appropriés à leurs conditions normales d'existence. Si, au lieu d'un nez proéminent au milieu du visage, la nature nous avait donné pour respirer, deux trous comme nos yeux ou notre bouche, cette excroissance, apparaissant à l'état d'exception chez certains individus, nous semblerait un objet d'horreur.

Il n'y a pas de Beau en soi. Ou plutôt le Beau c'est tout ce qui est, dans son universalité harmonique. Pour un être infini, qui embrasserait et pénétrerait tout d'une vue générale et complète, le Beau ne serait que l'ordre universel, dans lequel toutes les distinctions et toutes les discordances s'effacent. Il se confondrait avec le Vrai, c'est-à-dire avec la réalité.

Ce que nous appelons le Beau est un certain caractère détaché par nous de l'ensemble et qui, envisagé à un certain point de vue propre à nos dispositions spéciales, nous cause un sentiment d'admiration ou de satisfaction d'une nature particulière. Rien n'est plus complexe, plus ondoyant, plus divers, ni même plus contradictoire. Tout dépend de l'impression que nous en éprouvons.

Une tempête effrayante, où les vagues s'entrechoquent avec fureur, où s'entremêlent les éclairs et les rafales, un cyclone, une trombe qui déracine les forêts, rase et broie tout sur son passage, sont pour nous des spectacles d'une beauté grandiose, lorsque, au dire de Lucrèce, nous les contemplons d'un lieu où nous sommes en sûreté, et même, si nous sommes braves, quand nous nous trouvons au milieu du danger. Un site enchanteur, une verte prairie où l'herbe et les fleurs ondoient mollement sous une brise parfumée, a pour nous un charme résultant d'une sensation absolument contraire.

Tel être nous séduit par la délicatesse et la sveltesse de ses formes, par l'harmonieuse souplesse de ses mouvements ; tel autre par sa stature imposante ; et sa lourdeur, signe de force et de puissance, nous apparaît comme un genre spécial de beauté. Un monstre, — et j'entends par là non un animal effrayant, qui peut être superbe dans son genre, mais un être mal équilibré, disproportionné dans son espèce — peut nous paraître beau, par sa monstruosité même, quand elle revêt un certain cachet d'originalité et de grandeur. Et chacun sait à quel point un être naturellement laid et disgracieux peut se transfigurer et resplendir sous l'influence de quelque passion, qui met tout à coup en évidence un caractère que l'on ne soupçonnait pas sous cette enveloppe ridicule.

> Il est beau, murmura Vénus épouvantée.

Cette variété de types du Beau peut être également notée dans le monde des faits moraux, depuis le martyr qui confesse sa foi dans les tortures, le héros qui tombe pour sa patrie, le sauveteur qui brave les flammes ou les flots pour leur arracher une vieille femme infirme, jusqu'à l'aimable mollesse du dilettante épicurien et même jusqu'au fameux geste incendiaire de l'anarchiste. Car il ne faut pas absolument confondre le Beau avec le Vrai, ni même avec le Bien, quoi qu'en aient dit Platon et M. Cousin… à moins que l'on ne s'élève à une hauteur tellement transcendante que tous les caractères distinctifs s'évanouissent, pour ne laisser subsister que l'être pur sans attributs. Une formule unique et entièrement compréhensive du Beau dans les choses finies est impossible, car elle devrait réunir des éléments radicalement contradictoires.

Ce que l'on peut dire, ce semble, de plus rationnel au sujet du Beau considéré objectivement, c'est qu'il résulte d'une plénitude d'accord et d'adaptation entre un objet ou un être et sa fonction, ou la fonction que nous lui attribuons au point de vue auquel nous nous plaçons. Ainsi, pour le Beau plastique (*formosum*) nous remarquons qu'une certaine conformation des membres chez un être, homme ou animal, correspond à l'adresse, à la souplesse, à l'agilité, à la force, à l'énergie vitale; et, sur ces données, nous nous formons un type idéal composé des caractères extérieurs qui le plus communément répondent à cette fin. De même pour les traits du visage : un front vaste et bien développé, offrant certains contours, accompagne généralement l'intelligence ; un ovale particulier de la figure, des yeux de telle couleur ou fendus de telle façon, un nez et une bouche conformés suivant tel dessin, vont ordinairement avec des qualités aimables ou fortes; un teint frais, une couleur de peau rosée ou chaudement bistrée, accusant la richesse du sang, est un signe de santé ; et de tous ces éléments réunis ou diversement mélangés, nous extrayons un concept de beauté, qui a bien sa réalité objective, puisque, en somme, il représente une harmonie intrinsèque dans l'objet. Et cette harmonie est susceptible de plus ou de moins. D'où il ressort que, dans la réalité, il y a des choses mieux appropriées que d'autres à leur fin; bien que, en définitive, tout concoure à l'harmonie universelle.

Mais, pour qu'un tel résultat se produise, il faut que l'objet soit rapproché de sa fonction et non pas seulement considéré en lui-même, sous le rapport des lignes, des contours, des couleurs, car, dans la nature toutes les lignes, toutes les formes, toutes les couleurs se valent, et leur importance dépend uniquement de l'usage que nous leur demandons et de la fin à laquelle nous les rapportons.

J'ajoute que, par une disposition innée ou acquise, nos sens reçoivent une impression plus agréable de telle sensation que de telle autre. Et quant au concept de beauté, nous sommes portés naturellement, comme nous l'avons dit, à le modeler sur les qualités de la race à laquelle nous appartenons. Les Hottentots, par exemple, ont une autre appréciation que nous des charmes féminins. Et, pourtant, il n'est pas douteux que certains types sont en eux-mêmes et effectivement supérieurs aux autres, parce qu'ils offrent une adaptation meilleure et plus parfaite de l'organisme avec les fonctions de l'être, qui sont principalement la puissance intellectuelle et l'énergie vitale.

Toutefois, nous n'attachons pas l'idée de beauté à tout ce qui réalise une pleine harmonie de structure en rapport avec les fonctions. L'idée de beauté implique, plus particulièrement, un caractère d'agrément. Ainsi, l'Hercule Farnèse représente un type qui serait remarquablement doué au point de vue des conditions vitales. Si néanmoins nous rencontrions ce type dans la nature, il nous produirait plutôt l'impression de force et de puissance que celle de beauté proprement dite. Nous réserverions de préférence ce dernier sentiment pour l'Apollon du Belvédère, par exemple, qui fait avec le premier un complet contraste. Et encore qui sait?... tant cette notion de beauté est fuyante, indécise et complexe, susceptible des applications les plus diverses et les plus contraires. En dernière analyse, le Beau se résout donc dans un concept purement subjectif, sans règle précise au dehors.

.*.

La beauté qui se dégage de cette harmonie fonctionnelle peut même être accidentelle et, qui plus est, fictive. Un être malingre et disgracieux au repos, une fois en mouvement, soit pour la course, soit pour la lutte, soit pour une action quelconque, acquiert tout à coup par sa souplesse, sa vigueur, son agilité, une beauté factice provenant évidemment du rapport harmonieux qui s'établit entre les membres et les fonctions qu'ils accomplissent. Par contre, un individu bien proportionné peut perdre toute sa grâce dans des mouvements gauches et mal ordonnés. Il y a plus. Voici un orateur à la taille chétive, aux traits ridicules. Il parle, sa figure s'illumine, la flamme lui jaillit des yeux et, sous l'empire de la passion qui l'anime, il nous apparaît radieux, imposant et superbe. Il y a pénétration réciproque entre le physique et le moral, et l'effet de l'un rejaillit sur l'autre. La fonction transfigure l'agent; elle l'élève à sa hauteur. Car, en fait, la taille de l'orateur n'a pas grandi, ses traits ne sont pas devenus plastiquement plus réguliers. Seulement, dans le jeu de la physionomie, ils ont reproduit une beauté intérieure et se sont modelés sur elle. Nous sommes ici le jouet d'une sorte d'illusion d'optique. Cependant, pour que cette hallucination se manifeste, il faut que notre émotion s'y prête. Mettez un sourd dans l'auditoire. Dans cet homme qui gesticule, roule les yeux et tord les lèvres, ce sourd, étranger à la pensée commune, ne verra sans doute qu'un pantin grotesque. Allons plus loin, supprimons par l'imagination l'auditoire tout entier, que reste-t-il? Un petit homme qui écume, qui bat l'air de ses bras, dont la bouche émet... quoi? des sons? pas même des sons : des ondulations atmosphériques. Voilà le spectacle en soi, dans le vide. Mais ces ondulations atmosphériques, venant à frapper notre tympan, y engendrent des sons; ces sons éveillent en nous des sentiments et des idées, l'action de l'orateur nous communique la passion qui le transporte, et nous nous surprenons à trouver beau ce roquet qui aboie sur nos têtes, et beau non seulement par l'intelligence et la pensée, ce qui est tout naturel, car l'idée et le sentiment ont leur beauté propre indépendamment de leur organe; mais beau plastique-

7.

ment, comme type physique! Cette beauté, quoique factice, ne manque pas de réalité en soi, puisqu'elle résulte de l'accord entre l'agent et sa fonction, d'où surgit la plénitude de l'effet produit. Elle est due surtout, néanmoins, à une impression subjective de l'auditoire, puisqu'un spectateur inattentif ne la sentirait pas comme nous, qui frémissons de concert avec l'orateur.

Il n'est même pas besoin d'une cause passionnante pour amener ce résultat. Il peut se produire à l'occasion de l'objet le plus froid, par exemple pour l'acte de résoudre un problème d'algèbre ou de géométrie. Supposez un calculateur génial, là, devant vos yeux. Il a, je suppose, une figure de rustre, et c'est même parfois un paysan illettré. On lui propose de faire de tête un calcul ardu et compliqué, qui demanderait à un savant ordinaire des heures de déductions et des pages de chiffres. Sa pensée entre aussitôt en travail, son front se plisse, et il résout ce problème avec une telle maîtrise, une telle promptitude et une telle sûreté, que vous éprouvez, devant lui, l'impression de beauté.

Il en est ainsi de tout ce qui est du ressort de l'activité, même pour une action condamnable, pour un fait criminel. Il suffit de l'acuité de la passion, de la grandeur de l'exécution, de la majesté de l'appareil, pour évoquer cet idéal si flottant de beauté. Et je ne m'étonne pas que des auteurs contemporains se soient pâmés d'admiration devant le faste d'un Héliogabale, ou devant l'attitude d'un Néron, contemplant, la lyre en main, Rome en flammes; tant ce concept esthétique est un point de vue particulier à notre manière de sentir, suivant les circonstances.

C'est surtout dans les spectacles de la nature que cette subjectivité se révèle. La plénitude d'harmonie entre un objet et sa fonction, nécessaire au concept de beauté, ne suppose pas toujours la fonction telle qu'elle se comporte dans l'ordre naturel et réel, mais une fonction imaginaire que nous feignons à notre seule manière de voir. Voici, par exemple, un gouffre effrayant, un site sauvage, avec des rochers abrupts, tailladés, déchiquetés, comme frappés de la foudre; et nous admirons ce spectacle parce qu'il réalise un idéal de grandiose horreur, qui n'est qu'en nous. Car ces rochers ne sont pas là pour produire un tel effet, mais uniquement parce que les soulèvements du sol et diverses causes géologiques les ont disposés ainsi. A leur place il aurait pu exister un désert de sable. Et, prenez garde, ce désert vous allez le trouver non moins beau, à la suite d'une impression qui va éveiller en vous un idéal d'immensité et de morne solitude.

En somme, le Beau est ce qui remue en nous une fibre sensible particulière, laquelle ne coïncide pas toujours avec nos vues intellectuelles ni morales. Et cette fibre est tellement complexe, elle vibre si diversement sous les impulsions les plus contraires, que la beauté nous apparaît sous les aspects les plus contradictoires : grandeur ou délicatesse, force ou mollesse, horreur ou suavité, haine ou amour, harmonie ou désordre, et j'irai jusqu'à dire : vérité ou erreur, vertu ou crime, si l'erreur ou le crime revêtent un certain cachet de magnificence et dénotent chez l'agent quelque rare qualité de puissance et d'énergie, qui force quand même l'admiration. Il n'y a pas toujours une illogique alliance de mots, dans cette expression si souvent répétée : « C'est affreusement beau ».

En résumé et encore une fois, le Beau est un caractère tranché et saillant qui fait naître en nous une émotion spéciale. Il n'a de réalité que pour nous. En lui-même, il se perd dans l'immense et indiscernable enchaînement des choses. C'est nous qui l'en extrayons au gré de notre goût esthétique, de notre complexion, de notre tempérament, de nos états d'âme, de nos degrés de culture et, disons-le, de nos caprices et de nos engouements. En d'autres termes, il n'existe pas pour nous de type transcendant du Beau. Nous possédons seulement un outil ou un appareil, d'une structure à peu près identique chez tous les êtres de notre espèce, quoique avec des qualités et des défauts divers, suivant les races et les individus. Au moyen de cet instrument, nous distillons du beau, comme nous distillons du vrai à notre usage, et même, ainsi que nous le verrons plus loin, du bien moral, en puisant à même les matériaux bruts que nous fournit la nature. Et l'objet de l'Art, en ce qui concerne le Beau, est de mettre ces produits en lumière.

*

Quant à l'Art, c'est-à-dire à la réalisation du Beau par les œuvres de l'homme, il faut faire une distinction. On peut prendre l'œuvre en elle-même, uniquement comme effort de l'artiste, selon le but qu'il s'est proposé; ou bien y ajouter l'appréciation objective du sujet qu'il a voulu traiter, imiter ou dépeindre.

Nous sommes des êtres à compartiments. Le talent est indépendant de la Raison pure. Tel qui déraisonne nous fera, de ses déraisons, une page d'une envolée superbe, comme Rousseau, ou d'une ironie pétillante de malice et de verve, comme Voltaire. Le talent consiste à donner le relief à l'objet, peu importe du reste la manière et le procédé. On peut être un grand écrivain tel que Flaubert, en exposant les faits objectivement, avec l'impassibilité d'un témoin. On n'est pas un moins grand écrivain en y mêlant son cœur et son âme, comme Georges Sand. Un impressionniste peut être un grand peintre; de même aussi un symboliste ou un réaliste. Le tout est de rencontrer la corde qui vibre et de donner le ton qui relève.

A ce premier point de vue, la valeur seule de l'effort est à considérer. Un peintre veut représenter un crapaud. La bête est immonde et hideuse (du moins à notre sentiment, qui nous fait prendre cet animal pour un objet de répulsion); mais elle peut être reproduite avec un tel talent que le tableau soit un chef-d'œuvre. J'en dirai autant de l'écrivain qui nous dépeint des mœurs odieuses, des actions atroces, des personnages vils et répugnants. Il a voulu le faire ainsi, et sa description peut être, sous le rapport de l'art, une œuvre de génie.

Dans les œuvres d'art, ce premier point ne doit jamais faire défaut. Cependant, nous serions bien vite rassasiés de l'Art, s'il ne devait consister qu'à nous détailler des horreurs ou des erreurs. Son objet est principalement le Beau, pris et envisagé dans la nature, et ici nous revenons aux considérations de tout à l'heure.

La fonction de l'artiste est de nous créer des types de plus en plus parfaits, qui réalisent le mieux un certain concept de convenance que nous formons à notre usage, dans la manière dont nous considérons les divers aspects des choses ; à nous donner, pour satisfaire un instinct de dilettantisme, des émotions plus poignantes, plus délicates, plus recherchées que celles que nous éprouvons dans le train ordinaire de la vie. Et ceci nous ramène au côté moral de l'Esthétique. L'Art et le goût du Beau sont le luxe de notre intelligence et de notre sensibilité. Ils répondent à un besoin de notre nature qui, dégoûtée du terre-à-terre quotidien, aspire à un idéal factice plus relevé où elle puisse se délasser et se retremper, et qui, pour oublier la réalité, souvent mal comprise et mal appréciée, cherche à s'évader dans le domaine indéfini du rêve et de la fiction.

C'est dire combien l'Art est complexe et sujet à de multiples et diverses manifestations. Il dépend surtout de la culture esthétique de ceux qui le pratiquent et de ceux qui sont appelés à l'apprécier. Et sans nous étendre davantage sur le sentiment du goût, variable de race à race, de groupe à groupe, d'individu à individu, le tout compliqué à l'infini par les divergences d'idéal, par les engouements passagers de la mode, par les partis pris de convention, nous nous bornerons à quelques considérations sur un point de vue général qui, selon nous, à notre connaissance du moins, n'a pas été suffisamment caractérisé. Nous voulons parler du Classicisme et des réactions qu'il a soulevées au cours de ce siècle.

II

Le Classicisme est ce grand courant intellectuel, esthétique et moral qui part de la civilisation grecque, se continue dans la civilisation latine, et, après une éclipse momentanée correspondant aux temps barbares, reparaît au xvie siècle, pour s'épurer encore et jeter son plus vif éclat au siècle suivant; puis décliner en s'appauvrissant jusqu'à nos jours.

Ce qui, selon nous, caractérise ce courant civilisateur, c'est l'idée anthropomorphiste. Il a sa source et son développement dans l'idéalisation de la personnalité humaine consciente, prise comme type et comme centre, et rapportant tout à elle, physiquement, moralement, intellectuellement. La faculté maîtresse est ici une conscience *sui compos*, censée claire et limpide, pénétrant et illuminant tout de ses lueurs, sans tenir compte des complications obscures et des poussées latentes montant des profondeurs non seulement de la nature, mais de l'être humain lui-même.

Le Classicisme est le règne de la Conscience pure rationellement cultivée.

Supposons que l'homme soit réellement, comme certains systèmes spiritualistes l'admettent encore, un composé : d'une part d'un corps matériel, conçu comme une machine assez simple, et, d'autre part, d'une intelligence perçant le corps à fond et dirigeant ou croyant diriger tout l'être avec la claire vision et l'entière maîtrise d'elle-même ; à quels développements logiques une pareille notion nous conduira-t-elle?

Tout d'abord, elle impliquera une division analogue dans les choses. Il y aura donc un monde matériel d'une importance secondaire, et, au-dessus, un monde de la pensée, régi par des lois spéciales, telles qu'elles se déduisent des procédés de l'intelligence humaine. La Conscience se croit autonome et libre. Elle ne se voit plus qu'en bloc, dans le plein exercice de son activité cultivée et raisonnable. Elle se considère elle-même dans son développement actuel, et s'aperçoit que son domaine consiste dans les idées claires, dans les déductions rationnelles. Ignorant ses origines, elle se prend pour un principe, sans s'apercevoir qu'elle n'est qu'un aboutissement et un sommet. Ramenant tout à sa logique propre, elle calque tout sur son image. Rien n'existe pour elle que ce qui est conforme à ses vues. Elle se fait, à son usage et à sa ressemblance, des extraits qui ne sont en réalité que des fictions. De ces fictions elle se construit un monde à elle, dans lequel tout lui apparait percé à jour, net et sans mystère; de même qu'elle s'imagine se posséder elle-même, en pleine lumière, dans ses dernières profondeurs.

Un tel monde, œuvre de l'intelligence cultivée, c'est-à-dire de ce qu'il y a, en somme, de plus noble et de plus relevé dans l'être humain, participera naturellement de cette noblesse factice.

Supposons encore qu'une telle conception s'élabore dans des cerveaux d'élite, chez une race privilégiée, sous un climat doux et pur, dans une atmosphère baignée de soleil, où les conditions de la vie sont faciles et où cependant la lutte pour l'indépendance ou l'hégémonie a développé les sentiments fiers et héroïques; tenons compte de la vie sur la place publique, qui rapproche l'élite des citoyens et favorise la sociabilité; des loisirs des hommes libres engendrant les mœurs élégantes; de l'absence des travaux pénibles qui déforment les corps; de la pratique des exercices de force, d'adresse, d'agilité qui perfectionnent les qualités d'un type physique déjà harmonieux naturellement, et l'on pourra facilement se rendre compte de l'idéal esthétique qui va sortir de ces données.

*
* *

Ce sera d'abord une langue sonore et vibrante, la langue des Aèdes en plein air et des orateurs de l'Agora; langue noble et délicate comme la pensée élevée et raffinée dont elle est l'expression; langue claire et logique, savante et souple à l'instar de la culture intellectuelle qui l'a formée pour son usage.

Dans la sphère des idées, nous assisterons à l'épuration des notions rationnelles, produisant la précision, la symétrie, la mesure, le sublime même, mais un sublime lumineux et sans dessous, expression de ce que peut embrasser une conscience lucide, ramenant tout à sa portée.

En morale, nous aurons les grands sentiments, la générosité, la dignité, la fierté, le culte de la liberté basé sur l'excellence de la personnalité humaine conçue comme agent libre, ne relevant que des lois de l'intelligence ou du décret des dieux, calqués sur son image.

Dans les arts plastiques, l'harmonie, la proportion, la majesté, mais rien de démesuré, rien qui heurte la délicatesse d'un goût épuré.

Dans cet idéal, tout est humain et rationnel. Pas de ces fantaisies mystérieuses, pas de ces lointains obscurs, de ces rêves et de ces élancements vers des régions nuageuses qui effaroucheraient une conscience claire et limpide, maîtresse d'elle-même. Et quand du choc des passions résulteront des faits inexplicables, des crimes, des événements tragiques engendrant *la terreur et la pitié*, on n'ira point en chercher les causes dans les forces souterraines qui couvent au fond de notre être intime, ni dans les bas-fonds inexplorés de la nature. On imaginera, pour en rendre compte, une puissance toujours anthropomorphique : le Destin. On personnifiera de même toutes les passions : la Sagesse, la Prudence, le Courage, l'Amour, la Haine, la Vengeance, le Remords, la Force, la Vertu, le Crime, etc.

La nature ne sera point exclue de cet idéal. Et ce ne sera pas la nature de la conception sémite, si étroitement et si sèchement passive et inerte, soumise à l'impulsion arbitraire d'un moteur unique. Nous sommes ici chez un peuple de race aryenne, à la compréhension large et complexe, et même chez l'élite de cette race. Nous aurons donc une nature animée, non par ses propres forces, mais par la pénétration de l'intelligence, à la manière de l'intelligence humaine. Les sources, les fleuves, les montagnes, les forêts, le ciel, l'océan seront en quelque sorte les corps extérieurs, ou l'habitation de divinités multiples et secondaires qui imprimeront à tout ce qui végète, se meut, respire, la circulation de la vie, du sentiment et de la pensée.

En un mot, ce sera l'idéalisation la plus complète des parties nobles de l'être humain, appliquée tant à l'ensemble qu'aux détails de l'Univers.

Cela n'empêchera point toutefois la pensée profonde de s'évader de ce cadre simpliste, et de chercher à sonder les mystérieux problèmes qui se dressent devant notre raison. Mais la Philosophie est un courant à part et supérieur. Et, du reste, la philosophie grecque, arrivée à son point culminant, sera ramenée à la conception anthropomorphiste de la conscience claire, avec ses deux représentants les plus illustres et les plus autorisés : Platon et Aristote.

Un tel idéal n'est ni étroit, ni exclusif. Il ne laisse, en somme, rien à l'écart de tout ce qui peut servir d'aliment à l'âme humaine. Aussi a-t-il produit, dans son berceau d'origine, la plus magnifique floraison d'art qu'il ait encore été donné à l'Histoire de contempler.

Qu'y a-t-il de plus imposant que l'épopée homérique? De plus grandiose et de plus troublant que le drame d'Eschyle et de Sophocle? Quoi de plus enflammé et de plus passionné que le lyrisme de Pindare et de Sapho? De plus tendre et de plus délicat que les soupirs d'Anacréon? Et, dans les arts plastiques, quelle pureté, quelle harmonie, quelle grâce, quelle noblesse, quelle majesté, quelle puissance, quelle perfection !

**

Quand ce courant change de lit pour traverser la civilisation latine, il a déjà perdu beaucoup de son ampleur. Si le fond de la culture reste identique, la race n'est plus la même. Elle a d'autres qualités et d'autres défauts. Le génie latin est moins rêveur, moins profond, moins étendu que le génie grec. Par contre, il est plus pratique, plus politique, plus rationnel. Il accentue encore le rôle de la conscience claire. Il ne s'est pas, comme le premier, développé à son aise dans ses formes naturelles. Disciple et non initiateur, il n'a fait qu'endosser un vêtement d'emprunt, y retranchant plus qu'y ajoutant. La civilisation latine ne possède point, à proprement parler, de philosophes; car Cicéron n'est qu'un traducteur et Lucrèce un simple poète. Elle a perdu le drame, car la conception des causes occultes sous la figure du Destin, qui en faisait la tragique grandeur, n'entre plus dans son cerveau. Par contre, elle a amélioré, sinon créé, avec Plaute et Térence, la grande comédie de mœurs, déjà ébauchée par Ménandre. Elle peut surtout s'enorgueillir d'admirables historiens, d'éminents orateurs, de moralistes ingénieux, de profonds jurisconsultes. Elle brille aussi dans la poésie didactique, qui est peut-être son triomphe, avec le *De naturâ rerum* et les *Géorgiques*. Quant à l'épopée, on sent déjà que ce qui en est l'âme, le merveilleux, n'est plus qu'une fiction poétique, et il a fallu l'incomparable talent d'un Virgile pour produire cette étonnante composition qu'est l'*Énéide*. Et encore c'est surtout par la variété des épisodes, par la richesse des descriptions, par un sentiment nouveau et plus vrai de la nature, et surtout par l'harmonie du rythme des vers, que ce poème s'impose à l'éternelle admiration des siècles.

Les arts plastiques restent au second plan. Plus de Phidias ni d'Apelles. L'histoire de l'art ne nous rappelle aucun nom de grand sculpteur ou de grand peintre latin. Le génie grec avait l'intuition et le culte du Beau pour lui-même. Chez lui, le Beau était un but. Ici, il n'est plus qu'un moyen pour flatter le goût et la vanité de riches désœuvrés. L'emploi d'artiste est encore tenu le plus souvent par des Grecs immigrés. La race Romaine a d'autres destins à accomplir. Elle peut tendre une oreille complaisante au rhéteur et au joueur de flûte, son génie se révèle plutôt dans ses institutions et ses monuments, œuvres non plus d'art pur, mais de grandeur imposante et de puissance durable.

Il n'était pas besoin de l'invasion barbare, pour tuer la culture de l'art au sein du monde Romain. Elle se mourait de sa belle mort. Si cette culture avait pénétré à fond la civilisation grecque, elle n'avait été, à tout prendre, pour la civilisation latine, qu'un dégrossissement superficiel. Ce ne fut qu'une efflorescence en quelque sorte factice et passagère, non sans éclat, mais vite avortée au milieu d'un état de choses déjà en décadence et qui s'orientait vers de nouvelles destinées.

IV

Après une éclipse de dix siècles, la tradition classique grecque, réfugiée à Constantinople, reparut en Occident. On sait comment des érudits grecs, transportés par l'exil dans un milieu fruste, quoique riche et généreux, d'artistes impuissants qu'ils étaient, devinrent, pour des esprits nouveaux et mieux doués, d'admirables instituteurs. Ce n'est pas que dans l'intervalle, au sein d'un monde moitié latin, moitié barbare, les arts eussent fait complètement défaut. Au contraire, des œuvres remarquables en littérature, en architecture et plus récemment en peinture, avaient vu le jour, et un autre courant esthétique commençait à creuser sa coulée; mais il s'alimentait à d'autres sources. La réapparition du courant classique les submergea.

Le premier triomphe de la Renaissance classique, au commencement du xvie siècle, fut surtout pour les arts plastiques : la sculpture et la peinture. En littérature, le terrain n'était pas suffisamment préparé; car les langues modernes, la langue française surtout, n'étaient pas encore formées. On se borna d'abord principalement à cultiver les lettres grecques et latines dans leurs idiomes d'origine. Cependant, à cet égard, les langues directement issues du latin et parvenues plus tôt à leur perfection, furent plus favorisées. L'Italie, qui n'avait jamais perdu complètement la tradition classique latine, avait même, jusqu'à un certain point, devancé cette réaction. Ses grands poètes, Dante et Pétrarque, sont contemporains de nos trouvères, et la *Divine Comédie* se place en regard de nos fabliaux et du *Roman de la Rose*. En France, il fallut attendre jusqu'au xviie siècle pour assister à la restauration complète du Classicisme. C'est alors aussi qu'il atteignit son plus haut degré de pureté.

.*.

Pour bien comprendre le Classicisme de notre Grand Siècle littéraire, il faut se rendre compte de l'état de la culture intellectuelle à cette époque.

Le Classicisme, avons-nous dit, c'est l'anthropomorphisme de la conscience cultivée, qui croit évoluer en pleine clarté, dans la complète possession d'elle-même. Or, jamais cette conception de la conscience lucide, relevant d'un monde spirituel et dégagé de la matière, ne fut plus qu'alors généralement et nettement adoptée. La doctrine chrétienne en faisait un dogme. Descartes venait, en outre, de l'imposer au nom de la Raison philosophique. Tous les grands écrivains du siècle, à cet égard, sont Cartésiens. Pascal lui-même, malgré ses vues plus profondes sur les dessous de la Nature et sa géniale intuition de la compléxité universelle, se rattache à cette opinion comme à un article de foi. Il met la pensée à part, dans une sphère supérieure.

L'esprit humain s'isole donc plus résolument que jamais dans son for intime. Il se retire en lui-même et, examinant tout aux lumières de la raison spéculative et du sens commun, il se fait de tout des notions censées nettes et précises, à sa portée. Il appelle cela le monde de la Pensée, par opposition au monde de la Matière. Il conçoit ce monde comme quelque chose de transcendant, d'une essence plus relevée que le monde réel, dont il ne soupçonne pas les infinies complications. C'est la clarté du plein jour, semblable à celle qui baigne notre planète à l'heure de midi. Ce plein jour éclaire seulement des surfaces et des sommets. C'est un voile qui nous dérobe les profondeurs et les altitudes des « au-delà ». Et, de même que pour percevoir les immensités étoilées, il faut d'abord que la nuit se fasse autour de nous; de même que pour pénétrer dans l'intimité des objets, il faut déchirer les enveloppes et y porter l'analyse microscopique; ainsi, pour voir clair au fond de notre être, il faut écarter les hallucinations de cette lumière trop crue qu'est notre conscience superficielle. C'est ce que la pensée cartésienne (nous ne disons point Descartes lui-même) n'a pas compris.

A une telle conception du monde intellectuel et moral appliquez les formes de l'esthétique grecque et vous aurez le Classicisme du xviie siècle. L'art, en littérature, consistera à faire de beaux discours, où tout est symétrique, bien ajusté, bien pensé, bien raisonné, à développer des sentiments nobles et relevés, avoués par la conscience épurée. Et, comme le fond commande la forme et réciproquement, la langue prendra un caractère de mesure et de noblesse, une allure métaphysique où les termes généraux prévaudront contre les expressions concrètes — ce qui constituera précisément le style classique.

Mais, encore une fois, le domaine de la conscience est borné. Avec les progrès de la raison et de l'analyse critique, il s'est même rétréci de plus en plus. Les fictions ingénieuses du mythe païen ne sont plus de mise. D'autres croyances religieuses se sont emparées de l'âme humaine. Ces croyances sont trop sérieuses et trop respectées pour se prêter aux fantaisies de l'art, dont la matière se trouve ainsi singulièrement amoindrie. Il n'y a plus là une littérature complète, adaptée à tous les besoins et à toutes les aspirations de l'esprit nouveau. Aussi ne traite-t-on plus que des sujets choisis.

On ressasse surtout les sujets antiques. Childebrand est encore trop moderne et c'est un ridicule de le chanter. On refait au diapason du sentiment contemporain le théâtre grec. La Comédie elle-même ne s'attaque plus qu'aux travers généraux. Elle entre à peine dans le détail des mœurs courantes. Elle manque de couleur locale. C'est du Térence rhabillé et perfectionné. Les personnages d'Aristophane vivent d'une vie intense et complète; on les sent dans leur milieu. Ceux de Molière ressemblent à des êtres de raison. Ils s'agitent dans un monde de convention qui ne nous donne qu'une idée des plus imparfaites, et souvent fausse, des conditions et des relations sociales du temps. Non pas que l'observation minutieuse des caractères fasse défaut chez Molière, bien au contraire. Elle y est même poussée au plus haut degré de perspicacité. Mais elle est éclectique ; elle fait ressortir des types saillants et non plus des hommes naturels et moyens tels que ceux qui s'agitent réellement dans les relations ordinaires de la vie. Les personnages n'ont pas même de noms propres et avec les appellations d'emprunt, semblables aux masques antiques dont l'auteur les affuble (et qui nous font peut-être un peu illusion à cet égard), ils pourraient être tout aussi bien grecs et romains que français, concitoyens de Périclès ou d'Auguste que sujets de Louis XIV. C'est là, il est vrai, la grande comédie, qui assure l'immortalité et l'universalité aux œuvres de Molière, en tant que peinture transcendante des mœurs ; tandis que la comédie d'Aristophane, qui d'ailleurs est l'enfance de l'art, ne nous offre qu'une grossière satire politique, toute remplie d'obscénités et de personnalités odieuses.

Si l'on veut se rendre compte, d'autre part, de ce que l'idéal tragique a perdu, depuis sa première origine, on n'a qu'à comparer un drame de Sophocle avec une tragédie de Racine. Ici, plus de ces coups mystérieux du Destin, qui engendrent les situations terrifiantes et pathétiques, comme dans l'*Œdipe-Roi* ; plus de ces passions tumultueuses, inspirées par les Divinités irritées ou vengeresses symbolisant le fond tragique inconscient de l'âme humaine ; mais le seul conflit des actions, des sentiments, des idées, dans ce qu'ils ont de facilement explicable et d'accessible aux lumières de la conscience... Cependant cette littérature a laissé d'immortels chefs-d'œuvre, et c'est à juste titre que le siècle de Louis XIV a été nommé le Grand Siècle.

V

Nous pouvons maintenant mesurer le cours du Classicisme.

Au temps de Périclès, c'était un large fleuve, recevant dans son lit tous les affluents de l'activité intelligente et passionnelle. Toutes les puissances de la nature et de l'âme y apportaient leur tribut. Mythe religieux, Nature divinisée dans tous ses éléments, passions personnifiées, le tout, il est vrai, sous un aspect anthropomorphique, mais donnant l'impression d'une vie intense, profonde et complète.

Au siècle d'Auguste une partie de ces affluents a disparu. La conscience s'est éclaircie. On ne croit plus guère aux mythes. Le merveilleux n'est plus qu'une matière poétique, un thème à développements. Cependant la foi aux Divinités payennes est encore assez vivace parmi les foules pour conserver à ce merveilleux son originalité et lui éviter la froideur du pastiche. Par contre, un autre sentiment de la nature s'est fait jour. Il se révèle dans le poème de Lucrèce, dans les odes et les épîtres d'Horace et surtout dans les *Géorgiques* et les épisodes de l'*Enéide* ; au point qu'il faut passer par dessus les temps purement classiques et pousser jusqu'à nos jours, pour retrouver ce sentiment exprimé avec autant de naturel et d'ampleur. Voyez, par exemple, la description du sommeil, au quatrième livre de l'*Enéide*.

> Nox erat, et placidum carpebant fessa soporem
> Corpora per terras ; silvæque et sæva quierant
> Æquora ; quùm medio volvuntur sidera lapsu ;
> Quùm tacet omnis ager ; pecudes, pictæque volucres,
> Quæque lacus latè liquidos, quæque aspera dumis
> Rura tenent, somno positæ sub nocte silenti,
> Lenibant curas et corda oblita laborum.
>
> (Œn. L. IV, v. 521 et s.)

La Nature entière, hommes, animaux et choses, entre dans ce tableau : les forêts, les flots de l'océan, les astres qui roulent dans l'espace, la campagne qui se tait, tout ce qui est animé, au sein des eaux profondes et parmi les buissons, immobilisé dans le sommeil sous la nuit silencieuse..., et cette note finale d'une si intense mélancolie, sur le répit adoucissant accordé aux soucis et aux luttes du jour !

A l'époque de Louis XIV, ce n'est plus un fleuve, c'est un canal ; canal limpide et majestueux, mais dont toutes les sources vives sont taries. Le sentiment de la nature fait complètement défaut. L'idée religieuse est tenue dans un lointain respectueux, sauf pourtant dans les arts plastiques, qui ne sont pas susceptibles de donner la même prise aux vues hérétiques. Et encore c'est une question de savoir si la sculpture, la peinture et même l'architecture, telles qu'elles ont été renovées par la Renaissance classique, conviennent bien à l'élan de l'esprit religieux chrétien. Dans tous les cas, elles ont profondément modifié cet esprit lui-même, en tuant le symbolisme et le mysticisme des Primitifs.

Il ne reste donc plus que la conscience humaine avec son domaine d'idées claires, de faits intellectuels et moraux. Plus de fantaisie libre ; tout est calqué sur la psychologie rationnelle... tout, même la nature. Et quand on daignera s'occuper d'elle, ce sera pour la corriger, pour la domestiquer et l'associer à la vie artificielle des gens du beau monde. L'idéal, en ce genre, n'est plus la campagne frémissante sous tous les souffles qui l'animent ; où l'on sent sourdre et monter tous les germes dans une poussée latente et profonde : les eaux, les bois avec leur fourmillement de vie ; les vastes panoramas, les retraites délicieuses de fraîcheur, les larges fleuves, les ruisseaux capricieux, la mer immense... mais le parc de Versailles, avec ses allées tracées au cordeau, ses pièces d'eau aux contours géométriques, ses ifs taillés en pyramides quadrangulaires à la manière des monuments faits de main d'homme. Et c'est peut-être là le symbole le plus caractéristique du classicisme du Grand Siècle. Ajoutez à cela des illuminations, des effets de pyrotechnie pour embellir les fêtes de nuit. Des lampions à la face des profondeurs étoilées !... Après tout, n'est-ce pas là l'éternelle image de l'effort de la pensée humaine devant l'immensité de l'Univers ?

Au cours du siècle suivant, la réaction commence à se faire sentir. Le XVIIIe siècle fut une période de pensée ardente et rénovatrice. Cependant, alors que le fond de la conscience humaine tendait à se renouveler et que la science pénétrait peu à peu les complications et les secrets de la nature, la forme classique reste inviolable. Buffon préconise encore les allures surannées du langage et proscrit le terme technique et suggestif, évoquant l'idée vraie et finement nuancée. Mais, en vain André Chénier aura dit :

Sur des pensers nouveaux, faisons des vers antiques,

la forme est indissolublement liée au fond ; l'un emporte l'autre, et quand la matière fermente et s'étend, il faut que l'enveloppe éclate.

VI

On a beaucoup disserté sur la question de savoir en quoi consistait le Romantisme. Les uns en ont fait une affaire de style et ont avancé qu'il s'agissait de substituer le mot propre à l'expression noble et relevée. Pour d'autres, c'était le mélange de l'élément comique avec l'élément tragique ; ou encore la réforme du rythme du vers et l'emploi de l'enjambement. Enfin, certains y ont vu une tentative de résurrection du moyen âge.

Tout cela est éminemment puéril. La vérité est que l'esprit et le sentiment humains se trouvaient trop à l'étroit dans la forme classique, et tendaient à briser cette forme pour s'épancher à l'aise.

Jamais d'ailleurs les grands auteurs grecs ou latins ne s'étaient privés d'employer le mot propre ; et ni Pascal, ni Bossuet, ni Corneille ne le dédaignaient quand il se présentait à eux et pouvait produire un effet saisissant. Le choix de l'expression noble n'est qu'une mode des tout derniers temps classiques, alors qu'il fallait, sous la richesse de la forme, dissimuler la vacuité du fond.

D'autre part, ni Homère, ni Virgile ne répudiaient à l'occasion le comique, ni même le burlesque. Exemples : les invectives d'Achille contre Thersite, dans l'*Iliade* ; la chute de Vulcain précipité de l'Empyrée par un coup de pied de Jupiter ; et dans l'*Énéide*, la culbute de Nisus, qui se relève tout barbouillé de fange, à la grande hilarité des spectateurs.

Quant à la brisure du vers, ce n'était, après tout, qu'un retour au rythme de la prosodie antique.

Le rappel du moyen âge est un aperçu plus sérieux ; et cette exhumation s'explique parfaitement comme première manifestation de la réaction contre le classicisme.

Il y avait eu là, en effet, du XIIe au XVe siècle, une végétation d'art issue d'autres germes que ceux laissés par l'antiquité classique. Une littérature originale émanée de l'âme nationale, une esthétique d'un spiritualisme à la fois naïf et raffiné, inspiré par l'idéal chevaleresque et le sentiment chrétien, commençaient à se développer et à briller d'un vif éclat. Il ne leur manquait, pour arriver à la maturité, que la perfection des instruments : une langue complète et une main-d'œuvre mieux exercée. Et même en architecture, cet art nouveau avait produit ses chefs-d'œuvre définitifs : la cathédrale gothique, avec ses proportions imposantes, ses élancements vertigineux, son fouillis inextricable d'ornements symboliques, image de l'âme élevée, profonde et largement compréhensive du moyen âge mystique et rêveur. Ce mouvement avait avorté devant la Renaissance grecque. Il suffisait de renouer la tradition ; de reprendre en sous-œuvre les assises primitives ou, pour mieux dire, de remettre au jour les racines vivaces enfouies et comprimées sous le somptueux pavé classique.

*
* *

Chateaubriand, Lamartine, Victor Hugo, Alfred de Musset, c'est-à-dire le renouveau de la nature, l'élan religieux, le lyrisme héroïque et exotique, le cri de la passion vraiment sentie, vibrante et saignante : voilà les protagonistes et la première poussée de cette réaction contre le Classicisme. Laissons de côté les chicanes d'écoles déjà si loin de nous, sur les questions de formes et de tendances particulières, et caractérisons le fond, d'un mot : c'était Pan qui ressuscitait ; c'était la vie, la vie aux sources puissantes et fécondes qui rentrait dans un corps ankilosé, et faisait battre ses artères sous l'infusion d'un sang nouveau.

A cet égard, nos voisins avaient été plus heureux que nous. La lourde pourpre classique ne les avait pas étouffés au même point sous ses replis fastueux. Leurs mouvements étaient restés plus libres. L'Allemagne n'avait point cessé de rêver. Elle venait de produire Gœthe et Schiller. L'Angleterre vivait toujours des traditions de son Shakespeare ; tandis que nous avions complètement oublié la tentative infructueuse de notre Ronsard.

Le Romantisme fut bientôt débordé et dépassé. Ce n'était qu'un premier pas. Depuis lors, les essais se sont succédé sans aboutir à un idéal définitif. Mais un idéal définitif peut-il se concevoir au bout d'une telle poursuite ? Une vision nette et complète du Beau supposerait que le Beau est objectivement déterminable. Or, il ne l'est pas. Nous avons néanmoins le sentiment des sources d'où il peut jaillir. Ces sources sont les profondeurs du cœur humain et de la nature.

Rendre à l'Art son universelle compréhension, voilà le but. L'Art, le grand Art ne se laisse point emprisonner dans les formules d'une école. Ce n'est ni le Classicisme, ni le Romantisme, ni le Réalisme, ni l'Idéalisme, ni l'Impressionnisme, ni le Symbolisme, ni même le Naturalisme, du moins tel que l'entend certaine coterie de nos jours. C'est tout cela à la fois et plus encore. L'Art doit exprimer toutes les formes et toutes les puissances de la nature consciente et inconsciente, cultivée ou spontanée. Tout ce qui est susceptible de soulever une émotion dans l'âme humaine, est de son ressort. Et, comme cette âme est l'instrument, l'Art peut revêtir autant de nuances qu'il y a de diversités dans l'instrument évocateur. Toute la lyre, tous les fibres du cœur humain, voilà ce qu'il faut faire vibrer pour donner la sensation du Beau. Celui-ci n'est point exclusif, comme l'ont prétendu les classiques ; il est au contraire aussi complexe que la Nature elle-même.

.*.

Le défaut du Classicisme était d'ignorer ou de dédaigner une foule de sentiments, qui sont à la conscience ce que les mouvements reflexes, les actes spontanés sont à la volonté réfléchie. Encore une fois, la vie de conscience n'est qu'une vie sommaire et superficielle. La vie intense, la vie profonde et palpitante s'agite dans les dessous de l'organisme et dans les replis inexplorés de l'âme. Donner issue à tous ces flots qui bouillonnent en nous, exprimer ces états psychiques que nous sentons vaguement, sans pouvoir les définir nettement ; noter ces aspirations flottantes, ces élans sans but précis, ces rêves sublimes et parfois étranges, qui ont peut-être, en somme, plus de réalité que nos idées claires, telle est la portée de la réaction contre le Classicisme. Ce dernier était un clavier ne rendant que quelques notes sonores; l'Art nouveau tend à recueillir les mille bruits confus d'où se dégage l'harmonie universelle.

De là pourtant une conséquence inévitable: le domaine de l'Art s'est élargi immensément et, par suite, son objet s'est éparpillé à l'infini. Et comme nul n'est assez grand pour embrasser la Nature entière dans l'inépuisable variété de ses aspects ; comme il ne nous est donné de la percevoir que par des échappées partielles, avec des caractères souvent contradictoires, il ne faut plus compter sur ces grandes synthèses qui résument, en la condensant, toute l'esthétique d'une race ou d'une civilisation, telles qu'une *Iliade*, une *Énéide*. Il faut aussi faire son deuil de ces types d'idéale perfection, de ces parti pris de beauté convenue, autour desquels les classiques se bornaient à broder des variations. Rendre tous les cris de l'âme, sous l'atteinte de toutes les sensations, de tous les sentiments, de toutes les aspirations, de toutes les passions, de tous les rêves et de toutes les pensées, voilà désormais l'objet de l'Art, semblable à la harpe éolienne qui tressaille à tous les vents : tempêtes ou zéphires.

VII

Cependant si l'anthropomorphisme n'est pas le fond des choses, il est du moins notre fond à nous. Tout converge ou tend à converger vers la conscience, qui est l'expression la plus haute de l'âme humaine. La culture classique reste donc la base et la forme fondamentale de l'Art. De plus, c'est le point par lequel toutes les intelligences se touchent, se communiquent et se comprennent. Qu'on ajoute à son domaine, qu'on la nourrisse d'aliments nouveaux, c'est bien ; mais qu'on tente de la supprimer, c'est l'incohérence et le chaos. Il n'est d'éternellement beau que ce qui est saisi par toutes les élites, dans tous les milieux, dans tous les temps. C'est ce que l'on appelle le classique. Certaines races peuvent avoir un idéal spécial ; certaines natures peuvent priser particulièrement telles formes plutôt que telles autres ; certaines époques affectionner des genres divers ; telle est la loi de l'évolution. Mais il y a un Art suprême qui domine tout cela : c'est celui qui correspond à la structure générale du sens du goût chez tous les êtres intelligents, ou, si l'on veut, qui s'adresse au sentiment commun et à son organe perfectionné, la conscience. A lui seul est réservé l'universalité et l'immortalité. Tout le reste est affaire d'engouement et de mode passagère.

Prenons par exemple le type du Beau plastique dans la statuaire grecque. Ce n'est pas un type de fantaisie, c'est l'harmonie même de la forme du corps humain dont on a éliminé tous les défauts. Cette forme est même si parfaite que rien n'y fait saillie. Cependant nos sentiments esthétiques sont tellement capricieux, que cette perfection nous fatigue à la longue et que nous éprouvons le besoin d'expérimenter quelque qualité spéciale qui nous sorte de l'ordinaire. Ce sera la gracilité ou la force, ou même quelque particularité monstrueuse, la laideur même au besoin, pourvu que cette laideur nous fasse éprouver une sensation poignante, ou qu'elle nous suggère l'idée de quelque puissance morale mystérieuse, qui nous impressionne. Voici pourtant l'écueil : tandis que l'harmonie est accessible à tous parce qu'elle répond à une notion claire qui est le fond de notre conscience commune, le caractère exceptionnel sera prisé ou méconnu, ou diversement apprécié suivant le goût particulier, ou même le caprice et le parti pris de ceux qui sont appelés à le juger. Ainsi, telle œuvre d'art originale, outre qu'elle ne sera jamais comprise exactement telle que l'a conçue la pensée de son auteur, aura des admirateurs et des détracteurs, selon les conditions ou même seulement selon les dispositions accidentelles d'esprit des amateurs et des critiques. Et je parle des vrais connaisseurs, non de ceux qui jugent par entraînement. Mais, il n'y aura jamais de contradiction, à moins que ce ne soit de la part des sots, en présence de la Vénus de Milo, de l'Apollon du Belvédère, de l'*Énéide*, d'une oraison de Bossuet, ou d'une tragédie de Racine.

*
* *

La forme classique est donc la trame sur laquelle on peut broder, le cadre que l'on peut et que l'on doit remplir des matériaux les plus variés, mais qu'il faut respecter dans les écarts et les fantaisies les plus osées. L'Art, au surplus, est sujet aux mêmes vicissitudes que tout ce qui existe dans le monde contingent, tout en conservant un agencement organique persistant. Et de même que les langues succèdent aux langues, les civilisations aux civilisations, les types aux types, l'Art se transforme au gré des influences ambiantes. En attendant, le Classicisme en est la structure définitive, la charpente essentielle, semblable à l'ossature des corps, qui ne change pas sous les chairs et les traits divers qui la revêtent.

Pourquoi admirons-nous tant Shakespeare ? Est-ce à cause des incongruités qu'il fait débiter à ses interlocuteurs populaires ? Est-ce pour son mépris, ou plutôt pour son ignorance de la règle des unités, qui lui fait placer, dans le même acte, une scène en Egypte, la suivante à Rome, la troisième en Grèce, la quatrième en pleine mer, et ainsi de suite en un clin d'œil, comme dans un kaléidoscope ? Ou parce que, entre un acte et le suivant, le spectateur qui est censé assister à une action suivie, comme le bon sens le veut, se trouve avoir tout à coup vieilli d'un quart de siècle ? Je sais bien qu'il ne manque pas de snobs, pour qui c'est là le principal mérite de Shakespeare. Mais Shakespeare est grand parmi les plus grands, parce qu'il a su remuer les cordes les plus profondes et les plus vibrantes du cœur humain ; parce que nul mieux que lui n'a décrit le tumulte, l'énergie ou la délicatesse des passions qui grondent ou murmurent au fond de nous et s'échappent au dehors en situations tragiques et troublantes ; (et, à cet égard, plus que Racine et Corneille même, il est le véritable héritier d'Eschyle et de Sophocle) ; enfin parce que sa pensée jette souvent des lueurs éblouissantes semblables à des éclairs qui traversent les ténèbres d'un abîme ; en un mot, parce qu'il est le plus suggestif des berceurs d'âmes. Et peut-être le contraste entre sa vulgarité et ses sublimes élans, sont-ils par leur originalité, un attrait de plus pour notre esprit. Cependant, il eût été sans aucun doute plus grand encore, si à ces qualités géniales il eût joint l'élévation et la correction de la forme classique.

En attendant, l'Art est revenu aux essais éparpillés et incohérents. La poésie, en particulier, est pour l'instant aux mains des poètes mineurs. Rien d'étonnant à cela. Les auteurs classiques avaient moissonné en pleine fleur dans un champ vierge. Les artistes avaient taillé en plein marbre. Ils n'avaient laissé à leurs successeurs que des éclats et des rognures. Accommoder ces restes était le lot de ces derniers. Dans les déchets de la fonte du Laocoon on peut *ciseler* (c'est le mot du jour) quantité de pommeaux d'épée et de boutons de guêtres. Les trois grands poètes de ce siècle avaient trouvé une nouvelle veine à exploiter. Ils l'avaient largement entamée. Ce qui fait leur supériorité, c'est qu'ils étaient encore, après tout, des classiques, sans se l'avouer à eux-mêmes. Non pas des classiques de l'école de Boileau, mais des classiques à la manière d'Euripide et de Pindare, se livrant à la haute inspiration, planant sur un monde renouvelé par eux, dans une vaste envolée, et toujours à la lumière de la conscience subitement élargie. Les poètes éminents, comme les génies, sont rares. Ils n'apparaissent que de loin en loin. A peine en compte-t-on deux ou trois par époque littéraire. Peut-être notre siècle avait-il épuisé sa sève sur ces trois rejetons géants qui se nomment Lamartine, Hugo, Musset. Il n'est pas surprenant qu'à leur ombre il ne croisse plus que de simples baliveaux.

Mais à cette impuissance momentanée des grandes œuvres, il y a une cause plus profonde. C'est le mouvement et l'esprit scientifiques.

*
* *

Notre siècle, notre fin de siècle surtout, est une époque d'analyse et de critique. Or, l'analyse et la critique tuent la puissance créatrice. Et comme tout se tient dans la machine humaine, l'Art ne pouvait échapper à cette influence. De même que la Science se borne en ce moment à amasser des matériaux pour une synthèse future, ainsi l'Art tente tous les éléments encore confus et indistincts d'un nouvel idéal. Il s'essaye à fouiller tous les sentiers, au milieu desquels finira par se frayer le vaste chemin destiné à remplacer l'ancienne route abandonnée. De là cet éclectisme qui nous fait rechercher et goûter les chefs-d'œuvre exotiques, les essais parfois informes, mais d'une naïveté si charmante, des littératures et des arts en enfance, ou des civilisations incomplètes qui ont fleuri dans d'autres temps et sous d'autres cieux. De là aussi, ces incursions hasardées dans tous les domaines, du sentiment, du rêve et de l'idée. Ce n'est point là sans doute de la décadence; c'est bien plutôt une phase d'incubation où, dans le passé qui se dissout, fermentent les germes de l'avenir. Or, dans une telle œuvre il n'y a place que pour des pionniers de second ordre, qui préparent le terrain en attendant que survienne l'homme génial destiné à fixer tous les efforts et à les lancer dans la voie largement ouverte.

Cette propension à l'analyse a engendré de nos jours un certain art consistant à détailler par le menu les sentiments, les idées, les objets, à les faire ressortir sous des aspects curieux et recherchés, qui ne frappent point d'abord l'attention vulgaire, et visant à procurer une sensation particulière et choisie. Il est facile de donner l'explication d'un tel phénomène.

Ce qui distingue un organisme et un cerveau bien conformés, c'est la netteté de l'impression et de la perception. Les couleurs, les sons, les contours des objets nous arrivent francs, clairs, lucides; les sentiments nous affectent en plein, les idées nous apparaissent comme un tout homogène et bien déterminé. Tel est l'état d'âme représenté par le Classicisme anthropomorphique, expression de la conscience, saine, clairvoyante et bien équilibrée. Mais si nous pénétrons plus avant par l'analyse, le point de vue se modifie.

D'une part, ni le son, ni les couleurs, ni les contours, ni les sentiments, ni les idées, ne sont, hors de nous, dans leur objectivité externe, des unités indivisibles. Ce sont des groupements, des agrégats décomposables à l'analyse. Ainsi, la lumière blanche du soleil, quand nous la faisons passer à travers un prisme de cristal, se réfracte en plusieurs rayons lumineux de nuances diverses; et nul doute que ces rayons ne se subdivisent eux-mêmes en une infinité d'autres, que l'insuffisance seule de notre vue ne nous permet pas de discerner. De même ce qui, du dehors, cause en nous un sentiment, une vue de l'esprit, se dilue en soi-même en une quantité infinie d'éléments qui, groupés d'une certaine façon, suscitent chez nous une impression, une idée, que notre disposition intérieure ramasse en bloc, pour en former une perception globale, précise et cohérente seulement par rapport à notre complexion subjective et réceptive. L'objet n'est donc pas une chose simple, c'est un faisceau.

D'autre part, cette complexion subjective elle-même n'est pas non plus un agent d'une essence simple et indivisible. C'est au contraire un autre faisceau ramifié à l'infini. Il est vrai qu'à l'état sain et de parfaite harmonie, il perçoit et agit d'une seule venue. Mais à l'état morbide, de névrose, d'hypnose, de faiblesse ou de surexcitation locale, il se décompose, se dédouble, s'atrophie sur un point, s'exalte et s'amplifie sur un autre, dérangeant ainsi l'économie de la perception normale.

Faisceau contre faisceau qui peuvent se délier de part et d'autre, mirage d'un côté, hallucination de l'autre, ce sont là les sources et les causes de ces sensations, de ces impressions, de ces associations de vues bizarres que nous éprouvons dans certaines conditions de milieux, dans nos rêves, dans les transports de la fièvre et même à l'état permanent quand notre organisme sensitif et intellectuel est mal pondéré ou tend à se disloquer.

Ces mirages et ces hallucinations peuvent être cherchés et voulus comme effets d'art. C'est ainsi que certains peintres, après avoir longtemps regardé des arbres sous un certain jour fatigant, ont fini par les voir bleus. Et ils nous peignent bravement des arbres d'un bleu intense, avec une naïveté égale à celle du chasseur qui, posté à l'affût, au crépuscule, à la lisière d'un bois, croit voir tout à coup quelque chose remuer et tire sur une motte de terre qu'il prend pour un lapin.

De même, à force de vouloir du nouveau, des poètes et des littérateurs se sont complus à détailler leurs impressions, à les décomposer en leurs éléments réels ou imaginaires, au gré de fantaisies capricieuses, pour donner ce qu'ils appellent *la sensation rare ou exquise*. Et par amour-propre d'inventeurs, qui croient avoir trouvé un filon vierge, ils dédaignent la sensation saine et robuste. Ces abstracteurs de quintessence mépriseront Racine parce qu'il n'est pas *ciselé*, et pour eux les vers de Musset ne seront que de la prose rimée !... Voici bientôt deux siècles et demi que Molière a dit leur fait à ces Trissotins, qui ont la prétention de faire tenir *un million de choses* dans un adjectif, un adverbe ou un bout de phrase entortillé.

Je ne nie pas cependant qu'il ne puisse y avoir parfois du talent à rendre toutes ces petites complications, comme il y a de la science à étudier les infiniment petits et les cas morbides et pathologiques. La complexité croissante de l'âme civilisée nécessite d'ailleurs une expression et des procédés nouveaux. Mais le Grand Art doit toujours s'adresser à la partie valide et bien équilibrée de l'esprit humain, qui perçoit les choses nettement et clairement. Il doit triompher dans la force, la puissance, la pleine lumière et ne pas s'égarer outre mesure dans des mièvreries propres seulement à faire pâmer des femmes névrosées.

.

A part ces essais minuscules, qui ne sont que l'ingéniosité impuissante aux grandes œuvres, peut-être d'autre part sommes-nous désormais trop positifs pour redevenir créateurs de larges synthèses. Peut-être la Science est-elle appelée à tuer l'Art et la Poésie. La Science nous ouvre des perspectives auprès desquelles les fictions les plus hardies de notre fantaisie ne sont que des pauvretés. Elle est devenue plus poétique que la Poésie elle-même. Les mondes forgés par nos songes ne sont que des jouets d'enfants au prix des mondes réels. Qu'est-ce par exemple que la fiction d'un Empyrée, séjour des dieux ou d'un firmament constellé de lumières, en face de l'espace sans bornes, fourmillant de mondes et d'êtres sans nombre ? Tous les symbolismes tirés, par l'imagination des poètes, de l'apparence sensible des choses, du parfum des fleurs, des jeux de la lumière et de l'ombre, du chant des oiseaux, des paysages riants ou grandioses, de la fureur des éléments autour de notre misérable grain de poussière, vaudront-ils jamais la vision énorme de la Vie universelle qui s'agite au fond de tout et partout ; qui lutte éternellement, sans trêve ni répit, pour l'organisation, pour le renouvellement, et dont nos états d'âme, nos passions, nos combats pour l'existence ne sont que d'imperceptibles épisodes ?

Est-ce à dire pourtant qu'il faille condamner le rêve et la poésie ? Non, puisque l'inconnaissable nous entoure, nous déborde de tous côtés et nous hante invinciblement. Mais que ce soit au moins des rêves virils, et non de puériles chimères qu'il faut laisser à l'enfance inconsciente de l'humanité. Le domaine du sentiment ne sera pas amoindri, parce que nous en aurons enlevé le vague insaisissable et maladif, qui ne saurait charmer que quelques débiles décadents.

Et pourtant, au milieu de notre siècle de lumière nous nous plaisons encore (tant l'âme humaine est obscure et compliquée), à ces essais minuscules de nos poètes mineurs. Il en est de vraiment délicieux. Ce ne sont après tout que de légères figurines curieusement sculptées dans des châtaignes. Nous attendons l'artiste qui travaillera dans le marbre et le bronze; le poète qui, au lieu de taquiner quelques fibrilles à peine sensibles, aura de nouveau la force d'embrasser la grande Lyre et de faire résonner la corde d'or et la corde d'airain.

Pour cela il faudra revenir, au moins pour les lignes fondamentales, à la forme classique. C'est la forme normale de la culture intellectuelle et esthétique des races supérieures. Elle est l'expression de la conscience, à laquelle il faut bien que tout finisse par aboutir. S'en écarter, c'est retourner aux balbutiements de l'enfance. C'est par la conscience, en effet, que nous communions largement avec les autres consciences, nos semblables. Un cri touchant, un soupir inarticulé peuvent à la rigueur être compris par quelques âmes sympathiques. Mais, pour se faire entendre de la conscience commune, il faut parler le langage de la conscience. Il n'y aura jamais d'œuvre vraiment grande et immortelle, que celle qui est coulée dans le moule accessible à l'universalité des esprits.

VIII

DU STYLE

Nous voudrions maintenant clore cet aperçu par quelques observations sur le style — observations qui viendront comme corollaires et, au besoin, comme confirmation de la théorie que nous avons émise sur les idées.

Nous ne pensons que par imagination. C'est-à-dire que, en dernière analyse, toute idée, même générale, se résout pour nous en une image concrète. L'idée ne semble dépouiller ce caractère que quand nous lui substituons un signe de reconnaissance, qui est le mot. Mais c'est encore là une illusion, car le mot n'est rien par lui-même, et quand nous voulons vérifier son contenu ou l'écarter pour penser sans lui, nous ne pouvons y parvenir qu'en évoquant l'image ou la série d'images qui y sont entassées ou qu'il représente. Et il en est ainsi même dans les matières les plus abstraites. Je vous mets au défi de rien comprendre à Kant ou à Hegel, si vous n'avez pas, derrière les termes abstraits qu'ils emploient, quelque vision imaginative où jouent les principes, les formules, les concepts qu'ils vous exposent. De même en géométrie, en mathématiques, quand vous étudiez les propriétés des figures et des chiffres, vous perdez pied et vous sentez le vide, dès que les théorèmes ou les nombres exprimés ne disent plus rien à votre imagination.

Il faut en prendre son parti, il n'y a pas de pensée pure. Nous recevons les impressions que les objets causent en chacun de nous. Ces impressions sont en réalité des visions subjectives qui peuvent varier suivant chaque organisation intellectuelle. Elles n'ont de commun, d'une part, que l'identité de l'objet, cause de l'impression, et, d'autre part, la similitude de conformation des mécanismes intelligents. Les intelligences ne *communient* pas entre elles comme des bouches qui s'abreuveraient à une source unique. Elles se *communiquent* par contact, comme des instruments vibrant plus ou moins à l'unisson, mus les uns par les autres, ou sous l'ébranlement d'une même impulsion. Ces instruments peuvent bien rendre à peu près le même son, quand ils se trouvent au même diapason; chacun néanmoins conserve sa sonorité et son timbre particulier. Nous avons chacun notre état d'âme, notre degré de culture, notre vue intellectuelle plus ou moins étendue ou perçante, qui nous font envisager les choses sous des aspects ou des couleurs qui nous sont propres. Et, sous le même soleil, il nous arrive parfois à nous-mêmes, selon certaines dispositions momentanées, de voir les objets avec des nuances différentes.

.

La pensée n'étant donc qu'une vision concrète et une vision particulière à chacun de nous, commune seulement par l'identité de complexion intellectuelle, il s'ensuit d'abord que la qualité maîtresse du penseur est l'imagination. J'entends, par là, la faculté de se représenter nettement, vivement, fortement, l'objet qui, avec ses tenants et ses aboutissants, se transforme en idée générale en se condensant dans son signe représentatif. Il s'ensuit, en outre, que la faculté maîtresse de l'écrivain est celle qui consiste à trouver les mots et les combinaisons de mots, ou les phrases les plus propres à susciter et à reproduire, chez autrui, les images qu'il a lui-même dans l'esprit.

On peut penser fortement sans avoir le talent de projeter sa pensée au dehors par l'expression. Il suffit, pour cela, d'une imagination puissante et lucide, d'une énergie de vision mentale, à laquelle ne répond pas toujours la faculté de traduire l'image entrevue par les mots les plus suggestifs. Non pas que le penseur, même pour son usage intime, puisse se passer des mots; il n'aurait alors que des aperçus fugitifs, et à tout instant il pourrait écrire comme Pascal : *pensée échappée*. Mais le mot n'a pour chaque esprit que le sens que ce dernier y attache. D'un autre côté, une pensée peut, à la rigueur, être déterminée tant bien que mal par ses contours, par des circonlocutions, par des termes impropres. Cependant, pour que la pensée se traduise objectivement d'une façon adéquate, pour que le penseur lui-même l'étreigne complètement, il faut qu'elle rencontre l'expression qui, dans le langage compris de tous, lui donne toute sa portée et tout son relief.

L'art de rendre sa pensée par le mot, par la phrase, par la disposition de la matière du discours, les plus propres à la saisir et à la faire saisir vivement et pleinement, tant par l'auteur lui-même que par ceux auxquels il s'adresse, voilà le style. Il se confond, en quelque sorte, avec la pensée elle-même. Il n'en est pas seulement le vêtement, la parure extérieure; il en est la chair palpable, la contexture sensible et communicable. Il est à la pensée ce que le corps est à l'âme, l'organe à sa fonction. Ici la forme emporte le fond, car elle en est inséparable. Il n'y a pas de pensée forte ou délicate, si elle n'est exprimée fortement et délicatement, et tant vaut le style, tant vaut la pensée. Par réciprocité, le fond emporte la forme, car on ne peut faire de vrai style avec une matière nulle.

.*.

On fait communément consister le style dans la réunion de syllabes sonores et harmonieuses, dans l'agencement musical de la phrase pour plaire à l'oreille, ou encore dans la correction grammaticale. Il y a là du vrai, car, dans la filiation du langage, les mots se sont formés par harmonie imitative; d'autre part, notre oreille a besoin d'être flattée pour prendre plaisir aux sons, et enfin la correction grammaticale est calquée sur l'enchaînement logique de nos procédés intellectuels. Ce serait pourtant se faire une bien pauvre idée du style que de le borner à ces conditions.

On peut être un styliste de premier ordre, et parfois offenser l'oreille, ou même être incorrect. Exemple : Pascal. Et quand je dis incorrect, j'entends infidèle aux règles usuelles. Car cette incorrection apparente, chez le grand écrivain, n'est souvent qu'une adaptation plus rigoureuse de l'expression au déploiement de la pensée, c'est-à-dire une correction supérieure.

En effet, tout est là. Le langage, c'est la pensée projetée au dehors, et le style, c'est le relief donné à cette projection. C'est donc la pensée elle-même, objectivée dans sa forme la plus parfaite possible. Or, comme nous ne pensons que par images, comme les mots ne sont que des condensations d'images, nous devons rechercher les mots qui reproduisent le mieux ces mêmes images et les disposer de telle sorte que le lecteur y voie et en retire, dans le même ordre et avec la même précision, ce que nous y avons vu et mis nous-mêmes. C'est là un travail pénible et délicat, mais sans lequel il n'y a pas de grand écrivain, et j'ajouterais volontiers : de grand penseur.

Le choix des mots, leur agencement n'est donc pas une opération indifférente, qui puisse être réalisée par à peu près. Chaque mot évoque son image ou son idée propre, qui n'est pas l'image ni l'idée d'un autre mot. Et rien n'est plus facilement explicable. Le mot est né en même temps que l'idée (j'entends l'idée consolidée et communicable), puisqu'il ne fait qu'un avec elle et que, sans lui, l'idée n'aurait été qu'une vision fuyante, aussitôt évanouie. On peut même dire qu'il a créé l'idée et en a déterminé le contenu et les contours, au moyen de l'image ou des extraits d'images solidifiés, qu'il a ainsi captés et fixés. Il suit de là que chaque variation ou modification dans l'image entraîne un changement dans le mot, sous peine de confusion ou d'équivoque. Chaque mot est comme un être organique, qui est né d'un germe, s'est formé, s'est nourri et accru des aliments qui lui ont été fournis, et a ainsi acquis sa personnalité exclusive. De sorte que chaque mot représente, indépendamment de l'image mère, qui en est le fond, quelque aspect spécial de cette image, quelque développement, quelque complication qui lui est devenue propre. Et quand, à cet égard, la langue n'est pas suffisamment nuancée, la pensée reste forcément pauvre et incomplète.

Il y a des mots frères : les synonymes. Mais, pas plus que deux frères, même jumeaux, ne se ressemblent exactement, pas plus deux mots synonymes ne font ressortir les mêmes aspects de l'idée ou de l'image qui est leur noyau commun. Un auteur, Alphonse Karr, je crois, raille quelque part l'émotion que nous éprouvons en entendant prononcer certains mots : Patrie, par exemple. Pour montrer ce que cette émotion a de factice, il propose de substituer au mot de « patrie » un de ses synonymes : « Nation » ou « pays », je ne sais plus au juste. Eh bien! Alphonse Karr se trompe. « Patrie » n'a pas la même signification que « nation » ou « pays », à moins que par le contexte de la phrase on ne prenne ces derniers mots dans le sens de « patrie »; car parfois le mot change de sens, selon son accompagnement. Notez pourtant que les mots « patrie » et « nation » ont la même étymologie. Ils sont nés de la même image : *Pater, Natus,* filiation et famille communes; mais ils ont dévié chacun de son côté. Par « patrie », nous entendons surtout la solidarité de la race au point de vue de sa dignité morale, de son honneur guerrier, de ses gloires, de sa grandeur, de son indépendance en face d'une race rivale. Ce mot éveille en nous tout un ordre de sentiments généreux et immatériels; tandis que le mot « nation » n'apporte à notre esprit que l'image d'une association d'intérêts, considérés sous le rapport de leur meilleure gestion intérieure. C'est toujours le même objet que l'on veut désigner, dira-t-on. Non, car si je suis prêt à verser jusqu'à la dernière goutte de mon sang pour ma patrie, les discussions sur les intérêts matériels ou même moraux des citoyens entre eux, sur la forme de leur gouvernement, sur leurs idées d'administration, sans m'être indifférents, me laissent plutôt froid.

Selon donc que tel mot frappera mon oreille, le cortège d'images que le mot évoque apparaîtra à mon imagination, et ce cortège sera différent, d'autres images surgiront, si l'on prononce un autre mot, même synonyme. Et ceci prouve surabondamment encore qu'il n'y a pas de pensée pure. Si, en effet, la pensée était une pure essence, pourquoi un mot serait-il plus ou moins suggestif qu'un autre? Peu importerait le mot qui figure une idée, si cette idée était une vue transcendante, se suffisant à elle-même et ayant sa valeur intrinsèque, indépendamment de son expression.

C'est pourquoi, si grand styliste que vous soyez, vous ne serez jamais compris d'une manière adéquate à votre pensée. Votre lecteur, lorsqu'il croira vous entendre pleinement, concevra toujours ou moins, ou plus, ou autrement que vous. Cela ne tient point à la justesse de l'esprit, mais à la manière d'imaginer. Tous les mécanismes intellectuels, sauf quand ils sont détraqués par quelque cause morbide, ont une égale justesse. Une taupe appréciera, tout aussi bien qu'un lynx, les dimensions respectives de deux objets juxtaposés, du moment qu'elle les perçoit distinctement. La différence est donc dans la puissance de vision. Si nous jugeons diversement, ce n'est pas que nous ayons en réalité l'esprit plus ou moins juste ou faux; c'est que, avec les mêmes mots, nous n'avons pas les mêmes idées, ou que ces idées ne font pas sur nous la même impression.

« Le style, c'est l'homme », a dit Buffon. C'est, du moins, l'homme tel qu'il pense.

Le style de Pascal, c'est la pensée profonde, complexe, énergique, vibrante qui, sous des termes brefs et tranchants, ouvre des horizons et des lointains immenses, des dessous vertigineux, dans des raccourcis effrayants.

Le style de Bossuet, c'est la splendeur des métaphores et des aperçus grandioses, se déroulant, comme un magnifique panorama, des sommets où sa pensée s'est placée.

Le style de J.-J. Rousseau, c'est l'éloquence du cœur, le cri du sentiment, la chaleur entraînante qui se dégage d'une imagination tendre, ardente et passionnée.

Le style de Voltaire, c'est l'expression du sens commun qui voit tout en surface avec une trompeuse netteté de contours et qui raille agréablement ce qu'il est hors d'état de comprendre.

On sait comment les mots s'usent et deviennent insignifiants ou banals quand l'image primitive, qui en était l'âme, a fini par s'effacer. Il faut alors inventer d'autres mots, pour aviver l'idée par une recrudescence de l'image. C'est là une œuvre périlleuse, à laquelle le génie seul peut mettre la main. Et encore le génie peut y rester écrasé, quand il veut trop entreprendre et quand il n'est pas dans le train de l'évolution ; témoin : Ronsard. C'est que, en effet, on ne crée pas, on ne modifie pas une langue à volonté, fût-ce un simple volapück. Il y a, dans le développement d'une langue, une force intrinsèque et spontanée, rebelle à tout parti pris. Voltaire lui-même a été impuissant à changer une demi-douzaine de mots qui choquaient son oreille délicate. Toute innovation en ce genre, quand elle n'est pas dans le mouvement (et ce mouvement tient à des causes profondes et multiples), ne laisse que de grotesques épaves. Bien avant Molière, Rabelais se moquait déjà, de son temps, de ces préciosités ridicules qu'affectaient certains beaux parleurs. Les exemples de cette manie ne manquent pas à l'heure qu'il est.

Le langage se transforme incessamment, comme la pensée dont il est le corps sensible. Ici, comme partout, la nature procède par foyers de groupements. Les langues, organes des centres de civilisation et de culture intellectuelle, naissent les unes des autres, comme ces centres eux-mêmes, comme tout ce qui compose le monde contingent, et suivant les mêmes lois que les êtres et les espèces. Elles se développent plus ou moins rapidement, et quand elles ont acquis leur pleine appropriation avec le milieu, elles y persistent plus ou moins longtemps, sans autres modifications que celles résultant de l'entretien du *circulus* vital. L'art de l'écrivain consiste, non à contrarier le génie de la langue, mais à tirer parti de ses qualités. Son œuvre est une œuvre de sélection, semblable à celle de l'éleveur, qui choisit les plus beaux sujets d'une race pour en tirer des produits de plus en plus parfaits. S'il veut aller plus loin, s'il veut créer des hybrides, il se heurte à l'impuissance et à la stérilité, sans préjudice du ridicule.

Section IV

DE LA MORALE

I

Pascal est venu deux cent cinquante ans trop tôt. J'aurais voulu voir « *cet effrayant génie* » (comme dit Chateaubriand), PENSER à la lumière de la science moderne. Cet esprit si puissant et si sagace, qui déjà d'instinct jetait des aperçus si audacieux sur les profondeurs et l'immensité de l'Univers, si ouvert d'ailleurs aux vues scientifiques, et en même temps d'une rigueur mathématique si absolue, fût-il demeuré réfractaire à l'évidence qui se dégage des travaux contemporains ? Que fût devenue sa foi inquiète et troublée, se rattachant désespérément à des textes prétendus révélés, lorsqu'on lui eût démontré, avec l'éxégèse allemande, que ces textes étaient ou apocryphes, ou remaniés, ou antidatés ? avec la géologie et la paléontologie, que le cadre historique de la Genèse craquait de toutes parts ? avec la philologie comparée, la découverte des vieux monuments et l'intelligence de leurs inscriptions, que d'autres civilisations avaient déjà fleuri et s'étaient éclipsées, à l'époque où les légendes religieuses placent la scène de la création du premier homme et de la révélation primitive ? Il lui eût été prouvé par là que la tradition chrétienne n'était au fond que l'évolution intellectuelle, morale et religieuse d'un centre de civilisation particulier, greffé sur d'autres civilisations antérieures dont la trace est perdue, et n'ayant pas d'autre valeur, si ce n'est au point de vue d'un développement supérieur purement humain, que celle de tant d'autres races : Chinois, Hindous, Égyptiens, etc... Eût-il persisté à s'abêtir, et qu'eût-il pensé lui-même de son fameux calcul des probabilités, en voyant que son étrange pari eût pu être posé avec autant de légitimité, par un sectateur de Brahma ou de Mahomet, et surtout par le Juif, resté fidèle à la pure tradition.

D'autre part, les résultats de la science moderne n'eussent pu que le confirmer dans ses vues d'une lucidité si implacable sur la fluidité et l'instabilité des choses. Plus que jamais, il

eût pu dire : « Rien n'est juste en soi, tout branle avec le
« temps..... La loi est toute ramassée en soi; elle est la loi et
« rien davantage; qui en voudra examiner le motif, le trou-
« vera si faible et si léger..... Il faut la faire regarder comme
« authentique, éternelle et en cacher le fondement, si on ne
« veut qu'elle prenne bientôt fin..... »

Comment fût-il sorti de cette impasse?

A défaut de Pascal, nous avons eu Renan. Mais Renan, quelque grand qu'il soit, n'est point Pascal. Celui-ci avec son imagination ardente, sa soif de certitude et d'absolu, se fût difficilement contenté du tranquille optimisme ou plutôt du quiétisme transcendant où se repose le commentateur complaisant de l'Ecclésiaste, trouvant qu'en somme la vie est bonne. Il ne lui eût pas suffi d'applaudir à l'effort moral tiré du *bon gorille*, en remarquant qu'après tout, *cela n'a peut-être pas plus d'importance que le lichen*. Et cependant, il eût été curieux de voir sur quelle base Pascal, avec son pyrrhonisme si décidé et aujourd'hui plus justifié que jamais, eût pu, à défaut d'une autorité révélée, établir l'autorité morale, et ce qu'eût même pesé dans sa main le fameux *Impératif catégorique* de Kant.

Hélas, malgré tout son génie, il eût été impuissant. L'obligation morale ne saurait avoir de base solide que dans la fiction religieuse; c'est-à-dire dans un ordre formel promulgué par un Être supérieur, de même que l'obligation légale ne repose que sur la loi positive, autre fiction.

Sur quoi, en effet, la fonderait-on? Sur un contrat? Et si je ne veux pas contracter..... Sur la réciprocité? Outre que ce serait souvent un marché de dupe, s'il me plaît à moi d'être indépendant et, ne prétendant aucun droit sur personne, de ne devoir rien à personne..... Sur les nécessités de la vie en commun? Je vois bien ici l'utilité, je n'aperçois point l'astreinte, au moins dans la sphère purement morale..... et encore rien de tout cela ne rend compte des obligations de l'homme envers lui-même, qui sont la moitié de la morale..... Sur mon intérêt bien entendu? Et si c'est ma fantaisie de le négliger..... Sur la nature intelligente de l'homme, ou, si l'on veut, sur la loi naturelle? La nature c'est le fait, ce n'est pas le droit, exigeant l'obéissance.... Sur la loi de notre développement, qui nous recommande de rechercher notre vrai bien? Sans doute, et vous pouvez tirer de là d'excellents conseils, mais rien que des conseils….. Sur les données de la Raison pratique? La Raison pratique, c'est le tonneau des Danaïdes : quand on en cherche le fond, on ne trouve qu'un trou par où tout passe et s'échappe….. Sur ce que nous nommons la Raison pure et qui nous fait entrevoir l'Absolu? Hélas! l'Absolu est hors de nos prises. Et d'ailleurs, si la Raison pure nous atteste l'existence d'un Premier Principe nécessaire, elle est impuissante à relier ce principe aux choses finies et contingentes. Celles-ci se déroulent sans que nous puissions atteindre le point d'attache avec l'Absolu. En attendant, en tout cela où est l'autorité? l'autorité présente et immédiate sans laquelle, quoi qu'on en dise, il n'est point d'obligation au vrai sens de ce terme, c'est-à-dire avec contrainte positive; car parler d'*obligations* résultant d'une morale *indépendante*, c'est accoupler des mots qui se regardent en grinçant.

Ne cherchez pas, vous ne trouverez pas; car nous sommes ici dans le cercle vicieux où s'agitent toutes les choses finies. Que les simples s'en tiennent donc à la fiction religieuse; c'est ce qu'ils ont de mieux à faire. Mais que les philosophes au lieu de *s'abêtir*, pour se mettre au niveau des simples, s'élèvent au contraire au-dessus de ces contradictions, et que, sans croire lourdement, ils acceptent, ou tout au moins respectent la fiction, sachant que ce n'est qu'une fiction — fiction nécessaire, transposant en termes appropriés à notre faiblesse, une vérité incontestable en bloc, quoique son fondement soit inaccessible à notre analyse.

Au fond, c'est Renan qui a raison, et Pascal, tout Pascal qu'il est, n'eût pas mieux trouvé.

***

Cependant la Morale ne saurait être un vain mot. Mais il faut distinguer entre l'*obligation* et le *devoir* : deux notions parallèles, qui ne se confondent pas, car elles ne sont pas composées des mêmes éléments. L'obligation ne peut résulter que d'une prescription supérieure, appuyée sur une sanction positive. Le devoir est tout simplement ce que nous devons faire, si nous sommes raisonnables, pour atteindre notre vraie fin. Elle a aussi sa sanction ; mais cette sanction est immanente : elle consiste dans la diminution de notre être par suite de l'infraction au devoir : amoindrissement qui nous fait manquer notre fin.

Et encore, de ce devoir ne vous attardez pas trop à rechercher les assises. Il n'en a pas plus que toutes les autres choses prises dans le cercle vicieux du monde contingent. Son fondement pour nous est dans l'idéal que la civilisation s'est élaboré : idéal en quelque sorte plastique, qui plie peu à peu les âmes à une discipline supérieure et établit entre elles les liens et les rapports conscients. C'est par la participation à cet idéal, s'imposant aux intelligences cultivées et qui est la source commune où s'abreuvent nos consciences particulières, que nous sommes, ou plutôt que nous devenons des êtres moraux. Toutefois, cet idéal reste toujours plus ou moins flottant et indécis ; et si l'on y porte, trop avant, l'analyse, tout se désagrège et s'écroule.

Il suit de là que la vraie question en morale est plutôt une question de recherche et de critique historiques : à savoir comment d'êtres bruts et instinctifs, nous sommes devenus des êtres conscients de nous-mêmes et de nos fonctions.

Nous l'avons déjà dit : la dualité n'est ni en nous, ni dans l'Univers. Il n'y a pas deux mondes superposés : le monde de l'idée et le monde des faits ; pas d'ordre intellectuel et moral, tranchant sur l'ordre physique et matériel. Les lois morales ne sont que les lois de la nature, corrigées, amendées, améliorées à l'usage de certains êtres spéciaux. Et ces amendements peuvent varier suivant l'organisation et les besoins de ces êtres. S'il existe parmi les mondes, des êtres doués d'autres facultés que les nôtres, aptes à concevoir un idéal d'une autre sorte ou d'un ordre supérieur, leur morale doit différer de la nôtre, autant que notre nature de la leur. En résumé, nous sommes, comme tout ce qui existe, engagés dans le concert de la vie universelle. Cette vie universelle a, dans ses manifestations, des degrés infinis. Nous ne savons où elle commence, ni même si elle a un commencement. Nous n'ignorons où elle s'arrête et si elle a un terme. Nous la voyons d'abord diffuse et pour ainsi dire inorganique dans le protoplasma. Elle n'est encore qu'un organe digestif dans le polype d'eau douce. Elle devient une colonie fédérative dans les annelés inférieurs. Et ainsi gravissant peu à peu une échelle ascendante, elle arrive, chez les animaux supérieurs, à se synthétiser dans un centre dirigeant, pour aboutir enfin chez l'homme à la conscience et à la volonté libre. Mais rien ne nous prouve que cette progression doive s'arrêter à ce dernier point, même sur notre planète. On peut rêver pour l'homme, une unité consciente plus parfaite, et une clairvoyance plus profonde et plus étendue de cette unité d'action. Il est plus que vraisemblable qu'il se trouve quelque part ailleurs, dans d'autres mondes supérieurs au nôtre, d'autres êtres qui continuent, au delà des bornes connues de nous, cette ascension indéfinie dans les manifestations vitales. L'intelligence elle-même dont nous sommes si fiers, n'est sans doute pas le terme le plus élevé de cette progression, bien que nous ne puissions rien soupçonner au-dessus.

Sans doute, du moment que l'homme prend conscience de sa dignité d'être intelligent, libre et moral, il doit se considérer, suivant le principe de Kant, comme *une fin en soi*. Mais c'est là un point de vue purement subjectif et relatif, c'est-à-dire un aperçu qui nous est exclusivement propre. Les abeilles ou les fourmis, si elles parvenaient à l'état conscient, auraient tout autant de droit que nous de considérer leur espèce comme une fin en soi.

En somme, il en est de la Morale comme de toutes les autres branches de l'activité humaine. Elle repose sur un fond naturel qui est l'organisation de l'être, appropriée à une fin qu'il est destiné à accomplir. C'est là le fondement solide et le premier moteur. Par suite des progrès que cet être réalise au cours de son évolution, l'instinct se développe, se corrige, s'accommode aux nouvelles conditions ambiantes. Il passe de l'état brut à l'état conscient. A ce degré, il devient la Morale. Le point de départ et d'appui, le tremplin est toujours fourni par la nature. Le vrai ressort de la Morale, sa véritable garantie sont, non dans un ordre et une sanction imaginaires, mais dans l'éducation, le dressage, l'entraînement qui réforment les dispositions mauvaises, renforcent les bonnes et élaborent progressivement un idéal qui, en englobant toutes les activités, les assouplit, les discipline et les adapte au centre civilisateur où elles sont appelées à s'exercer.

II

La notion de morale comporte trois termes : un agent, une fin à atteindre, et la règle à suivre pour atteindre cette fin. C'est surtout à ce dernier terme que l'on réserve spécialement le nom de Morale.

La première question qui se pose est celle de savoir si l'agent est libre. Car ce ne serait pas la peine de lui dicter des préceptes, s'il ne dépend pas de lui de les suivre.

Pour que nous fussions libres dans le sens rigoureux du mot, il faudrait qu'il y eût en nous un être spécial, absolument indépendant de nos sensations, de nos appétits et même de nos pensées; un être qui, connaissance prise des divers motifs d'agir, et sans se trouver lié par aucun de ces motifs, sans être influencé par aucune impulsion extérieure, ni par aucun antécédent, arbitrairement en un mot, se décide pour l'action en rompant toute connexion entre ce qui précède et ce qui va suivre; enfin un être ayant le pouvoir de commencer *ab initio*, un mouvement sans attache avec un mouvement antérieur. La théorie de la liberté complète exigerait en nous une dualité d'êtres et même une dualité tranchée d'autre façon et d'une manière plus radicale encore que celle professée par les spiritualistes. En effet, il faudrait mettre non pas d'un côté le corps et de l'autre l'âme intelligente et libre, mais d'une part le corps avec l'intelligence délibérante, et de l'autre l'âme avec la seule volonté, absolument autonome, tranchant dans le vif et à son caprice dans la trame des choses. En d'autres termes, il faudrait un être qui fût une cause initiale et, comme dit Kant, *une cause première en soi*.

Or, un tel être n'existe pas en nous. Notre volonté est toujours influencée par des conditions et des antécédents qui la dominent et la commandent, même quand elle se donne l'illusion de se décider capricieusement, rien que pour s'affirmer à elle-même qu'elle est libre : ce qui est, après tout, un mobile de détermination comme un autre. Rien ne saurait rompre, en laissant un véritable *hiatus*, le processus des mouvements qui, partis du fond obscur et inconscient de notre organisme, où ils ont été engendrés par d'autres mouvements, s'élèvent peu à peu et arrivent à la lumière de la conscience. C'est ce qu'a très bien démontré M. Th. Ribot, dans son étude sur les maladies de la Volonté.

L'acte volontaire n'est donc pas un commencement, c'est un aboutissement. L'agent n'est donc pas libre, dans le sens absolu du mot. Du reste, rien n'est libre dans cette acception. Tout se tient et s'enchaîne dans le tissu des choses secondes. Et quant à la Cause Première, elle est, de son essence, impassible et immuable. Ce que nous appelons liberté n'est donc que l'alternative possible entre des effets divers qui peuvent être produits indifféremment dans une situation donnée, sans altérer les prémisses, et en définitive sans rien changer d'essentiel à l'économie générale résultant de ces prémisses.

* *

Cependant, on ne saurait nier que nous possédons une certaine dose de liberté. Nous avons la conscience très nette qu'en telle occasion, nous aurions pu agir autrement que nous ne l'avons fait. Nous ne sommes pas liés par un déterminisme inexorable. Nous pouvons réagir contre nos instincts et nos passions. L'expérience quotidienne le prouve.

Sans aller jusqu'à dire qu'il existe en nous un être d'une nature spéciale, d'une substance supérieure, dont la propriété serait de vouloir, et en nous plaçant même au point de vue organiciste, d'après lequel la vie centrale, au lieu d'être un principe, serait une résultante, un effet de l'agencement progressif de nos organes, on arrive, même dans cette théorie, à un moment où l'organisation s'harmonise et se perfectionne au point de se résumer dans un centre unique et dirigeant, qui prend et assume la conduite de l'ensemble et a le don de réagir contre les tendances venues d'en bas ou des extrémités.

Ce pouvoir central est libre en ce sens que, tiraillé par des sollicitations contraires, il a la faculté d'opter consciemment entre des directions diverses. Il n'est pas indépendant des influences qui agissent sur lui, mais il peut pencher d'un côté ou de l'autre, en connaissance de cause. Il ne commence point un mouvement, il ne rompt point le réseau des causes secondes; il est toujours mis en action par une impulsion précédente; cependant il peut choisir entre deux mouvements qui le mettent en branle. Cela suffit pour établir le libre arbitre au point de vue de la moralité.

Si l'on objecte que l'impulsion la plus énergique fera toujours pencher la balance de son côté, cela est vrai. Mais l'énergie de l'impulsion reste soumise à l'appréciation de l'être intelligent, qui a le don de comparer et de juger. Il s'agit de lui meubler l'esprit de motifs de détermination et de faire en sorte que, par un dressage rationnel, le mobile le plus impérieux soit celui qui l'attire vers le bien. C'est à quoi sert l'éducation.

Sans doute, l'homme a naturellement de bons et mauvais instincts, résultant de son organisation même, dont il n'est pas l'auteur. Il est des natures perverses portées au mal; et, de ces natures, l'on peut dire que, du moment de leur conception, leur choix est fait : elles verseront du mauvais côté. De même, il est des natures heureuses dont la direction est primitivement saine et droite. On peut voir là une sorte d'option initiale qui influera sur toute la série des actes de la vie. C'est sans doute à ce point de vue que s'est placé Kant (s'il a voulu dire quelque chose de pratique), lorsqu'il fait remonter à l'origine même de l'être, le choix libre déterminant toute la suite des mouvements auxquels il obéira. Mais il est évident que ce choix, si choix il y a, est le moins libre de tous. On ne se choisit pas à soi-même sa nature; on la reçoit passivement de ses auteurs, suivant les lois si complexes de l'hérédité; et non seulement de ses auteurs immédiats, mais de toutes les séries ascendantes de ceux-ci, jusqu'à la souche même de l'espèce, dont les rameaux ont été diversement modifiés au cours des générations. De sorte qu'il faudrait remonter, pour placer cette option, jusqu'au premier couple. Et encore ce premier couple ne s'est pas fait lui-même; et y a-t-il seulement un premier couple, si l'espèce humaine plonge ses racines, par degrés insensibles, jusqu'au fond de l'animalité inférieure; bien plus, jusqu'au principe ignoré de la vie sur notre planète?

Quoi qu'il en soit, on ne saurait nier que chaque être ne subisse, du fait de son organisation telle qu'il l'a reçue de ses auteurs, et selon les circonstances spéciales de sa conception, une sorte de prédestination. Cette prédestination toutefois n'est pas fatale. Tout être, à moins qu'il ne soit un déséquilibré, possède en lui une force de réaction suffisante pour l'atténuer et la contrarier. La preuve en est qu'un scélérat, sur le point de perpétrer un crime, aura certainement la puissance de s'en abstenir, s'il aperçoit tout à coup le gendarme qui le guette, et s'il a la certitude qu'il va être pris sur le fait. Il n'agit donc pas fatalement comme une force aveugle. Il a le loisir de délibérer et de s'arrêter, ne serait-ce que pour éviter le châtiment. Et cela suffit pour le rendre responsable, puisqu'il est démontré par là qu'il était libre dans son for intérieur.

.*.

Les théories de certains criminalistes modernes, de Lombroso, par exemple, peuvent être fondées en matière de moralité pure; c'est-à-dire au point de vue du mérite ou du démérite de l'agent, et si l'on pèse son acte dans une balance exacte où l'on met d'un côté l'énergie de la passion, de l'autre, le pouvoir de résistance du criminel, suivant sa complexion et son éducation. Mais de telles théories n'ont rien à faire avec la morale pratique et surtout sociale. Il y a ici un mobile tangible et prépondérant : la défense expresse et la pénalité édictées par la loi, qui sont des motifs d'abstention assez puissants pour arrêter le coupable, puisque, en fait, il s'arrêtera s'il est certain d'être pris en flagrant délit; preuve, encore une fois, qu'il a la faculté de réagir quand son intérêt l'exige. La seule cause d'irresponsabilité que l'on puisse alléguer en pareil cas, est l'idiotie ou la folie déraisonnante, états qui se jugent par l'extérieur, sans qu'il soit besoin de recourir à des expertises, lesquelles ne donnent jamais que des résultats contestables, quand ils ne sont pas contradictoires. Autrement, il n'y aurait plus jamais ni crimes, ni délits; car l'être le mieux équilibré pèche toujours par quelque côté. Si un homme, honnête d'ordinaire, vient à commettre un acte mauvais, inexplicable de sa part dans ses conditions normales, il devra toujours être considéré comme ayant agi sous le coup d'une folie passagère, qui le rendait, en ce moment, irresponsable: sans quoi son acte ne s'expliquerait pas. Cependant lui-même sent bien, au témoignage de sa conscience, qu'il restait encore assez maître de soi, jusque dans ces moments d'aberration, pour résister à la tentation malsaine, et qu'avec un peu d'effort, il aurait pu la surmonter.

Dans l'état hypnotique, le sujet artificiellement endormi, obéit passivement à la suggestion du magnétiseur. Il agit en quelque sorte en rêve, et la spontanéité propre, qu'il possède à l'état de veille, semble être abolie. Cependant il est prouvé par des exemples, qu'il n'abdique jamais complètement son autonomie. Plusieurs sujets foncièrement droits, ou bien dressés par une solide éducation, conservent jusqu'à un certain point, dans cet état anormal, leur sens moral et leur libre arbitre, veillant toujours obscurément au fond de leur organisme, même déséquilibré par le sommeil magnétique. On en a vu se révolter contre cette suggestion et refuser de lui obéir quand, à titre d'épreuve, on leur commandait des actes criminels. Et pourtant nous avons affaire ici uniquement à des malades, à des névrosés, car la suggestion et l'hypnose n'ont pas de prise sur les sujets sains. Au reste, nous éprouvons nous-mêmes des sentiments analogues quand, en rêve, alors que notre conscience est oblitérée par le sommeil normal, nous reculons devant une action malhonnête, toute fictive qu'elle est.

C'est là ce qui démontre l'influence prépondérante de l'éducation en matière de morale. A supposer que l'homme soit dominé par ses antécédents, par ses instincts, par ses conditions natives, vitales et mentales, tout ne serait pas encore perdu pour la morale. Les mauvais penchants peuvent être rectifiés quand la nature est encore ductile et malléable. On redresse bien un arbre. On corrige bien les vices d'un animal domestique. On peut donc, même à un être naturellement pervers, inculquer un idéal qui s'impose à son intelligence. On peut former autour de lui une atmosphère morale qui l'enveloppe, dont il se pénètre, qui devient pour lui un milieu familier et le revêt peu à peu d'une seconde nature. En un mot, on peut l'orienter vers le bien, lui créer un fond artificiel de droiture et d'honnêteté, lui fournir ainsi des mobiles de détermination qui, dans la crise, pourront le faire pencher du bon côté. Et, malgré toutes les défaillances occasionnelles, l'éducation, n'eût-elle d'autre effet que de gêner le coupable, de le faire rougir de lui-même après la faute commise, et de l'amener au remords et à la résipiscence, serait encore un bienfait inappréciable.

Il reste donc établi que nous avons en nous une dose de liberté suffisante pour asseoir la moralité.

III

Il s'agit maintenant de rechercher quelle est la fin de l'homme. C'est là un problème de la plus haute importance et en même temps si obscur que l'accord sur sa solution n'a encore pu jusqu'ici se faire. Et il faut bien que nous soyons les jouets de puissances impénétrables, puisque nous-mêmes, les premiers intéressés, nous ne savons pas de science certaine où nous allons. Cependant il est nécessaire, avant de pousser plus loin, de nous faire une idée de cette fin; car de cette idée dépendent les règles de la conduite que nous devons tenir.

Les uns dégoûtés des misères, des petitesses, des bassesses de ce monde, sentant en eux des aspirations nobles qui ne sauraient recevoir leur pleine satisfaction ici-bas, placent cette fin dans un monde ultra-terrestre, en vue duquel celui-ci ne serait que le théâtre d'une simple épreuve. C'est le point de vue religieux.

D'autres, non pas tant par mépris de cette fin après tout si enviable, que par haine de ceux qui la proclament et la font servir à leurs vues politiques (car la politique se mêle à tout), rejettent cette opinion comme illusoire et mettent la fin de l'homme dans la seule obtention des jouissances de la vie terrestre. Ces jouissances d'ailleurs peuvent n'être pas exclusivement et bassement matérielles, nos facultés étant d'ordres divers et ayant des objets plus ou moins relevés. C'est la doctrine Epicurienne.

D'autres encore, considérant ce qu'une telle doctrine a d'étroit et de vulgaire, mais s'élevant au-dessus du concept religieux sectaire, placent notre fin dans le développement de ce qu'il y a en nous de plus grand et de plus noble. Ils font de notre être deux parts : d'un côté l'âme intelligente, spirituelle et immortelle, de l'autre, notre corps qui lui sert d'enveloppe et doit périr. L'âme aspire à remonter au foyer de toute vérité, qui est le Souverain Bien et trouve sa fin dans sa réunion avec ce Foyer Suprême, après qu'elle s'est délivrée de ses entraves corporelles. C'est la théorie de la philosophie Spiritualiste.

D'autres, en dernier lieu, donnent comme fin à l'homme la pratique du Bien et de la Vertu pour elle-même, l'observation d'une loi supérieure qui veut être obéie uniquement parce qu'elle est la règle, *la forme*, l'Impératif catégorique. C'est le système Stoïcien, relevé par Kant.

.•.

Remontons cette énumération.

Le Stoïcien, pratiquant la Vertu pour la Vertu, est louable, sans doute. Mais il prend évidemment le moyen pour le but. La fin des choses ne s'arrête pas à l'observation d'une règle. Rien, sauf l'Être nécessaire, n'a sa fin en soi. Tout, dans le Monde du Fini, tend vers un objet supérieur à lui-même, et la règle ne saurait être que le moyen pour atteindre cet objet.

Quant au Spiritualiste aspirant au Souverain Bien, il poursuit un rêve décevant. Le Souverain Bien n'est pas fait pour une créature bornée et finie. D'ailleurs la dualité que ce système suppose n'existe pas en nous. Nous pouvons en dire autant du sectaire religieux dont l'idéal n'est qu'une fiction.

L'Epicurien se trompe non moins radicalement, car il court après une vaine chimère, le bonheur.

Le bonheur n'est point la fin de l'homme; autrement cette fin serait bien rarement atteinte. A cet égard, le bonheur futur du croyant n'a rien à reprocher au bonheur immédiat du jouisseur. L'un et l'autre se valent. Le petit nombre des élus, d'après la doctrine chrétienne, est égal au petit nombre des satisfaits de ce monde.

Le bonheur, du reste, ne saurait être qu'une conséquence, un corollaire, ou encore un appât, non une fin. C'est le résultat de la justesse d'une équation entre l'exercice de nos facultés et leur objet. Il n'est pas cet objet. Il est purement subjectif; il dépend de l'idée que nous nous en faisons. L'ascète le rencontre dans les privations en attendant la béatitude imaginaire, aussi bien et peut-être mieux que le jouisseur dans la satisfaction des sens. Celui qui le recherche pour lui-même est à peu près sûr de ne jamais le trouver, car le plus souvent il met le bonheur dans le moyen et non dans l'objet, ce qui est contraire à la nature.

La Nature nous a donné des appétits, non pour le seul apaisement de ces appétits, mais pour assurer une fin qui est la sienne, encore plus que la nôtre. Dans le plan de la Nature, on ne mange point pour se procurer des satisfactions gastronomiques, mais pour entretenir sa vie; les sexes ne s'associent pas pour savourer les délices de l'amour mais pour perpétuer l'espèce; la pensée n'est pas donnée à l'homme pour se reposer platoniquement dans la contemplation de la Vérité, mais pour servir le progrès; la Vertu elle-même, si admirable qu'elle soit, n'aurait pas de raison d'être si elle ne tendait pas à un but pratique. Ce sont là les moyens, non la fin. Et quiconque prend le moyen pour la fin et se complaît dans le moyen, s'arrête en chemin et manque le but véritable. S'il croit avoir ainsi conquis le bonheur, tant pis pour lui !

Nous sommes, au surplus, des êtres tellement compliqués, nous sommes soumis à une telle multiplicité de rapports, nous enfermons en nous tant de contradictions que souvent telle de nos facultés n'est apaisée qu'aux dépens d'une autre. Il y a toujours en nous une fibre qui crie quand l'autre jouit; et la jouissance elle-même confine à la douleur. La vision du bonheur nous hante néanmoins toujours et nous maintient en haleine. En attendant, la Nature nous tient la dragée haute, et la satisfaction complète reste pour nous une chimère qui nous fascine sans cesse, en demeurant à jamais inaccessible. Quiconque croit l'avoir atteinte ne prouve le plus souvent que son indignité ou son infériorité. Nous sommes ainsi faits que les meilleurs d'entre nous ne sont jamais contents d'eux-mêmes. Et c'est là l'une des grandes forces de la Nature, qui nous pousse impitoyablement dans ses voies, sans nous laisser ni repos, ni relâche.

Tous ces systèmes ont un défaut commun. C'est de ne considérer que l'individu. Or, la fin de l'homme ne saurait être exclusivement individuelle. L'inégalité et l'injustice seraient trop criantes dans la répartition des biens. Et je ne parle pas seulement des biens factices résultant de l'état de civilisation; mais encore et surtout des biens naturels, tels que la durée de la vie, la santé, le développement même de nos qualités physiques, intellectuelles et morales.

.

D'autres systèmes encore se sont produits ; car ici comme ailleurs, la variété est infinie. On peut toutefois les ramener à l'une ou à l'autre des catégories ci-dessus. Il faut noter particulièrement la théorie de l'Idéalisme moderne qui consiste à prendre la meilleure et la plus noble partie de nous-mêmes, sans néanmoins nous scinder en deux, et à placer notre fin, non seulement notre fin particulière à chacun de nous, mais la fin de l'Humanité et celle de tous les êtres intelligents pris en masse, dans l'avènement d'un idéal intellectuel et moral touchant à la perfection. Cette fin serait atteinte quand cette perfection serait obtenue ; un tel état ne dût-il durer qu'un instant de raison.

Au point de vue moral, cette théorie se confond avec celle de la règle pour la règle, à cette différence près que la règle ici n'est point ferme et immuable, ni individuelle, mais perfectible et surtout spécifique, ce qui est un aperçu plus élevé. Par son côté intellectuel cette théorie offre un aspect des plus séduisants. Il est de fait que, dans la Nature, tout monte de l'inconscient comme point de départ, pour s'élever peu à peu et par degrés, à la Conscience. Progresser sans cesse, constituer la Conscience universelle qui arriverait ainsi à pénétrer tous les secrets de la Nature jusque dans ses derniers replis ; à la refléter comme un miroir profond, entièrement transparent ; à réaliser enfin la perfection morale dans son expression la plus haute, dussent cette vision et cette réalisation s'éteindre immédiatement comme un feu follet, tel serait l'effort suprême assigné à la Nature intelligente, devenue pleinement consciente, qui pourrait alors chanter son *Nunc dimittis*.

Mais à quoi bon cet unique moment de lucidité, cette étincelle au travers d'une nuit éternelle ? Il faudrait qu'un tel état demeurât fixé pour toujours... Alors la Nature ne serait plus la Nature. Elle retournerait s'abîmer dans l'Être nécessaire ; et vraiment ce n'était point la peine d'en sortir.

On met d'ailleurs ici la qualité à la place de la substance. La pensée, la moralité, ne sont que des attributs; elles ne sont pas de l'être. L'intelligence et la conscience sont des moyens qui nous aident à développer notre être. Ce sont des fonctions, ce n'est pas notre fond. Elles ne peuvent avoir leur fin en elles-mêmes, mais en vue de ce fond qu'elles servent, et qui seul a quelque réalité. Bien que nous tenions notre être comme non réellement substantiel au vrai sens de ce mot, (ce caractère n'appartenant qu'à l'Être nécessaire), nous avons pourtant en nous quelque chose de plus radical que des attributs. C'est notre être lui-même, si insubstantiel qu'il soit. C'est tout au moins cette agrégation d'éléments dont nous sommes formés, c'est-à-dire notre organisme, vivant, sentant, pensant. Et ceci nous amène à donner, à notre tour, notre avis sur cette question tant débattue.

.˙.

Notre fin est, selon nous, dans la participation et le concours à la Vie Universelle, qui paraît être l'Alpha et l'Oméga de la Nature, le principe et la fin de tout, dans le Monde du Fini. Développer la Vie, travailler à son extension, à son amélioration, sous toutes les formes, sous tous les aspects, à l'aide de toutes ses facultés, voilà quelle est la mission de tout être, et particulièrement de l'homme, doué d'intelligence, de conscience, de volonté, de perfectibilité, et dont la devise doit être : Excelsius, *toujours plus haut!*

Cette fin est individuelle, en ce qu'elle exige de chacun de nous tous les efforts dont nous sommes capables. Elle est spécifique en ce que ces efforts doivent profiter au genre humain tout entier. Elle est surtout universelle parce qu'elle se confond avec la fin dernière de la Nature qui est d'élever sans cesse le niveau de la Vie.

Je sais bien que l'on peut opposer à cette opinion les mêmes objections que nous avons faites contre les autres systèmes qui placent notre fin dans le développement de nos facultés pour elles-mêmes : de notre intelligence, par exemple, de notre conscience, de notre moralité. Vivre pour vivre, pour entretenir, propager, amplifier, améliorer la vie, même au profit d'une vie plus haute que notre vie individuelle et spécifique, c'est toujours le cercle vicieux. Hélas! nous l'avons dit et répété : le cercle vicieux est inéluctable. Il nous enferme aussi bien par en haut que par en bas, du côté de nos origines comme du côté de nos destinées. Il faut bien nous résoudre à ne jamais sortir de cette impasse. Cependant, ce qui nous apparaît de plus palpable, c'est que la Vie est pour ainsi dire l'essence même de la Nature. Tout en procède, tout y tend, tout y aboutit. Tous les êtres y participent à des degrés divers. Nos facultés les plus relevées ne sont, en somme, que des facultés vitales. L'intelligence, la volonté consciente, ne nous ont jamais servi réellement qu'à assurer l'influence et le déploiement de notre espèce dans le concours pour la Vie sur notre planète. Quand nous voulons en faire un autre usage, nous ne nous entendons plus, et la Nature se charge de nous donner à tout instant les plus cruels démentis. Ceux qui cultivent leur intelligence pour elle-même sont frappés d'impuissance et de stérilité. Et les peuples qui, par trop de raffinement, s'écartent du grand courant de vitalité qui est le fond de tout, sont supprimés impitoyablement.

Collaborer au grand œuvre de la Vie universelle, telle est donc notre mission. Peiner, souffrir, jouir pour en assurer le progrès par la culture de toutes nos facultés, physiques, intellectuelles, morales, qui ne sont pas une fin en elles-mêmes, mais de simples moyens : c'est là le fondement de notre devoir. Le triomphe de la Vie dans toute sa plénitude, voilà notre vrai bien final.

Nous ne disons pas le Souverain Bien, car cette fin ne sort pas du Monde du Fini. Il ne saurait y avoir rien de souverain, dans un monde contingent, où tout se forme, se transforme, passe et meurt pour renaître, mourir et renaître encore. Le souffle vital universel, seul, en revêtant tour à tour toutes les incarnations, ne s'éteint jamais.

.*.

La Nature nous réserve-t-elle au moins une forme de vie idéale, type de perfection, et à laquelle tout tend? Je l'ignore; je sais seulement que rien de fini ne saurait avoir d'expression absolue. Une telle plénitude de vie n'appartient qu'à l'Être nécessaire. Et là, elle est immuable et constamment réalisée, sans progrès ni défaillance.

Il faut d'ailleurs s'entendre sur le sens de ce mot d'*idéal*, que nous employons un peu à tort et à travers. Je suppose qu'un aéronaute se pose la question suivante : Y a-t-il une hauteur idéale vers laquelle je puis tendre, sans toutefois espérer l'atteindre jamais? Sans doute. Mais il ne s'agit pas ici d'une hauteur qui se dérobe à travers les espaces planétaires et sidéraux; il s'agit seulement de la hauteur à laquelle vous pouvez vous élever dans votre atmosphère. Pour vous, la hauteur idéale ne peut être tout au plus que le point où vous ne trouverez plus un atome d'air respirable, c'est-à-dire à 40, 50, 60 kilomètres du sol. Et encore ce point n'est qu'un but fictif et inabordable, car, bien longtemps avant d'en approcher, il faudrait traverser une zone où la raréfaction de l'air ne permet plus le jeu des poumons. Cette zone n'offre même pas un point terminus précis, assigné comme dernière borne à vos efforts. Tel montera à 8 kilomètres, tel autre y ajoutera encore, suivant les circonstances, 10 mètres, 100 mètres, 1000 mètres. C'est un record. Il est infini ou plutôt indéfini, en ce sens qu'on pourra toujours l'augmenter, ne fût-ce que d'un mètre, d'un centimètre, d'un millimètre, sans pouvoir dire que le point extrême est définitivement atteint. D'autre part, quand vous parlez de hauteur, c'est là un point de vue qui vous est particulier. Selon l'endroit du Globe d'où vous partirez, selon l'heure de la journée, vous monterez dans la direction de la Grande Ourse, de Véga, du Guerrier, de l'Étoile du Sud. Il n'y a, dans la nature, de hauteur, de largeur, de profondeur que par rapport à nous. De toutes parts l'immensité est sans bornes. Et, dans cette immensité, vous ne pouvez vous élever que de quelques milliers de toises, et vers un point unique parmi une infinité d'autres points.

Il en est de même de la perfection vitale, pour ce qui nous concerne. Il ne saurait être question, pour nous, que de la perfection dont notre nature est susceptible. En travaillant au progrès de la Vie, dans la mesure de nos moyens, soit sur nous-mêmes individuellement, soit au profit des groupes divers dont nous faisons partie, nous aurons accompli notre fin, qui est le triomphe et le plein épanouissement de la Vie universelle.

La Vie universelle, au surplus, passe par-dessus nos têtes.

La Nature en conserve la direction suprême. Nous sommes seulement, dans notre petit coin, ses ouvriers à peine clairvoyants, le plus souvent aveugles. Que nous le voulions ou non, la grande séductrice a, pour nous ramener dans ses voies, quand nous sommes tentés de nous en écarter, même à bonne intention, des forces, des embûches, des appâts secrets, contre lesquels ni conscience, ni volonté ne sauraient prévaloir; et, si nous lui désobéissons, elle marche sur nous sans pitié.

IV

Notre fin, notre fin prochaine et palpable (car nous ignorons les fins dernières de la Nature), étant ainsi déterminée, la règle de conduite pour l'atteindre est facile à déduire, au moins en principe. Elle consiste à cultiver toutes nos facultés, de manière à leur faire produire leur maximum d'effet, pour l'amélioration de notre être, dans la sphère complète de son activité, qui comprend non seulement nous-mêmes en tant qu'agents individuels, physiques, affectifs et intelligents, mais aussi nos relations avec nos semblables, suivant les divers groupements naturels dans lesquels nous évoluons.

C'est la morale de l'Expansion vitale, puisque, en définitive, tout converge vers ce point. C'est également, si l'on veut, la morale de l'utilité, non toutefois de l'utilité telle qu'on l'entend vulgairement, car cette utilité supérieure nous impose souvent les plus durs sacrifices et nous commande les plus douloureuses abnégations.

Bien que nous n'admettions pas la dualité des Spiritualistes, nous n'en proclamons pas moins hautement la préexcellence de cette partie de nous-mêmes, qui nous élève au-dessus de la nature brute et de l'animalité inférieure. C'est par là que nous affirmons et que nous faisons prévaloir notre suprématie dans le concours universel pour la Vie. Cependant, nous ne devons pas négliger notre vie purement physique et matérielle, puisqu'elle est le substrat nécessaire de tous nos progrès.

Tout ce qui tend à faire de nous des êtres forts, vivaces, énergiques, vaillants, et en même temps des êtres intelligents, éclairés, participant à l'idéal civilisateur, qui est en quelque sorte notre atmosphère morale, et précise notre situation et nos relations dans les divers centres vivants où nous sommes engagés : famille, race, nationalité : voilà ce qui détermine la règle de nos devoirs.

C'est pour avoir méconnu le jeu complet de nos facultés, c'est pour avoir exalté les unes aux dépens des autres, par suite d'oscillations (lesquelles sont d'ailleurs la loi de tout mouvement), que certaines écoles de morale ont sacrifié tantôt le physique à l'idéal, et tantôt l'idéal au physique. Le véritable axiome, en morale, est toujours le vieux proverbe : *Mens sana in corpore sano*. De même, c'est pour n'avoir pas tenu compte de la complexité de nos facultés, à la fois individuelles et spécifiques, que certains ont ramené tout à l'individu et ont imaginé des nœuds factices et conventionnels pour relier les individus les uns aux autres. Nos devoirs envers nous-mêmes et envers nos semblables sont solidaires. Ils s'emboîtent les uns dans les autres et ils sont unis entre eux par une étroite connexité. Il n'est pas besoin d'accords ni de réciprocité pour établir nos relations sociales. Elles résultent de l'exercice normal de notre activité complète, personnelle et collective, telle que l'a disciplinée l'idéal commun.

*
* *

Mais comment s'établit la loi morale?

Comme tous les phénomènes de la nature, cette loi est la résultante d'une évolution. Elle ne préexiste pas dans un monde transcendant et métaphysique. Elle est collée à nos flancs comme notre peau. Elle se moule et s'étend sur notre développement intellectuel et social.

Kant prétend que la règle morale, qu'il appelle l'*Impératif catégorique*, doit être obéie pour elle-même, sans considération de fin et uniquement parce qu'elle est la règle. C'est, dit-il, une forme sans matière... Et d'où prendrait-elle cette forme? Si elle est déduite de la nature intelligente de l'homme, elle n'est donc pas sans matière. Ce ne serait même alors qu'une pure abstraction, c'est-à-dire le mode suivant lequel l'homme doit se conduire d'après sa nature intelligente. C'est ici, sans contredit, la nature et non son mode de procéder, qui est le fondément, la vraie forme et, en même temps, la vraie matière. Or, cette nature a varié, au moins dans ses manifestations, à travers les âges. Les hommes, à supposer même qu'ils aient eu, dès leur première origine, toutes leurs facultés en puissance, n'avaient assurément dès l'abord aucune culture; et, sans culture, la faculté nue est comme si elle n'existait pas. Des milliers de générations se sont succédé à travers des milliers de siècles, sans se douter de cet Impératif catégorique, et, encore une fois, s'il ne s'est révélé qu'à la longue, sous l'effort constant et accumulé de l'esprit humain, il n'est donc point sans matière, puisque, cette matière, c'est l'esprit humain lui-même cultivé et parvenu à la conscience.

Un Impératif catégorique, imposant l'obéissance rigoureuse et absolue de par sa propre autorité, ne saurait, nous l'avons dit, se concevoir autrement que comme quelque chose d'antérieur et d'extérieur à la nature humaine et la dominant de haut. Or, ce quelque chose d'antérieur et de supérieur ne peut planer dans le vide. Ce ne peut être que le commandement exprès d'un Être Suprême, du Créateur. La meilleure formule d'une telle règle est encore celle de Cicéron : *Ratio recta Summi Jovis, apta ad jubendum et ad vetandum*. En dehors de ce concept de la règle vraiment autoritaire, je défie qui que ce soit de trouver un fondement sérieux à un Impératif catégorique quelconque.

Mais, ni le Summus Jupiter de Cicéron, ni le Jéhovah de Moïse, ni l'Allah de Mahomet, ni le Dieu en trois personnes des chrétiens ne sont le véritable Être Suprême. Ce ne sont que des créations de l'entendement humain, formées à son image idéalisée, pour les besoins de son évolution intellectuelle, morale et sociale, avec des matériaux puisés dans la notion confuse de l'Être réellement nécessaire, Principe de tout. Or, cet Être nécessaire, placé au-dessus du Monde du Fini, ne se manifeste à nous, quoi que les visionnaires en aient pu dire, que par les lois de la Nature présidant au développement de l'Univers contingent. Et s'il y a vraiment une règle transcendante, nous ne l'arrachons et ne nous l'approprions que par bribes et par morceaux. C'est, alors, comme si nous l'extrayions de l'inconnu pour la reconstituer pièce à pièce; seulement, nous éprouvons le besoin de l'appuyer sur une fiction. Mais c'est là un parti pris politique et non une vérité philosophique.

* *

La règle morale ne préexiste pas, elle se fait. Elle se fait comme la science, par exemple. La science se constitue par les découvertes successives des savants. De même la morale épure et étend son domaine par le fait des hommes vertueux. Quand il se produit une vue généreuse, une action grande et noble, cette vue, l'idée de cette action s'ajoutent à l'idéal moral conçu jusqu'alors et l'amplifient. C'est ainsi que la règle morale élève son niveau.

Cependant, dira-t-on, pour qu'une action soit reconnue louable, il faut la rapporter et la comparer à un type préexistant. Il y a donc une forme supérieure et transcendante de perfection morale, vers laquelle nous devons tendre et qui doit servir de base à nos appréciations, de même qu'il y a une science parfaite, vers laquelle chacun de nos progrès nous achemine.

Qu'il y ait une science parfaite et absolue qui consisterait à connaître à fond les derniers secrets de toutes choses, je ne le nie pas. Malheureusement, c'est du fruit défendu pour notre intelligence bornée. En réalité, ce n'est pas par comparaison avec un idéal parfait de vérité, posé à *priori*, qu'une découverte scientifique s'impose à nous comme vraie; c'est uniquement par l'effet d'une certaine concordance entre le jeu de notre entendement et l'objet qu'il s'approprie et s'assimile. Autrement, il faudrait d'abord avoir la science infuse et parfaite, pour acquérir ensuite la science partielle et juger ainsi de sa légitimité.

Au surplus, c'est peut-être encore trop de comparer la morale à la science. La morale est plutôt un art, comme la culture du Beau. Il y a, en définitive, une forme absolue du Vrai, quoiqu'elle soit hors de nos prises. Il n'y en a pas du Beau et du Bien. Ici tout est relatif. Comme le beau et le laid ne sont tels que par rapport à un certain goût qui nous est propre, dépendant de notre organisation esthétique; de même le bien et le mal sont déterminés pour nous par les conditions et les exigences de notre organisation et de notre vie morale, telles que les ont faites la nature et l'évolution.

L'homme vertueux crée le Bien, comme l'artiste crée le Beau. L'idéal moral s'épure par la culture, à la façon de l'idéal esthétique. L'artisan et le juge en cette matière est ce sentiment spécial, particulier à notre espèce, que nous portons en nous à l'état d'instinct; et son critérium (car il en a un, bien que souvent inconscient) est la meilleure adaptation possible des choses humaines à la fin réelle, vers laquelle l'homme tend toujours, même sans le savoir. Et cette fin, nous le répétons, c'est l'expansion vitale.

.˙.

La règle morale n'est donc pas une forme pure, c'est un produit de la civilisation. Elle est *subjective* sinon à l'égard de l'individu (car la conscience individuelle peut être défectueuse), du moins par rapport au sentiment général et à la conscience cultivée de l'espèce. Elle est *formelle*, si l'on veut, ou plutôt elle devient formelle, si l'on entend par là qu'elle est un extrait objectivé et épuré du jeu de nos facultés, et si l'on convient que cette forme n'existe pas en dehors de nous, mais sort et se fait de nous. Il n'est pas plus pour l'homme de type absolu du Bien qu'il n'est de type absolu du Beau; puisque ce type, pour être réalisé, devrait réunir des qualités contradictoires.

L'idéal du Bien, en effet, est flottant. Il manque souvent, ou dépasse le but. Quand le philosophe stoïcien, en proie aux attaques de la goutte, s'écrie : « Tu as beau faire, ô douleur, tu ne me feras jamais avouer que tu es un mal », il exprime un sentiment manifestement exagéré. Car la douleur, même physique, est toujours un mal, et le devoir de la supporter vaillamment n'exige pas qu'on la nie. Cependant, il y a de la beauté morale dans ce défi porté à la douleur. Il signifie que l'homme, parvenu à un certain degré de perfection, ne veut plus connaître que la vie de l'âme et de la pensée, et ne compte plus pour rien son corps, cette guenille. Mais, sans cette guenille, penserait-il? Dès qu'elle pâtit, sa pensée elle-même souffre et s'obscurcit. D'ailleurs, selon la personne et les circonstances, cette même exclamation pourra être pris, pour une forfanterie ridicule ou comme l'élan le plus sublime,

Deux juges pourront l'interpréter différemment, en rire ou en pleurer d'admiration, et avoir tous deux tort et raison.

Lorsque l'Évangile nous dit : « Si l'on te frappe sur la joue, présente l'autre joue », devons-nous accepter ce précepte et le pratiquer comme le parfait idéal du bien ? Ce serait le triomphe de l'injustice et de la méchanceté. Et pourtant cela est beau et remue une corde sensible dans notre cœur. D'autre part, si le code de l'honneur mondain nous crie : « un soufflet est une injure qui ne peut se laver que dans le sang », nous sentons en nous une autre corde vibrer non moins légitimement, et nous applaudissons Rodrigue tuant l'insulteur de son père. Humilité (je ne dis pas abjection et lâcheté), Dignité (je ne dis pas orgueil sanguinaire), voilà deux états d'âme engendrant deux sentiments contradictoires. Lequel des deux faudra-t-il écouter, pour se conformer à l'idéal moral ? J'en pourrais dire autant de la Charité, qui soulage la misère et encourage la paresse. Il est inutile d'insister davantage.

La vérité est que l'idéal moral vacille comme une aiguille entre des pôles divers et souvent opposés. Il s'en faut parfois d'un point imperceptible, suivant les circonstances, le moment, les acteurs, qu'une action soit légitime ou coupable, admirable ou ridicule, aimable ou odieuse. Sans descendre à la casuistique, et en nous bornant aux règles les plus générales, il est facile de voir que ces règles arrivent à se contredire. Le rôle de l'agent moral est souvent de louvoyer entre elles, comme un habile pilote à travers les écueils, avec la boussole du tact et du sentiment.

∴

On insistera et l'on dira : s'il est une intelligence universelle dont la nôtre est un reflet, de même il doit y avoir un sens moral typique, commun à tous les êtres qui participent à cette intelligence.

Oui, sans doute, nous reconnaissons une intelligence universelle. Ainsi partout deux et deux font quatre; — partout la partie est comprise dans l'ensemble; — partout un fait est nécessairement engendré par un fait antérieur — et dans tout l'univers les trois angles d'un triangle sont égaux à deux droits. De même tout être moral possède un mécanisme du sentiment qui opère d'après des principes très généraux, tels que de tendre vers son bien, d'être bon et secourable envers ses semblables. Mais ne confondons point la machine avec la matière sur laquelle elle fonctionne, le récipient avec ce que nous pouvons mettre dedans. L'intelligence n'est pas la science, le sens moral n'est pas la morale. Il faut voir comment ces mécanismes se comportent avec la réalité concrète, les produits qu'ils en tirent et la besogne qu'ils nous élaborent.

Si, avec les mêmes principes intellectuels, les plus grands génies de l'humanité ont enfanté une foule de systèmes dont aucun ne s'accorde avec un autre, il n'est pas étonnant qu'avec un même fond vague de sens moral ils ne soient pas parvenus à établir, à *priori*, une règle sûre, précise, détaillée, s'imposant sans réserve et sans contradiction. La matière, en effet, est ici bien plus ondoyante encore et plus diverse. Elle est susceptible, d'après les mêmes données, des applications les plus contraires. Les uns, par piété filiale, tuent leurs aïeux infirmes pour leur épargner la souffrance; les autres se font un devoir de disputer à la mort, minute par minute, une existence misérable, à charge à elle-même.

Et puis, si le Vrai est toujours le Vrai, le Bien, en somme, est relatif à chaque classe d'êtres, dans les conditions concrètes et spéciales, où la Nature les a placés. Quant au Bien absolu, il est au-dessus du bien des espèces, et par conséquent, il nous surpasse. A l'égard de l'ensemble des choses, le Bien absolu, qui est l'Eternelle Harmonie et la Suprême Justice, se réalise tout aussi bien avec le loup mangeant la brebis, qu'avec l'homme vertueux sauvant la vie de son semblable au péril de la sienne. Quand, à notre point de vue, nous disons : « La nature est immorale et nous nous élevons au-dessus de cette immoralité, » nous ne disons autre chose sinon que, parmi les lois de la nature, nous en extrayons quelques-unes pour les faire servir à notre usage, afin d'en faire sortir notre bien, qui est exclusivement le bien du Genre humain. Le bien que nous recherchons, que d'autres êtres peuvent concevoir autrement, si leurs conditions d'existence sont différentes, est fait souvent aux dépens du reste. Et l'Humanité, pour être *une fin en soi*, est plus destructrice que tous les tigres et tous les requins du monde réunis.

D'autre part le Bien moral est souvent placé par nous à faux, sous prétexte d'amélioration et d'ennoblissement. Il heurte parfois les lois d'ensemble; et la Nature implacable ne se fait pas faute de nous redresser brutalement. Après tout, nous ne sommes pas juges en dernier ressort du Bien absolu, ni de la Justice transcendante; et c'est heureux, car nous ne pourrions que les troubler, en y portant trop lourdement la main.

Quoi qu'il en soit, le Genre humain, en épurant son sens moral, tend à poser des règles de plus en plus parfaites et générales, et à concevoir un idéal du Bien, de plus en plus élevé. Il n'est pas certain toutefois que cet idéal soit à la portée de toutes les races humaines. Vous pourrez faire comprendre à des Chinois, à des Peaux-Rouges, à des nègres le théorème des asymptotes. Je doute que vous leur inculquiez en masse ce sentiment de moralité haute, large et généreuse, apanage des races supérieures qui, au cours des âges, préparées sans doute par quelque travail latent de la Nature, ont pris tour à tour la tête de la civilisation. L'évolution de l'espèce humaine comporte un tel fouillis de conditions, qu'il lui faut sans doute le mélange d'éléments de divers degrés pour y entretenir l'énergie vitale — comme il faut plusieurs sortes de matériaux pour composer un corps organique.

V

Nous avons établi le libre arbitre suffisant de l'agent, puis, tâché de déterminer la fin vers laquelle il tend; de cette fin nous avons déduit le caractère et la portée des règles de conduite qu'il doit observer. Revenons maintenant sur nos pas. Rassemblons les trois termes du concept de morale. Mettons en jeu les éléments dont ce concept se compose, et voyons ce qui en résulte quand on passe à l'action.

L'agent étant libre, connaissant sa fin, sachant au moins quelle orientation donner à sa conduite, doit se conformer aux règles et aux préceptes reconnus légitimes, et propres à lui procurer cette fin.

C'est le Devoir. Nous retournons ainsi à l'agent, dont ce terme complète la notion, après que les autres nous sont connus.

Quelle est la nature de ce Devoir ? Quel est son fondement ? Quel rang tient-il dans la série des mobiles et des mouvements qui composent le concert de l'harmonie universelle ?

Si le Transformisme est vrai — ce dont il n'est plus permis de douter en l'état actuel de la science — c'est dans les antécédents de l'espèce humaine, qu'il faut chercher le caractère et le fondement, (autant qu'une chose contingente peut avoir un fondement), ou plutôt le point de départ et le processus évolutif du développement moral, aussi bien que physique, de l'Humanité.

Il est dans la nature de tout être de rechercher son bien, en tant qu'individu et en tant que membre d'une famille, d'un groupe, d'une race, d'une espèce. Les animaux ont à cet égard un double instinct : l'appétit par lequel ils désirent ce qui est susceptible de satisfaire leurs besoins normaux, soit personnels, soit sociaux (car il n'est guère d'animaux vivant dans la solitude complète), et la répulsion pour ce qui leur est nuisible, ou même simplement pour l'excès, dont ils savent s'abstenir. Peut-être le pouvoir d'abstention de l'excès consiste-t-il chez eux dans l'indifférence résultant de ce que, l'appétit étant rassasié, il n'y a plus matière à désir; mais peu importe. Les animaux obéissent en général à ces instincts avec une sagacité et une docilité merveilleuses. Et cependant l'on constate déjà chez eux les germes de ces diversités de caractères, de ces passions désordonnées qui, plus tard, jetteront le trouble dans l'économie de la vie morale et sociale des êtres supérieurs. Les uns sont portés particulièrement à la gourmandise, d'autres à la luxure, d'autres à l'un quelconque des sept péchés capitaux, comme s'ils étaient de simples hommes. Quoi qu'il en soit, ils vivent ainsi, cherchant leur bien, évitant leur mal, sous la saine impulsion de la nature, je ne dirai pas sans conscience (qu'en savons-nous ?), ni sans faculté de s'améliorer par l'expérience (ce qui serait démenti par les faits), mais tout au moins sans abstraire, par la réflexion et le langage, les règles auxquelles ils obéissent, pour en faire des codes de préceptes. La loi de leur développement est, en quelque sorte, concrète. Et pourtant encore, qui sait, si quelques-uns d'entre eux, indépendamment du cri naturel, langage inné, n'ont pas quelques signes artificiels et acquis pour se communiquer leurs sensations et se transmettre leurs observations. On peut même remarquer que les animaux, notamment ceux vivant en société réglée, donnent à leurs petits une certaine éducation, non seulement pour l'utilité, mais même pour l'agrément. Et cette éducation se transmet ainsi, en s'améliorant, de génération en génération. Les animaux chasseurs dressent leur progéniture aux ruses et aux stratagèmes de la chasse. Les oiseaux chanteurs donnent des leçons de chant à leurs élèves. Les fourmis ont des écoles organisées, avec leurs instituteurs. Tant il est vrai qu'il n'y a rien, dans le développement intellectuel, moral, artistique même des civilisations humaines, qui ne trouve son germe rudimentaire dans les couches inférieures de l'animalité.

Le propre de l'homme — j'entends de l'homme civilisé — est d'agir non plus par impulsion de nature, mais par choix conscient. Ce que la brute fait par instinct, l'être conscient et éclairé doit le faire par devoir. Là est le principe et le vrai caractère de la moralité. C'est la substitution de l'acte libre, conscient et raisonné, à l'action inconsciente et instinctive.

En somme, l'appétit est toujours le principe de l'action. Seulement cette action doit être réglée par la raison cultivée et non plus par une pondération naturelle assez exacte entre le besoin et la satisfaction de ce besoin. L'ensemble des prescriptions que la sagesse des générations a su abstraire à la longue des données fournies par la nature, constitue la règle à laquelle l'être moral doit se conformer, au même titre que l'animal obéit à la loi de nature.

Cette règle est plutôt restrictive et régulatrice qu'impulsive. Néanmoins l'appétit lui-même, premier mobile de nos actes, change de caractère par l'avènement de la conscience. Quand la louve défend ses petits au péril de sa vie ; quand la fourmi, rencontrant une autre fourmi blessée, la charge sur son dos et la transporte à l'infirmerie de la colonie, ces animaux suivent une impulsion naturelle. Pour l'être civilisé cet instinct de nature se transforme en devoir parce qu'il est conscient. C'est ainsi que la loi morale devient aussi un principe d'action. Elle est à la fois motrice et régulatrice. Mais il est heureux que, dans l'espèce humaine, ces instincts subsistent toujours en tant qu'instincts, sans quoi la loi morale serait souvent, à elle seule, impuissante à assurer l'ordre. Le fond de notre vertu individuelle et de notre sociabilité est toujours l'instinct de nature, développé par l'éducation. L'acte le plus généreux, celui du premier mouvement dans une organisation saine et droite, est souvent le plus irraisonné. Sans ce fond solide de moralité native, je ne donnerais pas un clou de tous les préceptes édictés par les sages, les législateurs et les prophètes.

.*.

Le Devoir n'est pas la contre-partie d'un droit, ce qui supposerait une sorte de contrat, au moins tacite. L'individu a des devoirs, et cependant l'on ne peut dire qu'il a des droits envers lui-même. Il a aussi des devoirs envers ses semblables, indépendamment de toute revendication de la part de ces derniers. La notion mère et primordiale, en morale, est celle du Devoir. La notion de Droit n'apparaît que par voie de corollaire et de conséquence. En effet, tout être, quand il est inconscient, se conduit par instinct, conformément à sa nature brute ; quand il est devenu conscient, il doit se conduire selon sa nature cultivée et améliorée, tant pour ce qui concerne ses fonctions individuelles, que pour ce qui a trait à ses fonctions spécifiques. S'il accomplissait ces fonctions régulièrement et sans tiraillements, il serait parfaitement inutile de parler de droits, car la machine, tant individuelle que sociale, marcherait sans encombre. Mais la notion de Droit est née de la possibilité du manquement au Devoir. J'ai, par exemple, le devoir de respecter mon semblable, de ne point lui nuire, de ne point porter atteinte à sa liberté, à son activité, à la situation qu'il s'est faite légitimement par son travail et son industrie, et qui devient une dépendance de sa personnalité, de lui prêter, au contraire, aide et assistance dans la mesure de mes moyens, comme les animaux eux-mêmes, poussés par leur seul instinct, le font entre eux. Voilà le point de départ, le concept positif. Si je remplis normalement ce devoir, tout va bien, nul n'est lésé ; si j'y manque, mon semblable auquel je porte préjudice, et la société dont je suis membre, acquièrent le droit de me rappeler à l'ordre et au besoin, de m'y contraindre. C'est le corollaire, le concept en quelque sorte négatif, et restrictif de ma liberté. Le devoir ne naît donc pas d'un droit préexistant chez autrui, qui le commande. Il se suffit à lui-même. Il dérive de ma nature et de la conscience éclairée de mes fonctions normales tant individuelles que sociales. C'est lui, au contraire, qui engendre le droit, par voie de conséquence et de rappel à son exécution. L'objet d'un droit n'est d'abord qu'un fait ; c'est le devoir de le respecter qui le sacre droit. En un mot, le Devoir est le principe moteur et le Droit le principe restrictif et régulateur.

Il n'est donc pas vrai qu'il y ait là un peu de réciprocités. Il y a d'abord, en principe et primordialement, devoir pour chacun, individu ou groupe, de se conduire conformément à la règle déduite de la fonction de l'être individuel et social. Par voie de corollaire, il y a droit de réclamer l'accomplissement de ce devoir, non en vertu de la réciprocité, mais en exécution de la règle qui impose ce devoir, en consacrant les situations acquises normalement.

Nous ne parlons pas ici, bien entendu, des institutions civiles qui créent des droits et des obligations factices et des états privilégiés. Nous ne nous occupons pour le moment que de la morale naturelle et générale, telle qu'elle résulte de la civilisation. Le fameux axiome : « pas de devoirs sans droits, pas de droits sans devoirs », est une règle économique et non une règle de pure morale. Il signifie que nul ne doit être dupe, ni ne doit faire de dupes. C'est un principe de justice que nous n'avons garde de critiquer. C'est la formule des intérêts sociaux; ce n'est pas la formule fondamentale de la Morale. La Morale n'a rien à faire avec l'intérêt. Celui-ci est souvent son ennemi.

Nous n'avons pas, du reste, l'intention d'amoindrir la notion de Droit. Pour nous le droit est aussi sacré que le devoir. Ils sont, en définitive, les deux termes d'une même équation. Nous combattons seulement de toutes nos forces, la théorie de la morale contractuelle.

.*.

La morale de la réciprocité et celle de la balance des intérêts proviennent, selon nous, d'un concept erroné. Elles sont issues de cette notion fausse que l'individu serait un être complet par lui-même, et la Société comme une juxtaposition d'unités indépendantes les unes des autres, reliées seulement par des rapports de convention.

Or, rien n'est plus contraire à la véritable nature des choses. L'individu a-t-il donc poussé en une nuit, comme un cryptogame? ou, mieux encore, par génération spontanée, sans racine, ni attache avec quoi que ce soit? Il n'est, au contraire, qu'un bourgeon d'un rameau, qui est la famille, lequel est issu d'une branche, qui est la race, laquelle à son tour se rattache à l'arbre, qui est l'espèce. Pour que le bourgeon se forme et se développe, afin de devenir plus tard rameau lui-même et d'engendrer d'autres bourgeons, il faut que la sève lui arrive, élaborée préalablement dans le sol nourricier et distillée à travers le tronc, les branches, les rameaux. Arrêtez la sève, avant qu'elle ne soit parvenue au bourgeon, celui-ci meurt. De même l'individu n'a de vie, physiquement, intellectuellement, moralement, que par l'afflux du sang spécifique et des effluves civilisateurs qui montent jusqu'à lui. Loin donc d'être une unité composante, il est pris par toutes ses fibres dans un corps supérieur dont il n'est qu'un membre dépendant. Et cela est si vrai, que, abandonné à lui-même, à supposer qu'il puisse vivre matériellement, il tomberait au rang de la dernière des brutes.

Sans doute, une fois qu'il s'est complété au contact social et qu'il a acquis sa personnalité, l'individu se trouve en concurrence avec d'autres êtres développés comme lui, ou en voie de développement. Mais il n'est pas pour cela un facteur isolé. Il tient toujours à la Société qui ne commence pas à lui; qui, au contraire, l'a produit et formé à son empreinte et dans laquelle il reste engagé. C'est toujours d'elle qu'il tire sa subsistance sous tous les rapports et à elle qu'il restitue le bénéfice de son labeur individuel, comme les bourgeons et les feuilles rendent au tronc, auquel ils empruntent la sève, l'oxygène et le carbone qu'ils aspirent dans l'atmosphère, contribuant ainsi à entretenir dans le corps le courant de la vie. Il y a évidemment réciprocité de services, mais c'est là un effet et non une cause. La loi morale, comme la réglementation du jeu des organes dans un corps, est antérieure à toute réciprocité. Elle l'engendre au lieu d'en résulter.

.*.

En somme, l'homme est devenu moral, du jour où il est né à la conscience. Et l'avènement de la conscience n'est pas un fait individuel; c'est un fait social, collectif et progressif. C'est le résultat d'un travail d'infiniment petits, accumulé et transmis de génération en génération; travail comparable à celui des madrépores qui parviennent à former des îles au sein de l'océan. Le monde moral, comme le monde intellectuel d'ailleurs, s'est fait peu à peu d'une infinité d'efforts insensibles, d'actions et de réactions qui ont fini par constituer un idéal, frappant de son sceau tout membre prenant accès dans la société. La participation à ce monde idéal, comme à une nourriture commune, fonde seule la moralité. Et de cet idéal se dégage la règle à laquelle l'individu, pris dans le bloc social, a le devoir d'obéir.

Il suit de là que le critérium du devoir n'est pas dans la conscience individuelle. Il est dans la conscience générale Par nous-mêmes, en tant qu'individus, nous ne sommes rien. Nous ne devenons quelque chose, même comme individus, que par la fécondation résultant du contact social. Nous avons sans doute la faculté nue; mais si la faculté nue est un attribut individuel, sa culture est un effet collectif. L'individu n'est d'abord que le récepteur passif de l'idéal élaboré antérieurement, qu'il s'assimile ou qui lui est inculqué par l'éducation, c'est-à-dire par la révélation sociale. Sans cette *tradition*, par laquelle il plonge ses racines dans le domaine nourricier de l'intelligence générale, sans cette *révélation* qui fait jaillir chez lui l'étincelle et l'alimente, il demeurerait, si bien doué qu'il fût, radicalement impuissant. Quand sa culture est complète, l'individu ajoute, à son tour, pour peu qu'il ait de génie, au patrimoine commun, et c'est ainsi que ce patrimoine s'agrandit sans cesse. Cependant, ce n'est point à la légère, surtout en matière de morale, qu'il doit se laisser aller aux novations téméraires. Il y a, chez les plus grands d'entre nous, tant de dispositions morbides; la vérité est, de sa nature, tellement oscillante et incertaine; la qualité se transforme si facilement en défaut et le bien en mal, que tout doit être sévèrement passé au contrôle de la conscience générale, pour acquérir quelque fixité.

« Il ne faut pas, dit Montaigne, laisser au jugement de chacun la connaissance de son devoir. Il le lui faut prescrire, non pas le lui laisser choisir à son discours. Autrement, selon l'imbécillité et variété infinie de nos raisons et opinions, nous nous forgerions enfin des devoirs qui nous mettraient à nous manger les uns les autres. »

,

Une des plus grandes erreurs de ces derniers temps est la réhabilitation à outrance de l'individualisme. Cette erreur, selon nous, provient d'un quiproquo. On confond l'individualisme, c'est-à-dire *l'autonomie* de l'individu, avec sa culture et son initiative libre, quoique disciplinée, dans l'œuvre commune. Or, la culture n'est pas l'autonomie. Tout l'effort de la civilisation doit tendre à l'amélioration de l'individu, à son développement physique et intellectuel, à sa dignité et à l'augmentation de sa valeur morale, personne ne le conteste. Exercez son intelligence et sa volonté, activez son énergie, donnez-lui du ressort et du relief, vous ne lui en donnerez jamais trop. Car c'est ainsi que l'on travaille au progrès, puisque, en définitive, le progrès est la résultante de l'action combinée et solidaire des individus. Mais ne lui laissez jamais croire qu'il puisse se passer et s'affranchir du lien social, pour évoluer solitairement dans sa seule orbite individuelle.

Au reste, il en est de cette question de l'individualisme, comme de celle de la liberté politique. Chacun l'entend à sa manière et les opinions sont à cet égard tellement enchevêtrées qu'il n'y a plus moyen de s'y reconnaître. Souvent deux personnes se disputent à ce sujet qui, au fond, seraient du même avis, si elles voulaient bien commencer par s'expliquer et par s'entendre sur le sens des mots. Les uns disent : « Tout ce qui tend à relever l'individu et à lui donner conscience de sa valeur, est bon; tout ce qui tend à le diminuer à ses propres yeux, est mauvais ». Les autres répondent : « Tout ce qui a pour effet de resserrer le faisceau social est bon ; tout ce qui a pour effet de le désagréger est mauvais ». Il n'y a vraiment aucune contradiction entre ces deux propositions, car la grandeur individuelle ne va pas sans la grandeur sociale, ni la grandeur sociale sans la grandeur individuelle. Les deux sont connexes. Les hommes de haute valeur ne fleurissent que dans les sociétés puissantes. Et quand les sociétés déclinent, les individualités s'amoindrissent. Effet ou cause, peu importe, les deux termes se commandent étroitement.

Ce que nous entendons par individualisme, c'est l'émiettement du groupe par suite de la notion poussée à l'extrême non de la valeur, mais de l'autonomie de l'individu considéré comme indépendant, relevant de lui seul et comme centre particulier adhérant contractuellement au devoir social. C'est la plus funeste des erreurs. Il n'est pas bon que l'homme, si haut qu'il soit, se croie une unité simple, ne reconnaissant d'autres rapports avec ses semblables que ceux résultant d'alliances de conscience à conscience, ni d'autre lumière que celle qu'il porte en lui : lumière d'ailleurs empruntée. Il a au-dessus de lui la conscience mère et génératrice de l'Humanité : la Civilisation, qui l'a fait ce qu'il est, et sans laquelle il n'aurait pas même cette vie de conscience, dont il est si fier. Au surplus, la grande individualité consiste précisément à résumer, dans un spécimen hors de pair, les meilleures qualités d'une race et d'une civilisation ; à les porter à une puissance supérieure et non à se séparer de la masse et à s'insurger contre le sens commun. Une conscience individuelle n'est une conscience droite qu'autant qu'elle reflète la conscience commune dûment éprouvée. Il ne faut pas nous donner pour vertu, comme certains le voudraient, les déformations maladives de la personnalité, ni pour objets d'admiration les billevesées ou les fantaisies saugrenues qui peuvent germer dans une cervelle détraquée.

*
* *

De là l'utilité de la Religion en matière de morale. Ce n'est pas précisément comme mobile spécial de chacun de nos actes, pour nous décider au bien ou nous faire abstenir du mal dans telle circonstance donnée, que la Religion est vraiment efficaco. Le motif religieux (et malheureusement l'expérience le prouve), a peu d'influence sur le croyant lui-même, quand, sous l'empire de ses vices et de ses passions, il se trouve en présence d'une tentation mauvaise trop forte. L'excellence de la Religion consiste principalement, dans la discipline qu'elle fait contracter aux consciences, dans le pli général qu'elle leur fait prendre, dans l'orientation qu'elle leur donne. Elle nous enveloppe d'une atmosphère morale familière, qui, en nous faisant respirer un air salubre, assainit notre mentalité et nous prédispose au bien. Tout au moins, l'homme religieux, si vicieux qu'il soit nativement, admet une règle éprouvée et incontestée de conduite. Quand il manque à ses devoirs, il sait qu'il fait mal; il se juge et se condamne lui-même; il a des remords. Et cette disposition d'esprit a dû souvent le préserver d'autres chutes. Si, au contraire, l'homme est abandonné à ses propres lumières, il trouvera moyen, par les paralogismes les plus étranges, de dénaturer toutes les notions saines et d'excuser, de justifier même à ses yeux, les actes les plus monstrueux. Loin d'avoir instinctivement l'idée du crime en horreur, il se familiarise avec elle, il s'y complaît, il s'en fait gloire: et quand une telle idée hante un cerveau mal équilibré, au sein d'un état social troublé — véritable bouillon de culture de microbes malfaisants; eau agitée où la vase remonte à la surface — l'action, hélas! suit de près. Exemple : les anarchistes de nos jours.

Et qu'importe que la Religion repose sur une fiction! Y a-t-il pour nous d'autres vérités que des fictions? L'essentiel est qu'elle soit l'expression de la sagesse commune, telle que l'évolution l'a déterminée, sauf à disparaître devant une autre évolution, suivant les lois du perpétuel Devenir. La Religion, à tout prendre, n'est que l'une des expressions de la civilisation. Ses croyances, ses dogmes ont été engendrés, développés, fixés par les aspirations, les besoins, les inclinations de la race ou du groupe dont elle synthétise l'état d'âme et le génie propre. C'est la philosophie des masses. Et cette philosophie en vaut bien une autre, car la foi est un lien entre les consciences, tandis que, jusqu'ici du moins, la Raison spéculative n'a été qu'un ferment de disputes stériles.

VI

Il n'entre point dans notre cadre de dresser un tableau de nos devoirs. Nous nous occupons uniquement des principes. Il nous suffira de répéter que nos devoirs sont de deux sortes suivant leur objet : nos devoirs envers nous-mêmes et nos devoirs envers nos semblables. Au fond, ces deux objets se confondent ; car nous sommes engrenés dans le rouage social de telle façon que notre devoir envers nous-mêmes, qui est d'améliorer notre être par le développement de nos meilleures qualités, doit nécessairement profiter à la société. De même, les services rendus à nos semblables rejaillissent sur nous, comme membres composants du corps social. Les deux objets sont donc solidaires et nos devoirs à cet égard nous sont tracés, non par la réciprocité, qui n'est qu'une conséquence, non par l'utilité mesquinement entendue, mais par l'idéal civilisateur auquel nous participons et qui nous a faits conscients et moraux.

Notre devoir consiste donc à faire tout ce qui est bon, à nous abstenir de tout ce qui est mauvais, tant pour nous-mêmes que pour nos semblables, et à travailler suivant nos forces à notre bien propre et au bien commun sous tous les aspects, dans la sphère des groupes divers où nous vivons.

Ces devoirs sont d'autant plus stricts que ces groupes sont plus resserrés autour de nous et que nous sommes plus maîtres de la matière sur laquelle notre activité s'exerce. Ainsi nous sommes plus étroitement tenus envers nous-mêmes qu'envers la Famille, envers la Famille qu'envers la Patrie, envers la Patrie qu'envers l'Humanité entière. Cependant quand les biens de ces groupes sont en conflit, on admet généralement une gradation inverse. Le bien de l'Humanité doit passer avant celui de la Patrie, celui de la Patrie avant celui de la Famille, celui de la Famille avant notre bien individuel. Cela est vrai, en général. Toutefois, il ne faut pas confondre le Bien, considéré objectivement et en soi avec la rigueur du devoir d'agir. Le bien de l'Humanité est assurément supérieur à mon bien personnel, et je dois préférer celui-là à celui-ci. Mais je suis plus rigoureusement tenu de travailler à mon amélioration, qui est mon but prochain et à ma portée, qu'au bien de l'Humanité pour lequel je suis ordinairement impuissant. Si d'ailleurs chacun s'efforçait à son propre perfectionnement et se conformait à l'idéal moral résultant de la civilisation, le reste irait tout seul ; la société serait parfaite, puisqu'elle profite de la perfection acquise par les individus, et que cette perfection comprend toutes nos facultés, y compris nos facultés altruistes, ou pour mieux dire spécifiques,

Et encore, il y aurait bien des réserves à faire sur cette gradation des biens et leur supériorité respective, du plus général au plus particulier. C'est à la Nature plutôt qu'à nous, à assurer cette hiérarchie. Je ne suis pas tenu à mon détriment, de toutes les abnégations envers ma famille. D'autre part, ma famille m'est à bon droit plus chère que le reste de mes concitoyens, et son bien m'est plus précieux que celui d'étrangers. Quand ce bien entre en conflit avec celui de la Nation, je dois distinguer ; s'il s'agit de bien matériel, rien ne m'oblige à sacrifier la fortune familiale au bien-être social ; s'il y va de la grandeur nationale, tout, au contraire, doit fléchir devant un tel objet ; et cependant encore il est un bien que je ne saurais lui immoler : c'est mon honneur et ma dignité d'homme. Mon sang appartient à la Patrie, même pour une cause injuste (dont au surplus, je n'ai pas, moi particulier, à m'instituer le juge), et dût l'Humanité en souffrir... Et si l'on me demande sur quoi reposent ces distinctions, je dirai que c'est uniquement sur le sentiment général plus fort que tout raisonnement. Ce sentiment, comme dirait Pascal, « a des raisons que la Raison ne connait pas ».

Quant au Bien général de l'Humanité, le meilleur moyen de le servir est encore de remplir exactement nos devoirs autour de nous, dans les cercles restreints où ils sont appelés à s'exercer. Le Cosmopolitisme, envisagé comme rapport de l'individu à l'espèce entière, est une erreur néfaste qui tend à désagréger le lien social par trop d'étendue. C'est une des formes de l'Individualisme. Autant vaudrait dire que la branche de l'arbre aura la prétention légitime de se rallier directement à la forêt, sans tenir compte du tronc. Le Bien de l'Humanité doit être la résultante du Bien de ses divers organes et non un but à poursuivre par voie directe et de propos concerté. Tout au plus il convient à quelques apôtres inspirés, à quelques génies universels de s'en préoccuper. Et encore ne peuvent-ils que semer autour d'eux des germes qu'il appartient à l'Évolution seule de développer et faut-il se garder de prendre des chimères pour des réalités.

.*.

Parmi nos devoirs, il en est qui ne relèvent que de notre conscience, et d'autres dont l'autorité sociale s'est emparée pour les imposer d'une manière positive, avec sanction pénale. Mais ce n'est pas la sanction qui fait le devoir. Il résulte de notre nature d'êtres conscients et moraux et non du décret de l'autorité. Au fur et à mesure que notre conscience s'éclaire et que notre intelligence s'élargit, nos devoirs croissent, s'étendent et s'élèvent.

Je dirai plus. La notion du mérite ou du démérite individuel est une considération secondaire en morale et ne touche point à sa véritable essence. On rattache généralement à l'idée de mérite ou de vertu, celle de l'effort et de la difficulté vaincue. L'homme vertueux et méritant est celui qui peine pour faire son devoir; et le mérite est plus ou moins grand suivant les difficultés de l'acte. Ainsi, dit-on, celui qui est porté à faire son devoir sans tiraillements, par une pente naturelle au bien, est moins vertueux et moins méritant que celui qui, luttant contre des penchants pervers, finit par les vaincre.

D'accord. Mais c'est là un point de vue spécial. C'est particulièrement le point de vue religieux individuel. Le but pratique de la morale n'est point de peser au juste poids les actes de chaque individu. Autre est son principe et autre surtout sa fin dernière. Certes, l'homme qui parvient à dompter une nature vicieuse est digne des plus grands éloges. Il a droit à notre estime et il faudrait le récompenser par les honneurs les plus enviables : car il donne un exemple éminemment utile et salutaire. Il vaudrait néanmoins beaucoup mieux pour lui et pour les autres que la lutte lui fût épargnée. Il y aurait moins de souffrance pour lui-même et moins de péril pour la communauté. L'important, en effet, est la fin; et cette fin est mieux assurée quand on y tend naturellement et sans effort, que quand il faut traverser une foule d'obstacles pour y arriver. J'aurai certainement plus de mérite à me tenir exactement au courant de la succession des heures, avec une montre marchant à coups de pouce, qu'avec un chronomètre bien réglé; cependant, à tous égards, le chronomètre est préférable. Et le sentiment public ne s'y trompe pas. On se contraint d'admirer l'homme qui combat ses vices et en triomphe, mais il reste toujours une arrière-pensée de défiance, tandis que la sympathie universelle va d'instinct à l'homme naturellement bon et droit.

Tout l'effort de ceux qui ont la direction de la société doit se porter sur l'éducation de l'enfance et de la jeunesse, afin de former des êtres sains et bien équilibrés. Tous les éducateurs de peuples, prophètes et législateurs, l'ont bien compris. Celui qui tient l'école tient l'homme tout entier. L'école doit avant tout et surtout être conservatrice. Elle ne doit enseigner que des doctrines éprouvées et consacrées par le temps. C'est le classicisme en fait de morale. Sans doute, le travail de l'évolution se fait sentir là comme partout. L'idéal commun change et se modifie peu à peu. Cependant l'école, tout en adoptant les résultats définitivement acquis, doit se garder comme du feu des théories novatrices et téméraires. Libre à l'homme fait, quand il sera en possession de la plénitude de ses facultés, de discuter ses idées et de collaborer ainsi au développement incessant de la civilisation. L'enfance, en attendant, doit être dressée d'autorité suivant un idéal moyen. L'heure ne viendra que trop tôt pour elle de secouer un joug importun, mais bienfaisant. Les doctrines communes, les superstitions mêmes contiennent toujours, d'ailleurs, un fond de sagesse et de vérité. On peut les qualifier de préjugés; elles n'en sont pas moins le résidu d'un travail plusieurs fois séculaire des hommes et de la nature. Jamais rien de stable n'est sorti d'une révolution d'idées brusque et radicale. La doctrine nouvelle doit s'insinuer et gagner peu à peu pour modifier l'idéal social, de la même manière que se modifie notre corps, en échangeant une à une ses molécules contre des nouvelles. Un système novateur (et j'entends le meilleur) n'est jamais qu'un minerai brut dans lequel il y a un centième de métal pur contre quatre-vingt-dix-neuf parties de rebuts et de scories. Nul homme, fût-ce le plus grand génie, fût-ce *un Dieu*, n'a jamais eu le pouvoir de fonder d'emblée un système intégral. Il sème la graine, il l'arrose au besoin de son sang; c'est au temps à la faire pousser.

Il appartient à l'évolution seule de démêler ce qu'il y a d'utile et de fécond dans tout système nouveau, de le séparer du faux, de fournir les aliments nécessaires à son entier développement. Le Christianisme qui a révolutionné le monde romain et occidental a mis cinq siècles à constituer sa doctrine et plus de huit cent ans à acquérir sa forme et son organisation complètes. Qu'est-il resté alors de l'idée première de son fondateur et quelles transformations cette idée n'a-t-elle pas subies ?

.˙.

Il est surtout dans la vie de l'individu un passage dangereux plus encore peut-être au moral qu'au physique. C'est l'adolescence, véritable époque critique.

La caractéristique de l'enfance est la réceptivité, la foi simpliste et dogmatique. Le jeune homme est encore sous l'empire de cette disposition native. Pour lui, la période du doute, ou tout au moins de la discussion et du contrôle personnel n'est pas encore venue. Cependant, du rôle passif, il commence à passer au rôle actif. Avec la chaleur du sang, qui fermente dans ses veines, il se porte violemment vers les affirmations téméraires. Il s'éprend avec ardeur des systèmes tout d'une pièce. C'est sa machine logique qui fonctionne, sans que les matériaux soient encore digérés. Une fois lancé, il marche, sans prendre garde aux bifurcations de la route. Le moment est solennel. C'est l'heure de tous les enthousiasmes bons ou mauvais. Un rien suffit pour que sa foi le fasse verser dans le crime ou l'élève à l'héroïsme. Tenez-le donc en respect, et ne lui servez que des aperçus solides et modérés. Heureusement, au surplus, ce beau feu ne dure guère. Les douches de l'expérience ont tôt fait de l'amortir. Et alors, si le sujet est bien doué, s'il a l'intelligence large et pénétrante, il prend insensiblement au contact de la vie, le sentiment, puis la connaissance de l'infinie complexité des choses. Il en note les aspects multiples et fuyants, et sans rien perdre du bénéfice de l'éducation première, qui l'a sévèrement dressé au bien, il atteint à ce que nous pouvons appeler la *haute conscience*.

Je voudrais pouvoir esquisser un léger portrait de l'homme de haute conscience, tel qu'il émerge de l'évolution de l'esprit humain à l'heure présente.

L'homme de haute conscience n'est pas le dilettante sceptique, jouisseur et indifférent à l'action. Il a sa foi robuste et vaillante, quoique défiante d'elle-même ; mais il la place au-dessus des systèmes exclusifs et intolérants. Il enveloppe d'une égale pitié ceux qui croient comme des simples et ceux qui nient comme des lourdauds. Il dédaigne les énergumènes de tous les partis, tout en les absolvant : car il sait que par eux le monde marche. Il embrasse d'un vaste et lumineux regard les agitations des hommes et l'écoulement universel : il ne s'en désintéresse pas. De son être, il fait deux parts : l'une qui plane, l'autre qui agit.

Par la première il s'élève au-dessus des compétitions intéressées, et des préjugés même sincères, nés des besoins du combat pour l'existence. Il s'attache à s'identifier avec la pensée intime qui préside aux développements de l'Univers. Ecartant tout parti-pris d'éducation et de milieu, il s'efforce de s'initier aux mystères des choses. Pour lui, les êtres, leur nature, leurs conditions, leurs penchants, leurs actes, leurs croyances, leurs institutions, leurs états d'âme, sont de calmes sujets d'étude, de curieux phénomènes dont il essaye de démêler les lois en elles-mêmes et les rapports avec l'ensemble. De là une conception sereine, impartiale, dans laquelle il se repose, sans prétendre l'affirmer comme un dogme, ni l'imposer à personne. Du haut de ces sommets, il constate un ordre inaltérable et transcendant, dominant les tumultes inférieurs. Il n'est ni pessimiste, ni optimiste, il est quiétiste.

Cependant, par la seconde partie de son être, il reste dans l'arène, remplissant exactement ses obligations d'homme civilisé telles que l'opinion commune les a tracées et prescrites. Il sera bon fils, bon frère, bon époux, bon père, ami sincère, secourable à ses semblables, citoyen juste et digne, soumis aux lois, fier de ses droits, fidèle à ses devoirs. Il aura le culte du sol natal, il aimera ardemment sa patrie et sera toujours prêt à s'immoler pour sa défense et sa grandeur. Respectueux de l'idéal de sa race, il continuera même, au besoin, pour l'exemple, à se soumettre extérieurement aux rites de la religion dans laquelle il a été élevé ; car la religion, toute fictive qu'elle est, représente une force de cohésion dont, sous une forme ou sous une autre, aucune société, pour être bien réglée, ne pourra sans doute jamais se passer. Elle répond à un besoin impérieux de la mentalité humaine pour laquelle rien n'est imposant ni efficace que ce qui revêt une forme sacramentelle. En un mot, « il est homme et rien de ce qui est de l'homme ne lui demeure étranger ». Quoique convaincu dans l'arrière-fond de sa pensée, de la radicale inanité des choses finies, il se considérera, vaille que vaille, comme engagé dans leur enchaînement et astreint à y tenir sa place. Il aura son avis personnel sur tout ce qui se débat dans la société. Il le défendra énergiquement et combattra avec ardeur ce qu'il jugera dangereux et nuisible aux intérêts communs; car si, en tout, le dernier mot reste à la Nature, encore faut-il que les hommes s'agitent pour provoquer son verdict. Mais il n'apportera, dans la lutte, ni aigreur ni passion hostile. De son rôle contemplatif, il retiendra, dans l'appréciation des conflits humains, une sérénité de jugement qui le gardera du mépris et de la haine, comme des enthousiasmes intempestifs.

En somme, la société, œuvre de forces spontanées, et non de calculs réfléchis, n'est ni exclusivement bonne, ni foncièrement mauvaise. Dans tous les cas, elle est ce qu'elle peut être; elle roule et vraisemblablement roulera toujours sur une moyenne où, en définitive, le bien balance et surpasse le mal. Quoi qu'en disent les pessimistes, le bien y est visiblement en progrès constant; et, sauf les péripéties inévitables à travers lesquelles les peuples et les races, après s'être élevés, s'abaissent et s'éclipsent (car telle est la loi de nature et la destinée de tous les êtres) le niveau moral de l'Humanité monte et s'épure... Jusqu'à l'heure inévitable où notre espèce elle-même déclinera et s'éteindra, pour faire place à d'autres manifestations de la Vie Universelle.

Section V

QUESTIONS SOCIALES

Socialisme et Démocratie.

LES NATIONALITÉS ET LA GUERRE

La Morale est donc la règle de l'amélioration de l'homme soustrait à l'état brut et amené à l'état de civilisation. Elle préside à son évolution individuelle et sociale, puisque les facultés de l'homme sont à la fois personnelles et spécifiques. La civilisation d'ailleurs est un fait collectif. Néanmoins la morale n'est pas le seul lien qui relie les hommes entre eux, car elle est dépourvue d'une sanction extérieure efficace. Elle s'étend ou tend à s'étendre à l'Humanité entière, individus ou groupes, au fur et à mesure des progrès de la culture civilisatrice ; mais elle ne comporte qu'une sanction intrinsèque, consistant dans la diminution et la dégradation de quiconque manque à ses préceptes. Cette sanction est ce que l'on a appelé *la Justice immanente*.

Il est d'autres nœuds qui resserrent les groupes sociaux. Moins étendus et plus stricts que ceux résultant de la morale générale, ils sont garantis par une puissance effective : ce sont ceux qui forment les groupements divers dans lesquels les individus sont engagés. Ils ne prennent point l'homme tout entier, mais ils le tiennent fortement et ne lui laissent pas la liberté de se dégager de leur étreinte.

Le seul groupement qu'il nous importe ici de considérer est celui qui constitue les nations et les peuples.

Une nation n'est point une collection arbitraire d'individus réunis par un contrat d'homme à homme ou de chaque membre à la totalité. C'est un être *sui generis*, se comportant suivant les mêmes lois plastiques que l'être individuel. De même que l'individu se forme autour d'un germe, contenant une force virtuelle intrinsèque de développement alimentée par des matériaux puisés à l'extérieur et subissant jusqu'à un certain point la réaction de ces matériaux et des milieux ; ainsi une nation se constitue autour d'un noyau, s'accroît par sa propre fécondité, ou encore par des immigrations ou des conquêtes sur les peuples voisins, se coordonne suivant son caractère et son tempérament propres, sous l'influence des climats et des conditions d'existence, et finit par former un bloc compact ou plutôt un véritable organisme vivant, dans lequel les relations de citoyen à citoyen, de famille à famille, de citoyen et de famille à l'État, et réciproquement, sont dans le même rapport que la subordination des organes chez l'individu. Et de là résultent les droits et les obligations réciproques de ses membres.

L'analogie va encore plus loin. Les nations comme les individus ont deux principales sortes de fonctions : les fonctions de nutrition et les fonctions de relation.

Les premières consistent d'abord dans le travail de la formation intime et de l'agencement des éléments qui se combinent et se disciplinent pour former un tout homogène et solidaire et s'approprier peu à peu une fin commune. Ce premier travail ressemble à celui de l'embryogénie, de la croissance et de la fixation de la complexion chez l'individu Puis, quand la société est ainsi constituée, se révèlent les fonctions de nutrition proprement dites, comprenant le jeu des activités particulières, qui produisent les ressources nécessaires à l'alimentation et à l'entretien matériel du groupe. C'est l'économie sociale ou politique.

Les fonctions de relation correspondent à ce qui, chez l'individu, est l'objet et le rôle de l'intelligence réfléchie, de la conscience, et de la volonté délibérée. C'est la politique proprement dite.

De ces deux groupes de faits sociaux, les premiers sont toujours spontanés. Ils se produisent inconsciemment, tout au moins à l'origine. J'entends inconsciemment par rapport à toute vue générale, directrice de l'ensemble. Et quand la conscience sociale s'éveille, elle peut bien en étudier les lois, discerner les causes qui les ont fait se développer dans un sens plutôt que dans l'autre ; et, ces causes et ces lois une fois connues, les aider ou les corriger dans leur application, à la manière de l'hygiéniste et du médecin ; mais, de même que l'individu s'exposerait à ruiner sa santé s'il tentait de parti pris de modifier sa complexion et son tempérament, de même un gouvernement courrait le risque de fausser les rouages de la société, s'il prétendait les réformer et surtout les instaurer à nouveau d'après des principes abstraits.

Quant à la politique, elle a commencé également par être spontanée et irréfléchie, comme les actes des premiers hommes à peine sortis de l'état de nature. Les groupes humains existaient déjà quand l'homme naquit à la conscience, et les rapports étaient liés depuis longtemps d'une manière instinctive entre les membres de ces groupes. Toutefois, l'œuvre de la conscience est ici relativement claire et facile. Les faits ressortissant à la politique sont plus aisément saisissables et maniables que ceux qui se rapportent à la constitution intime de la société. Il y a entre eux la même différence qu'entre les actes en quelque sorte extérieurs de l'individu et ce qui se passe au fond de son être. L'homme boit, mange, choisit sa nourriture; il se meut, entretient des rapports avec ses semblables; il éprouve des sensations, élabore des pensées, se détermine ou croit se déterminer selon son libre arbitre. Ces actes, pour ainsi dire sommaires, sont les premiers à frapper ses regards et de bonne heure il a pu, dans une certaine mesure, les régler et les diriger. D'autre part, il a longtemps ignoré comment se comporte, dans l'intérieur de son corps, les aliments qu'il y a introduits, le mode interne de sa nutrition, le jeu de ses organes, les mouvements réflexes qui s'engendrent et se répercutent dans son système nerveux, le processus de sa pensée et de sa volonté. Aujourd'hui encore il les soupçonne à peine, et il ne connaîtra probablement jamais ses derniers dessous. Il en est de même du groupe social. Il a, comme l'individu, sa nature et sa constitution particulières, qui ne sont pas un effet d'une volonté directrice. Il est néanmoins maître, jusqu'à un certain point, de ses actes sommaires et externes. Il lui appartient, représenté par son gouvernement, qui est sa conscience, de se conduire avec prudence et sagesse au milieu des événements qui servent de cadre à l'activité sociale, de fournir à cette activité des aliments et des moyens; d'en assurer le fonctionnement régulier, et de maintenir l'ordre tel que l'œuvre supérieure de l'évolution l'a produit. C'est tout. S'il veut aller plus loin, il s'expose à contrarier le plan de la Nature, qui seule possède les secrets de la vie et de la fécondité. Tout ce qu'il peut se permettre, c'est de faire des essais timides, de se remuer, d'offrir ainsi des matériaux au travail de la sélection. Ceci est même la condition du progrès. En attendant, le résultat en est encore inconscient ; car la force des choses que nulle intelligence ne peut atteindre, prononce seule en dernier ressort, en éliminant ce qui est nuisible et faisant vivre ce qui est utile et viable.

La conscience de la société, en effet, comme la conscience de l'individu, est loin d'être adéquate au travail profond de vitalité qui s'opère au dessous d'elle. Elle ignore les sources obscures d'où jaillit et par lesquelles s'entretient la vie. Elle gouverne comme elle peut, bien ou mal, le plus souvent empiriquement. Le plus sage pour un gouvernement est peut-être encore de gouverner le moins possible, et tout en faisant respecter l'ordre, de laisser libre carrière à l'initiative individuelle, fécondée par les causes multiples qui la font agir sous le contrôle des lois naturelles.

La volonté n'est donc pour rien dans la constitution intime de la société. A moins que l'on n'entende la volonté comme Schopenhauer et Hartmann, c'est-à-dire cette force organisatrice et vivifiante, inconsciente d'elle-même, poussée latente qui finit par arriver à la conscience chez les êtres supérieurs. Seulement cette conscience est un résultat dernier et non un principe actif. Elle peut contrôler, critiquer, pondérer et non créer. Elle peut même essayer de réagir contre les abus sociaux. Ainsi fait le chirurgien qui tente de redresser un bossu ou de rectifier la jambe d'un boiteux. Mais qu'il prenne garde de ne pas lui rompre l'échine ou désarticuler le genou.

Les véritables attributions de la conscience et de la volonté sociales, c'est-à-dire du gouvernement, sont de présider aux fonctions de relation. Elles consistent à fournir à l'activité commune les moyens généraux propres à lui faciliter sa tâche (enseignement et instruction, institutions et travaux d'utilité publique), à régler les rapports des membres de la société, tels que l'évolution les a engendrés et fixés (lois et justice), et surtout à représenter le groupe social dans ses rapports avec les groupes voisins et rivaux (politique proprement dite).

Si c'est là toutefois le rôle de la conscience commune, il est bien entendu qu'il ne peut s'agir que d'une conscience éclairée et compétente. Le cerveau seul doit commander. La direction de l'ensemble incombe à la tête et non aux membres inférieurs.

C'est à la lumière de ces principes que nous allons examiner les deux grands faits tendantiels de l'évolution politique moderne : Socialisme et Démocratie, et tâcher de démêler si ce sont là de véritables progrès ou seulement des crises maladives passagères, que la société doit surmonter, pour revenir à son équilibre normal.

§ 1ᵉʳ

Socialisme.

I

Le Socialisme procède de cette idée que la société peut être remaniée radicalement de fond en comble d'après des plans prétendus rationnels et par la volonté des gouvernants.

De tous temps cette erreur a hanté l'esprit des rêveurs, des philosophes et même de certains hommes d'État. Il faudrait un volume rien que pour énumérer les systèmes de reconstitution sociale enfantés par des imaginations naïves ou savantes, depuis Platon, jusqu'à Fourier et Proudhon.

Malheureusement pour leurs visées, ces utopistes ressemblent à ces enfants, qui, au lieu de semer des graines et d'attendre qu'elles poussent, piquent des fleurs tout écloses dans leur jardinet, et vont voir le lendemain si leur plantation s'est développée. Hélas! tout est flétri. La nature n'a point été complice de ce jeu puéril.

Il existe de nos jours deux écoles principales qui se sont donné pour mission de réformer la société. Bien que leurs adeptes se prêtent mutuellement la main dans leurs luttes contre l'état actuel des choses, ces deux écoles n'en sont pas moins l'absolu contrepied l'une de l'autre. Je veux parler de l'Anarchisme et du Collectivisme. L'un tend à la suppression complète de toute réglementation, pour donner carrière entièrement libre aux initiatives individuelles. L'autre, au contraire, veut tout réglementer et systématiser, annihilant ainsi toute spontanéité de la part de l'individu. Voyons d'abord l'Anarchisme.

II

Par Anarchistes, je n'entends point précisément ces révoltés qui jettent des bombes et jouent du poignard ou du revolver. Ce sont là de malheureux fous ou d'infâmes criminels. Je recherche quel peut être le système. Comme l'étymologie l'indique, Anarchisme signifie absence de toute autorité et de tout pouvoir constitué. Et c'est bien ainsi que l'entend M. Sébastien Faure, le théoricien de l'école.

Dans un livre intitulé : *La Douleur universelle*, M. Sébastien Faure pose ainsi le problème à résoudre par l'Anarchisme :

« *Instaurer* un milieu social qui assure à chaque individu toute la somme de bonheur adéquate, à toute époque, au développement progressif de l'Humanité. »

Instaurer ? Qu'est-ce à dire ? Qui instaurera ? Et par quelle voie instaurera-t-on ? Si c'est d'autorité, ce n'est plus de l'Anarchisme ; c'est du pur socialisme et du plus radical. Le premier mot de ce système est donc en contradition avec le reste. Pour être logique, on n'a pas à instaurer, mais à supprimer et à laisser faire.

Et puis, où prend-on, dans ce système, le *développement progressif* de l'Humanité ? Le développement actuel est dû précisément à l'organisation sociale. Otez cette organisation et il est clair que le progrès non seulement ne s'accentuera pas, mais disparaîtra bientôt complètement pour nous ramener à l'état de pure nature d'où cette organisation seule nous a fait sortir.

En effet, à défaut de l'organisation qui rend les rouages sociaux dépendants les uns des autres, qui donc prendra soin d'abord de l'éducation publique nécessaire au progrès de la civilisation ? Qui construira, entretiendra et administrera ces œuvres et ces institutions d'utilité générale permettant à l'initiative privée de se développer et de donner ses fruits : les routes, les canaux, les chemins de fer, les usines ? Tout cela demande des efforts réunis et subordonnés. Il est trop naïf de s'imaginer que ces travaux s'exécuteront sans plan préconçu, par le concours fortuit des bonnes volontés se rencontrant inopinément pour le même but. Cependant, tout cet outillage est nécessaire pour accumuler cette abondance de ressources, dont M. Sébastien Faure fait un si magnifique tableau et qu'il attribue à la nature. A la nature? C'est en vérité leur faire bien de l'honneur. Elle produit des fruits sauvages : des glands dans les bois, des chardons et du chiendent dans les plaines ; elle ne fait pas du pain, des vêtements, des chaussures, des outils, des logements, des objets manufacturés. Elle ne donnerait même pas de blé comestible, si on ne prenait la peine de le semer, après avoir cultivé et préparé la terre, à grand renfort de capitaux, d'instruments perfectionnés et de pénible main-d'œuvre.

Dans le système anarchiste, chacun doit faire ce qui lui plaît, et n'a pour règle que sa fantaisie. Et tout le monde doit se trouver heureux. Pour se fournir de tout ce qui est nécessaire à la vie, chacun n'aura qu'à aller prendre au *Tas*... Quel tas? Je vois bien que, aujourd'hui, il y a du pain chez le boulanger, de la viande chez le boucher, des vêtements chez le tailleur ; mais il n'y en aura plus demain s'il est permis de piller les magasins sans payer. Qui donc l'entretiendra, ce tas? Ce n'est pas pour son plaisir que le savetier ressemelle de vieilles bottes, que le mineur s'enfouit à cinq cents pieds sous terre pour extraire le charbon, que des ouvriers s'empoisonnent à soufrer des allumettes. Et les fainéants qui ne peuvent se décider à travailler même poussés par la faim, que porteront-ils au tas? Et puis, quelle idée pouvons-nous faire de ce fameux tas? L'ingénieur y enverra-t-il une locomotive, un vaisseau, un pont, un réseau télégraphique, un câble sous-marin; l'architecte une maison, un édifice public? Ira-t-on aussi prendre au tas l'instruction et la science? Le plus clair, c'est que chacun travaillera pour soi, fera lui-même son chapeau, ses souliers, sa culotte comme Robinson... si toutefois il sait où se procurer du cuir et de l'étoffe, objets qui demandent déjà une série de préparations résultant d'efforts combinés et disciplinés. Et quels produits! et au prix de quelles pertes de temps! Quand on songe qu'il ne faut pas moins d'une centaine de mains exercées pour confectionner adroitement une simple aiguille à coudre et qu'on en a une demi-douzaine pour un sou! Nous sommes ainsi ramenés au système enfantin de Tolstoï, c'est-à-dire à l'état de pure nature où, sous prétexte de n'être l'esclave de personne (puisque la société n'est faite que de servitudes réciproques), nous retournerons à la condition de nos premiers ancêtres, les anthropoïdes des forêts. Je dis des forêts et non des cavernes, car les hommes des cavernes formaient déjà des groupes hiérarchiquement organisés.

Quand on aura supprimé l'exploitation sociale qui fait que l'ouvrier travaille, non pour lui, mais pour les riches et les puissants, on ne verra plus, dit-on, de paresseux ; quand la propriété sera abolie, il n'y aura plus de voleurs ; quand le mariage n'existera plus, on ne prendra pas la femme d'autrui... (sans doute!) Quand chacun n'aura plus à répondre de ses actes envers une autorité répressive, les menteurs, les hypocrites, les faussaires, les criminels de toute sorte seront inconnus, car c'est la réglementation qui crée les vices, les délits et les crimes... Hélas! les qualificatifs pourront changer, non les faits. Croyez-vous donc que les cerveaux humains vont être modifiés, et que la Nature, pour donner raison à vos utopies, va bouleverser son économie? Celui qui est né avec la bosse du meurtre et un pouce démesuré saura-t-il de lui-même mettre un frein à son humeur sanguinaire? L'homme doué d'appétits insatiables, d'organes puissants que rien ne saurait assouvir, s'abstiendra-t-il d'empiéter sur la part du voisin? Le faible ne sera-t-il pas d'autant plus aisément écrasé par le fort, qu'il n'y aura plus de lois pour le protéger? L'éducation a déjà bien de la peine à atténuer les penchants mauvais, que sera-ce quand il n'y aura plus d'éducation possible, dans un milieu absolument incohérent?

Mais c'est faire trop d'honneur à de telles niaiseries que de s'arrêter plus longtemps à les discuter. Elles feraient sourire, si de pauvres détraqués ne s'autorisaient de ces rêves décevants pour semer autour d'eux l'horreur et le carnage.

III

M. Sébastien Faure a pourtant raison contre le Collectivisme, lorsqu'il accuse ce système de tuer la libre fantaisie et l'initiative du génie individuel, véritables sources du progrès et du bonheur.

Le Collectivisme, en effet, tend à donner à l'autorité centrale une puissance exorbitante, exclusive de toute spontanéité particulière. Il consiste à mettre tout en régie et à gérer en commun toutes les ressources sociales, en assignant à chacun sa tâche et la répartition équitable qui lui revient dans les produits. En théorie, il se confond avec le Communisme.

Le groupe social, dans ce système, ressemblerait à un essaim d'abeilles ou à une colonie de fourmis. Et l'on se demande en effet si, étant donné que des êtres inférieurs, dépourvus d'intelligence et guidés par leur seul instinct, ont su constituer des sociétés aussi parfaites, les hommes doués de raison ne pourraient pas, avec un peu de sagesse et de bonne volonté, arriver à un résultat semblable et même meilleur encore.

Mais il faut remarquer que la civilisation a passé par cette étape et ne s'y est point arrêtée. L'essaim d'abeilles n'est, en réalité, qu'une famille; et il en est de même, quoique d'une façon un peu plus étendue, de la fourmilière. Ces groupes représentent ce que, dans l'ordre historique, a été l'état patriarcal pour le genre humain. Il y a même encore chez eux des esclaves, des serfs, des eunuques artificiels, à côté des maitres qui ne font que jouir. Un tel état ne comporte pas les progrès, dans l'extension vitale, qu'a atteints la civilisation. Il n'est donc pas étonnant que, entraînée par une force irrésistible, l'Humanité ait passé outre.

En passant outre, a-t-elle mieux fait? Cette question est plus haute et plus profonde que ne l'imaginent les simples. Il ne s'agit de rien moins que de rechercher et de savoir quel est le but et quelle est la fin de la Vie. Si la fin de la Vie est individuelle et consiste dans le bonheur et la satisfaction des besoins matériels de chaque individu, je comprends que l'on se préoccupe par dessus tout d'assigner à chacun sa part de bonheur et de jouissance. Et encore, il faudrait voir si ce résultat serait plus sûrement obtenu par des mesures générales, prétendues rationnelles, qu'en laissant l'évolution suivre son libre cours. Mais, pour quiconque observe et réfléchit, la fin de la Vie est collective plutôt qu'individuelle. La Nature n'a malheureusement souci de l'individu qu'au point de vue de la prolongation et de la multiplication de la race et de l'espèce. Que l'individu s'arrange pour être heureux et satisfait, c'est son affaire. La Nature a d'autres visées.

Quel système favorise le mieux le plan de la Nature, c'est-à-dire l'expansion vitale elle-même? Voilà la question. Et nous allons voir que le Collectivisme est l'ennemi de la collectivité, tandis que la spontanéité individuelle est le meilleur agent de l'extension spécifique.

.

L'expansion vitale ne s'opère que par l'accroissement des subsides nécessaires à la vie.

Or, ces subsides ne peuvent s'accroître, ni même s'entretenir, qu'au moyen des réserves prélevées sur la consommation et qui constituent peu à peu le capital, fonds de roulement et semence nécessaire pour créer d'autres subsides ou les renouveler. Sans ce capital, qui sert à mettre en valeur de nouvelles sources de production, il n'y aurait pas de progrès possible; les efforts antérieurs mêmes seraient perdus.

Le capital a besoin de la main-d'œuvre, pour fructifier. Sans le capital néanmoins, pas de main-d'œuvre possible, si ce n'est celle de cueillir des glands sur les chênes, ou de déterrer des racines comestibles.

Les invectives que nous entendons de nos jours contre le capital, ne s'adressent donc pas au capital lui-même, ce qui serait une insanité; mais à ceux qui le détiennent.

Or, à qui appartient le capital, et qui le détient légitimement? Il appartient évidemment à celui qui l'a créé et sans lequel il n'existerait pas. Qui l'a créé? C'est l'initiative privée, c'est l'effort des industrieux, c'est la prévoyance des économes. Un jour, au milieu d'un groupe d'êtres encore bruts, un individu plus sagace que les autres, s'est avisé de défricher un coin de terre et d'y semer quelques graines choisies, qu'il s'était abstenu de consommer. Sur sa récolte, il a fait, en se privant, un prélèvement qui lui a servi à ensemencer un autre champ. Sa moisson s'est accrue et a dépassé ses besoins personnels et ceux de sa famille. Il s'est adjoint des auxiliaires auxquels il a fait part, pour obtenir leurs services, de ses ressources improvisées et il a encore augmenté son domaine. En les faisant participer à ses produits, il ne leur a pas tout distribué. Il leur a même distribué le moins possible. Autrement, vu l'imprévoyance de ces auxiliaires subalternes, tout eût été consommé immédiatement; le capital eût été anéanti et le progrès arrêté net. Et qui en eût pâti? Ces auxiliaires eux-mêmes qui eussent été forcés de retourner à leurs fruits sauvages.

La question du Capital et du prolétariat eût pu se poser ainsi dès la première heure :

Les prolétaires : Pourquoi gardez-vous pour vous la plus grosse part des produits? Avez-vous donc plus d'appétit que nous?

Le propriétaire : Je la garde, c'est vrai, mais je ne la mange pas. Elle va me servir à augmenter l'exploitation. Il y a deux ans, j'étais seul sur ce coin de champ qui eût pu servir tout au plus à nourrir quelques taupes et quelques mulots. L'année dernière, avec ce que j'ai fait produire à ce champ, j'ai pris l'un de vous et je l'ai entretenu et nourri pour prix de sa collaboration. Cette année nous sommes cinq. L'année prochaine nous serons dix. Que d'autres fassent comme moi et dans quelques années nous serons une peuplade puissante, vivant abondamment sur un canton où, il y a peu de temps, deux hommes pouvaient à peine se disputer la cueillette de quelques fruits sans saveur et sans substance nutritive.

Les prolétaires : Et de quel droit prétendez-vous que ce domaine soit vôtre ?

Le propriétaire : Parce que c'est moi qui l'ai créé. Avant moi, il n'y avait ici qu'une jachère infertile, n'ayant guère plus de valeur que l'eau qui coule à la rivière. Sa vraie valeur est artificielle. C'est moi qui la lui ai donnée; et si je l'abandonne il va retourner en jachère, sans profit pour personne.

Les prolétaires : Nous pouvons le cultiver sans vous.

Le propriétaire : Alors, vous serez des détrousseurs, qui vous appropriez le fruit de l'initiative et de l'industrie d'autrui. Et cela ne vous profitera pas, car je vous connais; outre que vous allez vous battre alentour, vous mangerez tout d'une seule bouchée, après quoi il ne restera rien. Vous serez aussi dénués qu'auparavant.

Tel est le fait générateur du capital. Étendez-le dans tous les sens, selon toutes les séries d'efforts que comporte l'industrie de la civilisation : les données fondamentales seront toujours les mêmes. Le capital est le produit épargné et accumulé du travail d'une initiative privée. Il appartient de fait et de droit à celui qui a réalisé cette épargne, et qui seul généralement est capable de la faire fructifier.

Quand le pouvoir central se constitue autour de ces foyers

d'activité, qu'il n'a pas créés, qui sont antérieurs à lui, il a le devoir de les protéger, d'assurer le jeu régulier des relations qui en sont issues, de les aider par des dispositions générales utiles pour tous. Il n'a pas le droit de s'ingérer dans leur fonctionnement interne. La politique ne doit jamais intervenir dans les questions économiques privées, si ce n'est pour consolider et consacrer par des lois ce que l'évolution a ébauché et fixé.

※

Mais s'il intervient violemment, comme le veulent les socialistes, qu'arrivera-t-il ?

La ruine... et, en attendant, l'arrêt immédiat de tout progrès.

S'il est, en effet, une vérité bien démontrée par la pratique et l'expérience, c'est que toute régie sociale est radicalement impuissante à réaliser aucun développement progressif. Elle peut, à la rigueur, gérer sagement et conserver tant bien que mal, et plutôt mal que bien, la chose publique ; elle ne sait ni ne saura jamais l'améliorer ni l'augmenter. La raison en est bien simple, c'est que la régie sociale doit administrer en bon père de famille. Toute conception vaste et hasardeuse lui est interdite. D'autre part, elle ne doit pas faire d'épargnes ni d'économies. Son devoir est de prélever le capital *strictement nécessaire* à la reproduction, et de distribuer tout le reste, *le plus possible*, aux membres de la communauté. Ce capital ainsi restreint à son minimum (afin de donner satisfaction à tous les consommateurs), l'État ne saurait l'engager dans une opération aléatoire, à gros bénéfices, mais à risques périlleux, sous peine de s'exposer à plonger la société dans la noire détresse.

L'application de ce système exigerait une communauté réduite à un nombre déterminé de membres, possédant un domaine productif suffisant pour assurer la subsistance régulière de tous. Les prescriptions de Malthus sur la *restreinte morale* devraient être religieusement observées, car l'accroissement de la population deviendrait un mal. Cet accroissement, en effet, n'est une force qu'au point de vue de la lutte et de la prépondérance des races. Autrement, il ne fait que rogner les parts. Et du moment qu'il y a assez de monde pour l'exploitation du bien commun, un plus grand nombre d'associés ne sauraient être que des bouches inutiles et un encombrement nuisible.

Mais une telle société se verrait bientôt débordée et submergée par l'envahissement des populations voisines plus prolifiques. Et, quant à espérer qu'une entente internationale fixera chaque groupe humain dans ses limites, de manière à ce que les uns n'empiètent pas sur les autres, n'y comptez pas. Autant vaudrait essayer de « mettre un frein à la fureur des flots » et d'arrêter la marche du Gulf-Stream à travers l'océan.

.˙.

On comprendrait à la rigueur le Collectivisme, c'est-à-dire la socialisation, réglée par l'État, du capital et du travail, s'il ne s'agissait que de produire et de répartir les objets de première nécessité. Mais avec ce système, que va devenir la civilisation? La civilisation ne vit pas seulement de pain. Elle ne se contente pas de l'existence purement matérielle. Il lui faut le luxe, qui affine les intelligences, les loisirs qui permettent les progrès de la pensée, et par là même, les progrès matériels. Or, du luxe et de l'idéal supérieur il n'y en a pas pour tout le monde. Ce sont là des objets, *impartageables en nature*, dont tous jouissent par reflet, mais qui, sous peine de s'évanouir, sont nécessairement centralisés entre quelques mains privilégiées. Ferez-vous donc des artistes, des poètes, des savants, des philosophes, par décret assignant ces fonctions à tels ou tels individus tandis que d'autres resteront contraints à balayer les rues ou à vider les fosses d'aisances? Les travaux de la pensée exigent une liberté et une fantaisie qui ne sauraient être astreintes à l'obligation pour chacun de fournir sa tâche quotidienne utile, dans l'œuvre commune. Beaucoup échouent, quelques-uns réussissent. Mettrez-vous sur le même pied le fruit sec et l'homme de talent? Une œuvre magistrale nécessite parfois des années de méditations, de recherches, et même de rêveries, pendant lesquelles le poète, le savant, l'artiste vont passer pour des fainéants. Et ce sont eux pourtant qui feront la gloire de tout un siècle, l'illustration de tout un peuple. Croyez-vous qu'en les assujétissant à une fonction journalière, vous n'allez pas tuer l'œuf dans son germe, éteindre, faute de souffle, la flamme du génie?

Vous me direz que souvent l'homme de génie meurt de faim. C'est possible. Malheureusement, en attendant que son œuvre se produise, on ne sait pas ce qu'il a dans l'âme. Ce n'est peut-être qu'un fou, un présomptueux, ou un ambitieux sans talent réel, qui cherche à s'imposer. Vous ne pouvez le payer d'avance. Et si vous le payez, vous risquez d'étouffer le feu qui couve en lui. Laissez-le donc à sa libre inspiration et à sa destinée. C'est un glorieux martyr, mais sans le martyre, il ne serait peut-être pas l'homme de génie.

Le Collectivisme ne saurait donc être une solution que pour la question de ventre. S'il est radical, il ramène tout nécessairement à cette question et il tue du même coup la civilisation avec toutes ses élégances intellectuelles, artistiques et même morales, et par voie de conséquence tout progrès matériel. Car enfin, quand il ne restera plus que des travailleurs manuels, quand toute élite sera abolie, quelle société aurons-nous? A quoi travailleront les ouvriers, s'il n'y a plus de débouchés pour leurs produits? L'égalité, qui est le fond de ce système, n'est possible qu'au degré le plus bas. Et ainsi l'entendent bien les socialistes. Pour s'attirer leur animadversion, il n'est pas nécessaire de posséder des capitaux. Il suffit d'avoir une éducation supérieure et de porter un habit, même râpé, au lieu d'une blouse. N'eussiez-vous pas le sou, si vous accusez une culture mentale un peu relevée, vous êtes aussitôt classé bourgeois et bon à faire sauter à la dynamite.

Si le collectivisme n'est que partiel, il ne remédie à rien, puisque, dans ce cas, il y aura toujours des classes bourgeoises et aristocratiques, qui s'élèveront au-dessus des simples travailleurs manuels. Et, parmi ces derniers, il faudra bien qu'il y ait encore des inégalités et des distinctions, car aucun travail n'est possible sans une idée créatrice et une direction supérieure. A côté des simples manœuvres, il se trouvera donc des ingénieurs, et un ingénieur sera toujours plus qu'un manœuvre. Sa paye sera plus forte. Que fera-t-il de son excédent de recette? Sera-t-il tenu de le consommer? Et, s'il ne l'absorbe pas; s'il fait des épargnes? Parmi les ouvriers eux-mêmes, il y aura toujours des jouisseurs et des sobres, des prodigues et des économes; et voilà le capital qui se reconstitue, même au sein de la classe ouvrière.

.*.

La force évolutive sérieuse de notre époque ne tend pas au collectivisme. Ce ne sont pas les déclamations creuses des meneurs, vivant de ces questions et s'en faisant des rentes, ni même les aspirations illusoires des prolétaires, qu'il importe de considérer, pour se rendre compte de la vraie direction du mouvement. Il n'y a que les faits qui parlent et, ces faits le démontrent. le système capitaliste triomphe de toutes parts, constituant un courant naturel qu'il n'est pas possible de remonter et contre lequel, par conséquent, il est inutile de récriminer.

Le Collectivisme avait, au cours de ce siècle, un beau champ d'expérimentation ouvert devant lui. Je veux parler de l'Amérique du Nord. Or, l'exemple de l'Amérique nous prouve que le processus de la production des richesses est partout et toujours le même. C'est un perpétuel recommencement. Le véritable producteur est l'initiative privée, groupant autour d'elle les éléments d'action dont elle a besoin : ce qui engendre bientôt la distinction des classes et la subordination de la main-d'œuvre à l'idée, du travail au capital vivifiant. Vous voulez socialiser le capital et le travail! Socialiserez-vous donc aussi le génie d'un Édison, les projets grandioses, l'activité dévorante d'un Vanderbilt, qui relie les extrémités d'un vaste continent par des voies rapides de communication, et fait surgir sur son passage des villes florissantes, dans des déserts où le Peau-Rouge aborigène ne trouvait que de vagues terrains de chasse? Hélas! dans l'élite de votre communauté socialisée, de tels hommes n'auraient aucune chance de trouver leur vraie place. Ces places écherraient sans doute aux déclamateurs à idées creuses et au verbe abondant, ou aux intrigants vulgaires qui sauraient s'imposer à l'imbécillité commune. Ces places, d'ailleurs, les eussent-ils obtenues, qu'ils eussent été gênés dans leur initiative par les conseils de ceux dont ils auraient dépendu, ou même seulement par le souci de leur responsabilité. Car le vice radical de toute règle dans les luttes économiques c'est, nous le répétons, que l'épargne qui fait boule de neige et l'audace qui féconde, ne lui sont pas permises. Si les fondateurs de l'agglomération américaine avaient procédé à la façon des collectivistes, leurs efforts n'eussent abouti qu'à former un cercle clairsemé et fermé sur un territoire immense. La population des États-Unis ne serait pas la dixième partie de ce qu'elle est. Il y aurait quarante millions d'hommes de moins sur la terre.

.*.

L'économie qui engendre le capital et l'audace qui le fait fructifier valent mieux, pour le bénéfice de la masse, que la juste et libérale répartition des produits aussitôt consommés. Rognez tant que vous voudrez sur la consommation, mais ne touchez pas au capital. Faites au contraire qu'il s'accroisse sans cesse, et vous retrouverez bientôt votre consommation doublée, triplée, décuplée. Quant à l'audace, à la témérité même, elle est préférable à la prudence, car la témérité, c'est le mouvement dont il reste toujours quelque chose, tandis que la prudence, c'est l'arrêt sur place, bientôt laissé en arrière par les mouvements voisins et rivaux.

Or, la témérité ne convient qu'au particulier, à ses risques et périls. Elle est interdite à quiconque a charge d'âmes. Laissez donc agir les téméraires et les audacieux. Pour cent ou mille qui tomberont, et dont les efforts pourtant ne seront pas perdus, il se trouvera un homme de génie qui réussira et, en s'enrichissant lui-même, enrichira la communauté plus que ne l'aurait pu faire l'administration paternelle la plus sage; à supposer même (chose improbable) que la communauté ait été gérée par les plus dignes.

Mais ces hommes, dira-t-on, amassent des fortunes scandaleuses! Et pourquoi scandaleuses? Elles ne représentent, après tout, qu'une fraction bien minime des immenses richesses qu'ils ont créées, et fait jaillir, en quelque sorte, du néant, alimentant des centaines de milliers d'individus qui, sans elles, seraient morts de faim ou n'auraient pas vu le jour. Et puis, ces fortunes, sont-elles donc retirées de la circulation? Elles continuent au contraire à entretenir de nouvelles industries qui donnent la vie à des myriades de travailleurs.

Le vrai scandale n'est pas dans l'accumulation des capitaux produits par l'industrie. Il est dans l'agiotage, dans les jeux de bourse et de hasard qui enrichissent, sans véritable travail, des spéculateurs avides; ou bien encore dans la transmission de ces richesses entre des mains incapables ou indignes. C'est là, malheureusement, un mal nécessaire; car il faut que les richesses circulent suivant les lois naturelles, et rien ne va sans abus.

Au reste, le capital, une fois qu'il est acquis et consolidé, peut changer de possesseur; il profite toujours à quelque chose. Il continue à jouer, même entre des mains inexpertes, son rôle de semence et d'aliment, à moins qu'on ne l'enterre, ce que les prodigues se gardent bien de faire. Harpagon lui-même est aujourd'hui assez avisé pour ne plus enfermer son or dans une cassette jalousement dérobée à tous les regards.

Donc, à chacun selon ses œuvres, à ses risques et périls. Le progrès, c'est la libre concurrence, c'est la lutte avec ses déboires et ses misères, mais aussi avec ses triomphes. C'est le mouvement incessant qui en résulte. Si vous arrêtez ce mouvement, tout se fige et s'affaisse; tout dépérit et il n'y aura bientôt plus de civilisation.

IV

A côté du Collectivisme radical, qui n'est autre que le Communisme, on rencontre d'autres systèmes moins exclusifs :

D'abord, celui qui préconise les sociétés de coopération entre ouvriers, pour exploiter une industrie ou un commerce.

Ce n'est pas là réellement du socialisme. Il est loisible à chacun de s'associer comme il l'entend. La propriété, pour devenir collective, d'individuelle qu'elle était, n'en reste pas moins la propriété, reposant sur telles ou telles têtes déterminées. Cependant le socialisme reparaît quand ces sociétés, pour se constituer ou pour vivre, prétendent mettre l'État à contribution. L'État n'a rien à faire là-dedans; ce n'est pas son rôle. Il y perdrait d'ailleurs ses peines et son crédit. Il n'est pas d'exemple qu'une telle entreprise ait jamais réussi. Si l'on peut citer, par exception, quelques cas favorables, il convient d'observer que le succès en est dû précisément à la constitution capitaliste de ces sociétés. Elles ont été fondées généralement par quelque bienfaiteur intelligent et opulent, et se sont restreintes et condensées ensuite en un petit cercle fermé, où quelques ouvriers privilégiés, triés sur le volet, ont gagné de devenir, à leur tour, propriétaires et capitalistes, employant eux-mêmes d'autres ouvriers salariés ou intéressés. Un tel résultat ne répond pas aux vœux des socialistes, qui voudraient de larges sociétés ouvertes, améliorant en masse le sort des travailleurs manuels.

L'association (Proudhon lui-même, je crois, l'a démontré) n'est pas une force économique. La vraie force économique est l'union des efforts pour un but commun, ce qui n'est pas la même chose. L'union se fait, non de parti pris et concerté, mais naturellement, sous la pression du besoin, sous l'impulsion d'une puissance ou d'une pensée directrice, et par le classement naturel et en quelque sorte spontané d'éléments se disciplinant pour concourir à une même fin. Que les membres d'une famille établissent entre eux une communauté universelle de biens, dont la gérance est confiée au plus capable : le cas n'est pas rare. Et encore ne spéculez pas trop sur la durée d'une telle entente. Que deux hommes de valeur, de mérite égal, avec des qualités et des facultés diverses, s'honorant d'une confiance réciproque, s'associent pour une même œuvre et réussissent : il en est de nombreux exemples. Mettez-en trois, et vous aurez beaucoup de chances pour que la société soit dissoute avant terme. Adjoignez-leur un quatrième, ils ne tarderont pas à se battre. Et à mesure que vous augmenterez leur nombre, vous multiplierez en progression géométrique les ferments de rivalités et de discordes.

La nature ne procède pas ainsi. En cette matière comme en toute autre, il n'est de viable que ce qui se forme autour d'un foyer attractif et dirigeant, ou d'un germe contenant une force virtuelle de développement, qui emprunte son aliment au dehors et s'accommode aux milieux. Et, parmi tous ces essais d'association, l'Évolution, en travail sur ce point depuis près d'un siècle, paraît avoir, pour le moment du moins, fixé son choix.

C'est la grande société anonyme. Elle est assez impersonnelle pour que les tiraillements ne s'y fassent pas trop sentir. Quiconque le veut peut en faire partie ou s'en retirer à volonté. Elle est, en quelque sorte, la réalisation, en matière de groupement social, du tourbillon vital, qui remplace incessamment et fait circuler sans interruption les molécules dans un corps organique. Comme dans le plasme vivant, la cellule fondamentale persistante, quoique sans cesse renouvelée (c'est-à-dire l'action ou la part, en quelques mains qu'elle passe), fait le fond du tissu. Et ce tissu reste permanent, malgré le changement continuel dans les éléments constitutifs. En un mot, c'est la parfaite image de la vie naturelle.

D'autre part, ceux qui la dirigent n'ont pas un intérêt personnel séparé de celui de la masse. S'ils ne craignent pas trop les risques pour leur propre compte, ils sont retenus hors des voies trop téméraires par la sanction de leur responsabilité; et celle-ci est assez restreinte, néanmoins, pour leur permettre d'oser quand il le faut. Quoiqu'ils forment la tête du corps, ils subissent toujours la réaction de la périphérie. Et l'expérience démontre que c'est là le meilleur procédé d'administration. Tout pour l'ensemble, rien par l'ensemble, si ce n'est par influence indirecte et par un témoignage périodique d'approbation ou d'improbation. Tout par la tête, rien pour la tête, sauf sa part dans le bien commun. Si l'intérêt personnel des administrateurs est limité, il reste néanmoins assez puissant, vu leur apport obligé dans le capital, pour leur commander le souci de la prospérité sociale. Leur élection par l'assemblée générale est, d'un autre côté, la garantie de leur capacité. Les fonctions administratives sont déférées aux plus dignes et aux plus influents et ne sont pas, comme dans la régie de l'État, une pâture pour le népotisme.

Enfin, ce mode d'association, en faisant appel et en donnant asile aux capitaux les plus minimes, engendre les agglomérations puissantes formées des moindres épargnes, comme les grands fleuves le sont d'une infinité de petits ruisseaux. Elles écrasent, il est vrai, la moyenne industrie, mais est-ce un mal? Au milieu du mouvement fiévreux du commerce universel, il faut avoir les reins solides pour lutter contre la concurrence cosmopolite. Le petit commerce y serait impuissant. Il est d'ailleurs toujours plus ou moins gêné, et la gêne, unie à un intérêt trop individuel, est une mauvaise garantie de la probité commerciale.

D'un autre côté, ces vastes machines nécessitent une main-d'œuvre considérable, où les aptitudes les plus variées rencontrent leur emploi. Elles font vivre tout un monde de fonctionnaires et d'ouvriers, qui y trouvent une position assurée dans le présent et le plus souvent une retraite dans l'avenir. Ainsi le rêve des socialistes se trouve-t-il peut-être en partie réalisé, par la force même des choses et par la participation de tous en capital, épargne et travail, sans l'immixtion arbitraire et despotique du Gouvernement. Il n'y a pas, bien entendu, distribution à chacun de parts égales (ce qui est une vaine utopie), mais l'existence assurée, suivant leur mérite et leur valeur, à une foule d'hommes de bonne volonté.

.*.

Un autre système réclame l'éviction du propriétaire capitaliste et l'attribution de l'exploitation, avec tous ses produits, aux ouvriers : « La mine aux mineurs; le sol aux cultivateurs ». Il y a lieu d'abord de remarquer que, pour mettre la mine ou le sol en exploitation, il faut des capitaux. Où les ouvriers se les procureront-ils? S'ils les détiennent déjà, ils sont eux-mêmes d'infâmes capitalistes. Si la régie sociale les leur avance (outre que la régie sociale ne peut rien posséder qu'au moyen de prélibations sur la masse), ils contractent à l'origine, envers l'État, une dette de la même nature que celle envers le capitaliste privé. Leur travail va être nécessairement grevé d'un droit d'aubaine rognant leurs produits, et le système capitaliste n'est pas radicalement évincé. Le fait est qu'il ne peut l'être, car toute industrie exige des capitaux, comme toute culture et toute moisson nécessitent des impenses et une semence.

Et puis, comment l'attribution va-t-elle se faire? Si le fond reste à l'État, celui-ci l'affermera donc à un certain nombre de travailleurs nominativement déterminés. Car l'affermer aux ouvriers en général, à quiconque se présentera pour travailler, c'est de la pure absurdité. Ces fermiers seront donc encore des privilégiés. Ils formeront un cercle restreint, dans lequel ils s'organiseront comme ils pourront. Il faudra des chefs et des manœuvres. Voilà d'abord les inégalités qui reparaissent. Qui les règlera? De plus, à côté de ces privilégiés (qui feront des épargnes et reconstitueront ainsi le capital, à moins de gaspiller inutilement les richesses produites), des multitudes continueront à mourir de faim.

Si le fond est abandonné à ceux qui l'exploitent, c'est bien une autre affaire. « La mine aux mineurs... » Qui cela, les mineurs? On ne naît pas mineur, que je sache, avec une pelle marquée sur le front. Le premier venu peut se dire mineur. S'il a deux mains, il peut manier une pioche; et s'il n'a pas d'occupation ailleurs, il peut se présenter à la mine comme mineur. De quel droit l'exclueraiṭ-on? Où cela s'arrêtera-t-il? La mine ne pourra bientôt nourrir tous ceux qui prétendront, à titre égal, quelque droit sur elle. On se battra autour des puits (si tant est que, dans de telles conditions, on puisse creuser des puits), pour savoir qui restera maître du terrain. Le privilégié, le premier occupant, sera chaque jour le plus matinal. Ce sera l'histoire de la Belette et de Jeannot Lapin.

S'agit-il seulement d'un certain nombre limité de mineurs, ayant mis les premiers la mine en valeur? Mais c'est là, précisément, le principe de cette propriété privée, tant décriée. C'est l'usurpation au profit de nouveaux venus et au détriment de la masse. Ce n'est pas supprimer le privilège, c'est changer les privilégiés. Et comment pourvoiera-t-on à l'accession des membres ultérieurs? Les premiers occupants, devenus propriétaires, prendront-ils des ouvriers salariés? Comment se transmettra le droit d'occupation? Qui choisira les remplaçants? Achètera-t-on ce droit? à qui? et avec quoi, puisque l'on bannit les capitaux? Dans tous les cas, il y aura là une faveur absolument contraire au but du socialisme, ou plutôt constituant une impossibilité radicale à l'application d'un tel système. Et puis nous retombons toujours au même tournant : tous les produits ne seront pas consommés. Il y aura des économes qui feront des épargnes, des prodigues qui feront des dettes, et l'ordre capitaliste renaîtra bientôt de ses cendres.

V

L'erreur des socialistes est de croire que l'on peut pétrir à volonté la matière vivante. Le Collectivisme, par exemple, avons-nous dit plus haut, n'aurait chance de réussir que dans une société fermée et stationnaire. Ce n'est même pas assez dire. Tous les éléments sociaux devraient être permanents et définitivement fixés. Il faudrait qu'il n'y eût plus ni morts, ni naissances; que chacun demeurât renfermé dans son rôle, avec sa part immuable, et que rien, ni perturbation, ni progrès, ni renouvellement ne vînt troubler l'ordre établi... Et encore, à moins de régler despotiquement l'usage que chacun fera de sa part, en interdisant toutes aliénations, tous échanges, toutes transactions, toutes fantaisies libres, empêchera-t-on les prodigues, les maladroits, les malchanceux de dilapider leurs ressources, et sera-t-on obligé de les réintégrer à tout moment dans leur *légitime?*

C'est, dans tous les cas, compter sans le mouvement incessant qui est la vie. Instituez un pareil état de choses et demain il sera déjà modifié; après-demain il n'en restera plus rien, et la vie aura repris son cours normal. La vie sociale, encore une fois, non plus que la vie organique, n'est un effet de la volonté réfléchie. Elle est la résultante des activités spontanées, évoluant sous l'impulsion des besoins, des tendances, des aptitudes, des passions humaines, suivant le flux et le reflux de grands courants qui les disciplinent et qui n'obéissent à aucun parti pris. Nous pouvons utiliser les forces naturelles; nous ne pouvons les produire arbitrairement; et sans elles tout notre industrie serait inutile. Prenons donc l'homme avec ses instincts tels qu'ils résultent de la nature brute ou cultivée, et nous n'aurons pas besoin d'une longue étude pour constater que le jeu de ces instincts (les seules vraies forces sociales), est incoercible. Les supprimer, c'est détruire, dans leur principe, tout progrès et toute civilisation.

L'homme a l'instinct invincible de la propriété privée. C'est pour elle qu'il travaille et se dépense en efforts souvent prodigieux, au détriment même de sa santé. Si vous lui déniez l'appropriation du fruit de ses peines, vous paralysez son énergie créatrice. Il n'a plus d'intérêt à produire au delà de ses besoins du moment; et quantité de richesses, qu'il n'aurait d'ailleurs jamais pu consommer par lui-même, et qui auraient profité à la masse, resteront dans le néant.

L'homme ne travaille fructueusement qu'à son goût et à son choix. Vous pourrez bien, à la rigueur, obtenir de chacun une tâche journalière quelconque, et c'est même là le lot du plus grand nombre, dans l'enchevêtrement des activités. Mais, il n'est question ici que de l'élément véritablement actif et progressif. Libre carrière doit être laissée à son essor. Si vous l'enrégimentez, même suivant ses aptitudes, il ne donnera plus sa vraie mesure. La liberté et la spontanéité de l'effort sont la condition indispensable du progrès.

Les hommes, quoi qu'on en ait pu dire, ne sont pas tous égaux. Il y a d'homme à homme, des différences énormes et, entre eux, une diversité de caractères, de facultés, de capacités que la civilisation multiplie encore et exagère à l'infini. Dans le jeu des activités, l'inégalité de puissance engendre nécessairement l'inégalité des conditions. Les éléments divers, livrés à leur spontanéité, se classent, se subordonnent, suivant leur valeur respective, pour constituer un tout harmonique et solidaire, qui est la société. Vouloir faire passer tout sous le même niveau, c'est désagréger le faisceau, qui se tient précisément par ses vides et par ses aspérités; c'est décapiter les grands, pour les ramener à la taille des petits, sans profit pour ces derniers, et au détriment de l'ensemble.

L'homme n'est pas une unité indépendante et égoïste. Ce n'est pas un champignon, sorti du sol on ne sait comment, et disparaissant sans laisser de traces, comme il serait venu. Outre qu'il est tel que l'a produit une longue série de causes ascendantes, il devient cause à son tour, en donnant la vie à d'autres êtres. Pour qu'il soit complet, pour qu'il soit la maille servant à relier d'autres mailles dans l'enchaînement universel, il faut que les sexes s'unissent et se reproduisent. De là la Famille, qui existe déjà en germe dans la plupart des espèces animales. Les progrès de la civilisation ont pu développer la famille; ils ne l'ont pas créée. Si les animaux nourrissent leurs petits, il est tout aussi naturel que, chez l'homme, les parents travaillent au profit de leurs enfants et de leur postérité. Le souci de la prospérité de la famille (prolongation des individus) est d'ailleurs un aiguillon puissant pour l'activité. Otez ce stimulant, et l'activité humaine perd les trois quarts de son ressort. La communauté des femmes, l'entretien et l'éducation des enfants par l'État, au compte et dans l'intérêt de l'État, sont des chimères contre lesquelles la nature proteste violemment. Essayez donc de forcer la femme à s'abandonner par ordre au premier venu ! Essayez de lui arracher son nourrisson pour le confier aux soins d'étrangers; ou même seulement de le lui donner à allaiter autrement qu'au bénéfice de son amour maternel ! Essayez d'amortir chez l'homme et la femme qui se sont donnés par choix l'un à l'autre, ce sentiment de jalouse possession, qui s'affole sur un simple soupçon d'infidélité, et qui s'exaspère jusqu'au crime devant la trahison ! Et cela indépendamment de toute légalité et de tout sacrement !... Question d'amour-propre, dira-t-on. Eh ! sans doute; mais cet amour-propre n'est pas un simple préjugé d'éducation que l'opinion a établi, et qu'une opinion contraire et une autre éducation peuvent changer. Il a des causes profondes, qui sont les lois fondamentales de la nature, puisque nous le retrouvons en germe dans toute la série antérieure et inférieure de l'animalité. C'est un instinct indélébile, gisant au fond de nos entrailles. Et c'est par de tels instincts, bien que parfois ils s'écartent de leur objet et aillent à côté ou au delà de leur fin, (ce qui est une nouvelle preuve de leur indestructibilité, comme forces agissantes), que la Nature, la grande séductrice, poursuit son but à travers les conflits et les égarements de nos passions. Ces instincts sont montés jusqu'à nous du plus lointain des origines de la Vie, avivés, renforcés, idéalisés à chaque étape de l'évolution animale, puis humaine. Pour les déraciner, il faudrait reprendre cette évolution à sa source et lui imprimer un autre cours. Et comme cette évolution dépend elle-même de conditions antécédentes, ce ne serait pas encore assez; il faudrait pousser plus avant : changer la planète.

Au reste, les formes et les règles de la propriété privée, de la spontanéité du travail, de l'échelle des conditions, de la constitution familiale peuvent varier à l'infini, suivant les circonstances multiples amenées par la marche progressive de l'Humanité. Car l'initiative privée elle-même n'est pas isolée. Elle est prise comme dans un tourbillon et subit la loi des grands courants qui peu à peu, au gré d'influences ethniques et sous la pression des milieux, modèlent tout sur des types diversement spécifiés. C'est là la source de ces grandes communautés d'idées qui donnent naissance aux religions, aux institutions, aux civilisations, en un mot, à l'Idéal humain, différent pour chaque race, quoique tendant insensiblement à une unité de plus en plus caractérisée. Au demeurant, le fond des choses reste inébranlable. Liberté de l'effort, propriété privée, famille solidaire, idéal commun, ce sont là les assises de toute société. Les circonstances et les milieux peuvent bien les modifier en certains sens et dans une certaine mesure, mais nulle puissance arbitraire ne les saurait détruire.

VI

Au fond, à part quelques systèmes, conçus naïvement de toutes pièces, comme le communisme enfantin de Fourier ou comme le collectivisme doctrinal de Karl Marx, qui, s'ils étaient mis en pratique, seraient la ruine de la civilisation et du progrès, puisqu'ils auraient pour effet de substituer à des groupes vivant de la vie naturelle, des associations artificielles non avouées par la nature, le socialisme actuel n'est pas une doctrine; c'est une tendance. Comme pourrait le redire le vieux Ménénius Agrippa, c'est la révolte des membres contre l'estomac et le cerveau.

L'envie, la lutte haineuse des classes inférieures contre les classes supérieures, lutte attisée par quelques fanatiques déséquilibrés et surtout par quelques meneurs incapables d'occuper une fonction utile et honnête dans une société bien réglée, et qui se font une popularité malsaine avec cette mission qu'ils se sont octroyée à eux-mêmes, voilà le fond du socialisme contemporain. A en croire les déclamateurs de ce parti, les injustices n'ont jamais été plus criantes, les crimes sociaux plus intolérables. La mesure est comble, disent-ils. Et en quoi? s'il vous plaît.

Je constate historiquement, au contraire, dans l'amélioration du sort des classes inférieures, des progrès étonnants. L'esclavage antique et le servage du moyen âge ont disparu. Si La Bruyère revenait au monde, il ne reconnaîtrait plus son paysan. Plus de castes, ni même de classes privilégiées. N'importe qui, du dernier rang peut s'élever au premier s'il en est capable; et les exemples en abondent. Chacun a un droit égal à la protection de la loi, dans la sphère de son activité, ce qui est la seule égalité possible. Tous sont citoyens et participent par leurs représentants au contrôle et à la gestion des affaires publiques. La multiplication des produits due à l'organisation industrielle et capitaliste, assure la subsistance à tous; et quiconque veut se donner la peine de travailler et a la modestie de se contenter de son sort est assuré de trouver sa place au soleil. Que veut-on de plus ? Faut-il donc que la société fasse des rentes au fainéant, et mette des truffes et du champagne sur la table de tout le monde ?

Parce que quelques-uns jouissent, tous voudraient jouir. Malheureusement la jouissance ici-bas n'est qu'une exception. Contentons-nous donc de jouir par procuration et ne nous en plaignons pas trop. Car la jouissance est autant et plus une charge et une fonction sociales, qu'un avantage réel pour celui qui jouit. Le luxe est nécessaire au développement de la civilisation; il n'est nullement utile et peut-être est-il même plutôt nuisible à l'individu. Dans une société, comme dans un corps, il y a l'utile et l'agréable. Les fonctions diverses ne sont pas dévolues aux mêmes organes; mais l'ensemble tout entier en profite.

L'estomac d'un milliardaire n'est pas, après tout, plus vaste que celui d'un prolétaire. Laissez-le boire de l'or potable, voire même des infusions de diamant, si tel est son plaisir. Il n'absorbera pas une bouchée de pain au delà de ce que son estomac tolère. Il ne fera pas, avec toutes ses jouissances recherchées, un trou plus considérable que le mendiant, dans ce qui est la vraie subsistance de la vie. Peut-être pourra-t-il gaspiller inutilement des denrées, de première nécessité pour tant d'autres. Et c'est là qu'est le vrai grief contre lui : non dans l'abus d'un luxe qui est, en somme, un moyen de circulation des richesses et fait, à lui seul, vivre la moitié de la population. Ce luxe est-il donc si enviable? Et ne peut-on se résoudre à se passer de la goutte, du diabète ou du ramollissement, qui en sont les produits les plus clairs ?

Il n'y a, en effet, qu'une seule chose qui compte, pour l'entretien de la vie : ce qui se mange et se boit. Et même, pour ce dernier article, l'eau suffirait et l'on ne s'en porterait que mieux. C'est là le fond, le seul et vrai fond de l'existence matérielle, substrat de tout développement artificiel ultérieur. L'homme, en se civilisant, s'est créé d'autres besoins : le logement, le vêtement, devenus aussi objets de première nécessité ; puis la parure, les arts. Mais tout cela ne peut exister qu'à la condition d'avoir d'abord à manger. Tout le raffinement du bien-être, du confort, du luxe ne fera pas pousser un grain de blé ou de riz en excès, ni par conséquent, quelque répartition que vous fassiez du superflu, tolérer un homme de plus sur le globe. Or, quiconque a ce qui est strictement nécessaire à l'entretien de l'existence, n'est pas recevable à se plaindre. Tout le reste est du luxe. Personne n'y a droit. En attrape quelques miettes ou s'en gorge qui peut.

Ce luxe, d'ailleurs, est un indice de richesse et non une richesse véritable. Un amateur opulent achète pour cinq cent mille francs ou un million, un tableau de Raphaël. En quoi cet emploi d'une somme considérable peut-il affecter les moyens de subsistance des prolétaires pris en masse ? Cela ne se mange pas, un tableau. L'or ou les billets de banque donnés en échange ne se mangent pas davantage, et, du reste, ils ne sont pas perdus, en changeant de mains, pour des usages ultérieurs plus utiles. En attendant, la provision disponible de pain que les moissons ont donnée n'aurait pas augmenté d'une once, avec n'importe quel autre emploi de cette somme. On aurait pu, peut-être, soulager pour un jour quelques misères, renaissantes le lendemain ; et encore au détriment d'autres : car, sur une quantité déterminée de subsides, ce qui s'absorbe d'un côté manque forcément de l'autre.

Seulement tous ces objets, qui ne sont pas de première nécessité pour l'existence, constituent néanmoins des richesses, en ce sens qu'au moyen des échanges, en satisfaisant les besoins factices des producteurs de denrées, ils peuvent servir à procurer des ressources alimentaires et aident à la répartition de ces ressources. C'est ainsi qu'une nation qui ne produit pas par elle-même de quoi suffire à la nourriture de sa population, réalise cet objet par son commerce et son industrie et parvient à entretenir plus d'hommes que la fertilité de son sol ne le comporte.

Mais à quoi est dû ce résultat ? Précisément au capital accumulé que le luxe suppose, permettant de faire venir du dehors ce qu'on n'a pas chez soi, et de sustenter ainsi une foule d'existences supplémentaires qui, sans ce moyen, ne sauraient subsister. Or, comme l'impitoyable loi de Malthus est éternellement vraie; comme la vie tend à se répandre et à déborder au delà des ressources que la nature met à sa disposition; comme, d'autre part, il faut prélever sur les produits ce qui est nécessaire à leur renouvellement, et, de plus, le capital qui les décuple et les fait affluer de l'extérieur; comme, enfin, la concurrence universelle exige que les produits, pour être placés, soient livrés au plus juste prix, il se dégage de ces conditions cette loi inexorable, malheureusement constatée avec la rigueur d'un axiome géométrique : « Dans une nation qui veut prospérer, la majeure partie de la population doit se contenter du moins possible — une classe, la classe la plus nombreuse, doit forcément se trouver réduite à la portion congrue, au strict nécessaire pour l'entretien et la propagation de la vie. » La civilisation, le progrès, le développement vital, l'accroissement de la population, seules fins de la Nature, sont à ce prix.

Cela est dur à dire, mais tellement vrai que les pays les plus riches et les plus puissants sont précisément ceux où le paupérisme sévit avec le plus de rigueur. Voyez l'Angleterre. Cette nation entretient une population qui est artificielle, au moins pour une bonne moitié. Supprimez les capitaux accumulés entre des mains privilégiées; répartissez-les plutôt, si vous le voulez, entre tous; vous ne ferez pas que le sol national donne une racine comestible de plus. Vous y aurez gagné d'avoir, pendant quelque temps, un plus grand nombre de jouisseurs. Et, comme l'immense commerce de ce peuple cessera bientôt d'être alimenté, le pays sera restreint à ses seules ressources; la culture intensive elle-même disparaîtra; la moitié artificielle de la population s'évanouira, et ceux qui se plaignent de l'état actuel des choses cesseront d'en avoir le loisir : ils auront bouche close; ils ne seront plus.

Je me rappelle avoir vu quelque part, dans un journal socialiste satirique, une caricature tendant à démontrer aux yeux ces fameuses iniquités sociales dont on mène tant de bruit. Elle représentait, au premier plan, un gaillard solide, alerte, vigoureux, débordant de vie, dans son vêtement de peaux de bêtes, et, à côté, quelques êtres débiles, malingres, souffreteux, couverts de haillons et semblant envier, eux produits d'une civilisation avancée, le sort de cet ancêtre vivant dans l'état de nature. Mais, bonnes gens, cet homme n'est pas votre ancêtre. Il n'y a rien de commun entre vous et lui. De son temps, vous n'auriez même pas eu cette existence précaire dont vous vous plaignez aujourd'hui. Cet homme, en effet, est un privilégié, et un privilégié bien plus redoutable que les riches de nos jours. Ceux-ci, du moins, font vivre les pauvres ; celui-là les exterminait. Il est le survivant d'une sélection féroce qui, par suite de la concurrence vitale et de la rareté des subsistances, a anéanti autour de lui les faibles et les a même empêchés de naître. Il n'y avait pas alors de chétifs ni de rachitiques, parce qu'ils n'étaient pas tolérés par l'implacable nature. La civilisation aidant, et les moyens de subsistance se multipliant, grâce à l'industrie, une place s'est faite pour les petits à côté des grands. L'organisation sociale les a protégés contre la concurrence naturelle, et, peu à peu, la place s'élargissant toujours, ils ont pu, comme dans la fable, prendre place à une table supplémentaire. Ils n'y ont que des miettes, direz-vous ? soit ; mais supprimez ces miettes, qui n'existent que grâce au capital épargné et accumulé par la discipline du travail, et, du même coup, vous supprimez les êtres qui en vivent. Si vous voulez qu'il n'y ait plus, sur le territoire français par exemple, que des hommes semblables à celui de votre dessin fantaisiste, résignez-vous à disparaître ; sacrifiez trente-cinq millions d'êtres, pour n'en laisser subsister que deux à trois millions à peine, qui se partageront à la force du poignet les dons spontanés de la nature.

La population humaine, dans les contrées civilisées, n'est plus naturelle, elle est artificielle. C'est une conquête sur la nature brute et sur le reste de l'animalité. Cette conquête est due à la puissance des groupements sociaux, et ces groupements ne tiennent cette puissance que de leur organisation. Il en est du groupe social, encore une fois, comme de l'individu. Il lui faut une tête, des organes, des membres servants. Les aliments se distribuent suivant l'importance des fonctions, non par un partage calculé, mais par la force même des choses et par le jeu spontané des activités libres. Et la sélection a seule qualité pour classer ces activités selon leur valeur. Moyennant cette organisation, œuvre de la Nature aidée de l'intelligence intuitive, et non de l'intelligence spéculative et critique, le groupe s'accroît, s'impose au dehors et élargit la place au soleil pour les germes qui seraient mort-nés, faute d'espace et d'aliment.

Dans cette classification des éléments sociaux, est-il donc juste, est-il même souhaitable que toutes les parties composant le groupe aient la même importance? Tout corps organisé comporte des fonctions diverses et chaque organe participe de la santé générale du corps, quand bien même il n'y joue qu'un rôle infime. De même, le moindre va-nu-pieds jouit à sa manière et pour sa part des magnificences de la civilisation. Si tous doivent travailler, suivant leurs facultés, au bien commun, il ne s'ensuit pas que tous aient droit à toutes les sortes de jouissances. La Société jouit par quelques-uns de ses membres; cela suffit, et cette jouissance se répercute sur la masse. Il n'y a pas de carrosses et de diamants pour tout le monde; il est bon, néanmoins, que quelques-uns roulent en carrosse et portent des diamants, sans quoi beaucoup ne mangeraient même pas de pain.

Mais il faut au moins, dira-t-on, que chacun ait sa portion congrue, sa subsistance assurée. Oui, à la condition de la gagner par lui-même et de ne pas la recevoir à titre d'aumône. Et s'il ne le peut, par vice ou par paresse, je dirai : tant pis, les infirmes seuls ont droit à la pitié publique.

* * *

Certes, nous ne prétendons point que tout aille sans abus. Si, d'une part, nous avons les révoltés criminels, nous ne manquons pas, de l'autre, d'oppresseurs indignes et mille fois plus scélérats encore, puisqu'ils n'ont pas l'excuse de la réaction contre l'iniquité. Je ne verrais pas trop de mal, je l'avoue, à ce que l'on pendit quelques Shylocks et que l'on fessât quelques Harpagons. A ce prix, les révoltés s'apaiseraient peut-être. Car toutes les plaintes contre l'ordre social, et, en général, contre toute règle, proviennent non de la règle et de l'ordre en eux-mêmes, mais de l'abus qu'on en fait. C'est toujours l'abus qui finit par tuer l'ordre. Les bons pâtissent par la faute des méchants. Seulement, la difficulté est de préciser où commence l'oppression inique et où la révolte devient légitime. Abandonner cette question à l'appréciation d'esprits sujets à l'erreur et influencés par les passions, constitue un immense danger. Toutefois, c'est le fait de la conscience sociale, c'est-à-dire de la loi et des pouvoirs publics, de réprimer ces abus quand ils sont bien caractérisés et définis. Et ici le gouvernement est dans son vrai rôle : celui de régulateur et de garant des libertés et des droits respectifs des membres de la Société.

Rien d'ailleurs, dans la nature, ne se produit sans un énorme coulage. L'abus a pour correctif l'esprit révolutionnaire qui est aussi un des facteurs du progrès. Essayons de le caractériser.

Il se compose de deux éléments : l'élément criminel, radicalement réfractaire à l'ordre (ce que nous pourrions appeler le microbe malfaisant), et l'élément sacrifié, dont les protestations s'élèvent contre un état de choses dont il est victime.

Laissons pour le moment de côté l'élément criminel et ne considérons que l'élément sacrifié. Un corps ne s'organise, ne s'accroît, ne s'entretient et ne vit, qu'en consommant quantité de matériaux appelés à entrer dans sa composition. Les uns sont rejetés ou anéantis ; les autres assimilés, mais déformés dans les rouages de l'organisme ; et, quand ils y ont pris place, un grand nombre d'entre eux souffre, un petit nombre jouit. C'est de cet amalgame que résulte l'ordre, l'unité, la santé dans la complexion de l'individu, comme dans la constitution du groupe social. Et il en est ainsi dans toutes les œuvres et dans toutes les manifestations de la Nature, où le mal semble la rançon et, en quelque sorte, l'une des conditions du bien.

Si vous considérez le spectacle d'en haut, vous admirez la régularité et l'énergie du fonctionnement des organes. Si, au contraire, vous le regardez d'en bas, vous n'apercevez d'abord que les déchets et les meurtrissures. Et vous vous laissez aller à maudire ce mécanisme fatal, qui broie tout, pour en tirer un produit contestable, n'équivalant pas toujours au sacrifice consommé.

De là deux aspects : Celui de l'ordre dans son ensemble, et celui de la réaction contre cet ordre, qui coûte si cher. Placez-vous à ce dernier point de vue, mettez que l'Ordre c'est Dieu et vous aurez la clef de la fameuse diatribe de Proudhon : *Dieu, c'est le mal.* Personnifiez maintenant, dans le Grand Révolté mythologique, le cri de douleur qui s'élève de la poitrine des écrasés dans le combat de la vie, et vous arriverez à la glorification de Satan. Vous direz : la lutte de Satan contre Jéovah, c'est la lutte de la victime contre le bourreau. Et ainsi vous sera expliquée l'impiété de nos jours, et même la possibilité de ces sectes étranges qui en viennent de bonne foi à la réhabilitation des grands criminels légendaires ou historiques, depuis les Caïnites et les Judaïtes, jusqu'aux admirateurs de Ravachol. Vous comprendrez aussi, jusque dans les hautes régions de la Philosophie, le pessimisme doctrinal de Schopenhauer et de Hartmann lançant l'anathème à la Nature entière.

On conçoit, en outre, aisément que, dans cette protestation contre l'ordre naturel (d'autres diront divin), il n'y a pas exclusivement la plainte de la faiblesse et de l'innocence opprimées. L'élément réfractaire, bien autrement redoutable, vient y joindre sa note plus aiguë. Delà l'esprit révolutionnaire que De Maistre, avec raison, appelait, lui aussi, satanique.

Ne dédaignons pas l'esprit révolutionnaire. Il est un appoint considérable de la *poussée évolutionnaire*, qui, elle, est une loi normale et permanente. La révolution la plus violente n'a jamais, il est vrai, fait faire à l'évolution qu'un pas insignifiant ; car tout grand mouvement est nécessairement suivi d'une réaction à peu près équivalente. Ces grands mouvements sont cependant naturels. Si tout, en général, procède par progrès lent et insensible, la Nature se permet parfois aussi, tout comme les hommes, les crises brutales, les brusques cataclysmes ; après quoi l'ordre antérieur reparaît. Quand on y regarde de près, on s'aperçoit néanmoins qu'un ferment nouveau a été déposé. Ce ferment doit croître et se développer, non par un élancement soudain, mais à la manière de la semence enfouie dans le sol préalablement bouleversé pour la recevoir.

C'est ainsi que l'âme du monde change peu à peu et se transforme, suivant les lois de l'éternel devenir. Le principal agent de ces métamorphoses, pour le monde social et moral, est évidemment l'intelligence qui s'élargit sans cesse par la culture. Mais l'intelligence n'agit ici que d'une manière en quelque sorte indirecte, comme un appel et une provocation aux forces naturelles. Elle modifie le milieu, l'atmosphère idéale et, par contre-coup, agit sur les faits qui s'adaptent à ce milieu réformé. Elle est impuissante à diriger immédiatement les faits par mesure d'ensemble. Une découverte scientifique, un tour nouveau donné à l'esprit humain feront plus pour ruiner une superstition invétérée, pour redresser un point de vue erroné, que toutes les démonstrations rationnelles. En un mot, une rénovation sociale doit germer lentement dans un milieu intellectuel et moral renouvelé et approprié. Autrement, les à-coup et les partis pris sont des coups d'épée dans l'eau.

On n'entend parler de nos jours que de réformes urgentes et nécessaires. Hélas ! les institutions, les lois, les réformes ne valent qu'autant que valent les hommes auxquels elles s'appliquent et qui les appliquent Travaillez à changer les mœurs et les réformes viendront d'elles-mêmes. C'est uniquement par l'éducation, en prenant l'enfant en bas-âge, pour en faire un homme de devoir, de légalité, de bon sens, de travail, d'économie, que l'on peut influer sur le régime social, et non par des mesures générales bonnes tout au plus à être tournées ou violées. Quand on sera entré dans cette voie, les institutions, les bonnes lois, les réformes utiles suivront spontanément comme corollaire naturel. Les prétendues réformes venues d'en haut, ne réformeront rien par en bas, si le terrain n'est pas préparé pour les recevoir. Ce sont, comme on dit vulgairement, des cautères sur des jambes de bois.

*
* *

Si les socialistes et les anarchistes comprenaient enfin l'inanité des efforts de la Raison critique, pour créer et constituer de toutes pièces un ordre nouveau, ils s'en rapporteraient au progrès naturel de l'Évolution, qui marche à pas lents et avance néanmoins sans relâche. Si nous consultons l'Histoire, quel écart ne trouvons-nous pas, je ne dirai pas entre les sociétés barbares, mais entre cette brillante civilisation grecque, avec ses esclaves et ses ilotes, et notre civilisation actuelle, où le moindre ouvrier, où le laquais même possède la liberté individuelle et jouit de tous ses droits civils et politiques. S'ils croient être en possession d'une idée féconde, que n'essayentils tout simplement de former entre eux une société modèle, servant de noyau pour une rénovation, et qui, gagnant de proche en proche, par la contagion de l'exemple, arriverait insensiblement à englober la Société entière ! C'est ainsi que se fondent toutes les grandes institutions. C'est ainsi que procédèrent les premiers chrétiens. Ceux-ci ne s'imposèrent pas par l'explosion et la violence, mais par la persuasion et le martyre. Ils finirent par réformer le monde moral ; pas autant toutefois qu'on voudrait nous le faire croire; car le monde économique et politique continua à suivre ses voies normales. Cependant ils élaborèrent un idéal nouveau, sur lequel nous avons vécu pendant dix-neuf siècles, dont l'influence ne sera jamais perdue, et qui servira du moins d'assises à de nouveaux progrès. Ils ne parlaient pas de *paix universelle*, la haine au cœur, la menace à la bouche, la torche ou le poignard à la main. Car enfin pourquoi ces cris de malédiction contre la Société ? Où prend-on la Société ? La Société est une abstraction, une impersonnalité. C'est vous, c'est moi, c'est tout le monde et ce n'est personne. Nul ne l'a faite ; elle s'est faite toute seule par a force des choses. Et les anarchistes eux-mêmes n'en font-ils pas partie ? Viennent-ils donc de la Lune, pour se poser en face de la Société et lui déclarer la guerre ? L'enfant même à la mamelle ne saurait, d'après eux, être innocent s'il appartient à la société *bourgeoise*. Pourquoi *bourgeoise* ? Il n'y a pas de société bourgeoise. Il y a la Société purement et simplement avec ses divers organes. En tout cas qu'ils commencent par se faire sauter eux-mêmes, puisque la plupart d'entre eux, les meneurs du moins, ne sont que des bourgeois déclassés.

§ 2.
Démocratie.

1

Le gouvernement, avons-nous dit, est au groupe social, ce qu'est à l'individu la connaissance de soi, la volonté réfléchie, la faculté de se conduire rationnellement, dans sa manière de vivre et dans ses relations extérieures ; en un mot, ce que l'on appelle la conscience *sui compos*. La constitution intime de la Société n'est pas l'œuvre du gouvernement. Le pouvoir central n'a pas plus de prise sur la Société que l'individu n'en a sur sa complexion et son tempérament. Comme ce dernier, toutefois, il peut et doit en étudier et surveiller le jeu, le régulariser, en réprimer les écarts par des mesures mûrement délibérées, par des règles et des procédés tendant à améliorer, activer ou modérer les ressorts de cette machine qu'il n'a point construite, et qu'il ne saurait radicalement changer, sous peine de la fausser et de la détruire. Son rôle est aussi de représenter le groupe social dans ses relations avec les groupes voisins et rivaux.

S'il est difficile à l'homme même le plus éclairé et le plus sage, le plus maître de soi-même et de ses passions, de soigner la santé de son corps, de cultiver les qualités de son cœur et de son esprit, d'édifier sa fortune, de régler ses rapports avec ses semblables, de manière à s'élever et à tenir un rang honorable dans la société, combien est plus ardue la tâche de ceux qui sont appelés à présider aux destinées d'une nation.

Il faut d'abord faire des lois. Nulle matière n'est plus compliquée. Elle exige des études, des enquêtes, des connaissances immenses, un esprit de large portée et d'une pénétration profonde, capable de considérer et d'embrasser les objets dans toute leur étendue et sous leurs aspects les plus multiples. Il ne suffit pas, en effet, de constater un besoin à satisfaire, un vice à réformer, et d'y appliquer un remède tel quel. Il s'agit de voir si ce remède ne va point léser, à côté, quelque organe essentiel. Nous avons déjà trop d'exemples de lois portées à la légère, allant précisément à l'encontre du but que le législateur s'était proposé.

Il s'agit ensuite d'aider au développement de la prospérité commune; de mettre à la disposition de tous et de chacun, l'enseignement qui éclaire et élargit les intelligences et par là, éveille et nourrit le besoin d'activité; de fournir aux initiatives privées les moyens sommaires de s'exercer à l'aise et avec énergie; de manipuler et d'employer les deniers publics au mieux des intérêts de la masse; de tenir la balance entre les compétitions diverses; de savoir encourager et favoriser ce qui est utile et éviter les entreprises téméraires ou vaines. Tout cela suppose une connaissance approfondie des ressources, des besoins, des aptitudes du groupe, des ressorts de sa puissance et de sa vitalité, comme aussi de ses parties faibles et de ses défauts. Il s'agit, en outre, de resserrer, tant au point de vue économique, qu'au point de vue des idées, les liens qui unissent les membres entre eux, afin de maintenir le faisceau solide et homogène, au lieu de le diviser et de l'affaiblir en ameutant les partis les uns contre les autres.

Ce n'est pas tout, et le plus difficile peut-être reste encore à faire. Il faut, au milieu de la lutte universelle faire triompher les intérêts du groupe en face des intérêts des groupes concurrents ; travailler à son expansion aussi bien matérielle que morale ; faire des traités de commerce, des alliances ; sauvegarder l'honneur, la dignité, étendre l'influence civilisatrice. Il est donc nécessaire non seulement de connaître à fond son propre groupe et les groupes voisins, leurs caractères, leurs moyens, leurs facultés, leurs institutions, leur histoire, l'évolution qu'ils ont accomplie dans l'ordre des événements, mais encore d'avoir une position fortement assise, fixe et durable, qui permettre de suivre et de réaliser des vues à longue portée, comme il convient à des êtres moraux développant leur action à travers des périodes de longue durée. Ce n'est pas là une affaire de sentiment, mais de science profonde, de desseins longtemps étudiés, mûris et poursuivis avec constance et sagesse.

La question est de savoir qui, dans la Société, est apte à remplir de telles fonctions. Ce sont évidemment ceux qui y sont préparés naturellement par état, par situation, par vocation spéciale, par des aptitudes et des études appropriées. Et c'est là, la condamnation de la Démocratie.

Comment veut-on, en effet, que la masse ignorante et confuse ait une volonté délibérée et réfléchie sur des matières si vastes et si complexes ? La masse a des besoins, des aspirations. Elle est en droit d'exiger qu'on les satisfasse : ce n'est qu'à son détriment qu'elle pourrait mettre elle-même la main à la besogne. Le droit qu'elle a acquis par l'évolution civilisatrice, c'est d'être bien servie, de témoigner son approbation ou son mécontentement sur les résultats, et d'influer ainsi puissamment sur la direction des affaires publiques. Et, qu'on ne s'y trompe pas, c'est là un progrès immense. Il fut un temps où les princes n'avaient que trop de tendance à ne pas tenir compte de l'opinion, bien que Pascal l'appelât déjà : « Reine du monde ». Un autre droit qu'elle a conquis également, c'est l'abolition des castes, une fusion plus équitable des éléments de la Société, une meilleure garantie du respect de la liberté de chacun de ses membres et l'accession aux fonctions publiques des plus capables et des plus méritants, indépendamment de toute distinction d'origine.

*
* *

Si c'est là ce qu'on entend par Démocratie, nous sommes d'accord. Si au contraire on veut que les affaires du peuple soient réglées par le peuple lui-même, c'est une autre question.

La politique, après tout, ne se comporte pas autrement que les diverses branches de l'activité humaine. On y excelle seulement par le talent et la préparation. Si j'ai un procès, je vais trouver un avocat et je le charge de ma défense. Si j'appelle un médecin, ce n'est pas pour lui ordonner de me prescrire tel ou tel remède ; c'est pour me soigner et me guérir suivant sa science propre, s'il en est capable. Si je veux un habit bien fait, je ne vais pas dire au tailleur : « coupez-moi cette étoffe ici ou là », mais : « arrangez-vous de façon à me faire un vêtement qui m'aille ». Il en est de même pour la masse du peuple. Elle ne saurait, encore une fois, avoir de volonté éclairée sur des points qui dépassent sa compétence. Tout doit concourir à son bien-être et à sa prospérité ; les classes dirigeantes elles-mêmes n'ont pas d'autre raison d'être que de travailler à cet objet : quant au peuple, il n'a, dans son propre intérêt, qu'un seul rôle à jouer : c'est de faire sentir à ses gouvernants, s'il est satisfait ou non. Dans le témoignage efficace de cette approbation ou de ce blâme consiste la véritable et seule démocratie possible. Et il est facile de montrer que, autrement entendue, la Démocratie n'est qu'un vain mot, ou qu'elle se confond avec la Démagogie.

Non seulement, en effet, le peuple ne décide ni ne peut rien décider directement, mais encore il ne saurait choisir ses représentants en connaissance de cause. Tout le monde connaît le fonctionnement du suffrage universel. Ce n'est pas l'homme de capacité que l'on adopte; c'est l'élu d'une faction, auquel parfois personnellement on ne voudrait pas toucher la main. Le candidat, le plus souvent, n'est pas connu de l'électeur, d'ailleurs incapable de juger de ses aptitudes et de ses mérites. L'électeur ne peut donc que s'en rapporter à d'autres pour faire son choix. Les luttes de placards et d'affiches que l'on voit se continuer à chaque élection, jusqu'à la dernière heure du scrutin, prouvent combien le choix des électeurs est chose capricieuse. On s'épargnerait de tels moyens si l'on savait que chacun a pris sa détermination froidement après une enquête sérieuse et attentive sur le compte des personnes qui sollicitent son suffrage. Les véritables électeurs ne sont donc pas cette masse inconsciente qui, en somme, ne sait pas au juste ce qu'elle veut. Ce sont les Comités de propagande c'est-à-dire les meneurs détenant, sans mandat officiel, la réalité du pouvoir. Quand vous entendez parler de mandat impératif, pensez-vous qu'il s'agisse, pour le mandataire, de recevoir une injonction directe de ses commettants? Non pas, mais bien de son Comité électoral qui s'impose, de son chef, le tuteur du représentant et l'inspirateur de la masse aveugle. C'est donc, en réalité, une élection et un mandat à deux degrés, où l'élu n'est que le porte-voix des agitateurs, où le gouvernement appartient aux chefs de partis. Et cela est inévitable, car le peuple, même quand il a l'air de commander, ne fait jamais qu'obéir. Seulement il obéit à des intrus, au lieu d'obéir à ses directeurs naturels et autorisés.

Le gouvernement dit démocratique, n'est donc pas le gouvernement du peuple par lui-même, ce qui est radicalement impossible. C'est le gouvernement d'une certaine coterie d'hommes qui, dans une société bien réglée, ne seraient pas parvenus aux emplois, pour cause d'indignité ou d'incapacité. En un mot, c'est le gouvernement des charlatans, des intrigants et des fous.

Et quand, par hasard, un de ces meneurs se trouve être un homme de vrai mérite, on le voit, aussitôt arrivé au pouvoir, modifier ses opinions et devenir autoritaire ou conservateur. Ses rivaux envieux l'appellent rénégat. Nommez-le plutôt homme de bon sens qui, une fois en contact avec les complications et les difficultés des affaires, reconnaît le néant des déclamations vaines et la fausseté des conceptions *a priori*.

On peut se rendre compte par la composition de nos assemblées politiques de ce que vaut un tel régime. Elles sont formées d'ambitieux à courtes vues, de bavards vides d'idées, de sectaires fanatiques ou naïfs, qu'aucune préparation sérieuse n'a façonnés pour une semblable tâche. Ces gouvernants ne sont pas là pour s'occuper des intérêts suprêmes de la patrie; mais pour soutenir les passions de leurs coteries, et souvent, par la même occasion, avancer leurs affaires personnelles. Je veux bien croire que, dans les circonstances critiques et solennelles, ils s'auront s'inspirer, à l'unisson, des besoins réels et des aspirations légitimes du peuple; mais encore une fois, la politique n'est pas une affaire de sentiment. C'est une affaire d'étude profonde, de haute sagesse, de froide résolution, de science compliquée. Et où l'auraient-ils apprise, cette science ? Est-ce en plaidant le mur mitoyen devant le tribunal de Carpentras ou de Montélimar? Est-ce en visitant des clients malades à travers les villages de leur canton, et en pérorant le soir autour du billard d'un estaminet de province ? Est-ce en fomentant des grèves qui couchent sur la paille des multitudes d'ouvriers affamés et ruinent l'industrie d'une nation au profit de ses rivales?... Aussi la principale occupation d'assemblées ainsi composées est-elle de renverser les ministères au hasard des passions du moment, sauf à le regretter une heure après. Allez donc pêcher un Richelieu ou un Colbert dans cette mare aux grenouilles. Y fussent-ils d'ailleurs, qu'on ne les supporterait pas, car il est de l'essence de l'esprit démocratique, de s'insurger contre toute supériorité.

II

La Démocratie peut représenter dans l'évolution sociale deux stades opposés. Elle peut être un état rudimentaire ou un état de décomposition et de décadence. Quand elle se produit à l'origine des sociétés elle est à peu près ce qu'est le mollusque dans la série biologique. Quand elle succède à une période d'organisation sociale et politique, c'est le ramollissement ou l'ataxie locomotrice.

Les sociétés peuvent commencer par la démocratie, c'est-à-dire par cette phase vitale où, rien n'étant encore organisé, la masse ressemble à une sorte de protoplasme, vivant d'une vie confuse et indistincte. Cet état toutefois ne peut durer. Sous la pression du besoin, sous la menace du dehors, les organes se forment, la tête apparaît. Alors toute la vie se réfugie dans les organes essentiels et principalement dans la tête. La masse du corps n'est plus qu'une matière presque indifférente. Coupez-en une partie, elle repousse. On passe ainsi presque subitement, de la période anarchique, à la période despotique. Par suite d'un progrès insensible, la vie centrale tend à se ramifier et à pénétrer jusqu'aux extrémités. Tout se subordonne dans le corps. Le cerveau communique avec les membres par un réseau de fibres délicatement agencées, et, à son tour en reçoit l'impression, en subit l'influence. Le corps devient dès lors sensible et vulnérable dans toutes ses parties. C'est la perfection de l'organisme. Tout s'y tient, tout s'y commande, tout y est en concordance précise. Dans l'état de société, cette participation des extrémités à la vie centrale, sous la forme de la puissance de l'opinion et de la poussée montant de la périphérie, est aussi le véritable point de perfection, et l'on peut, dans une certaine mesure, l'appeler démocratie. Mais, pour que l'être social reste bien équilibré, pour qu'il fonctionne sainement, il faut néanmoins que la tête et les organes essentiels conservent leur action prépondérante, sinon, ce n'est plus le progrès, ce n'est plus l'amélioration des ressorts vitaux, tendant à l'unité de sensation, de pensée, de direction; c'est le commencement de la désarticulation, qui nous ramène à la phase inorganique primitive, comme la vieillesse retourne à l'enfance.

Cette dernière condition est celle de la démocratie, telle qu'on l'entend de nos jours. On veut supprimer la tête et les organes d'un vertébré pour en refaire un mollusque.

.*.

Encore si une telle condition garantissait la liberté! Mais rien plus que cette démocratie démagogique n'est incompatible avec la liberté. La liberté exige un fonctionnement régulier d'organes bien adaptés et bien pondérés. Or le caractère de la démocratie démagogique est précisément de n'avoir point d'organes fixes. Cet état n'admet que des soubresauts, sous l'excitation locale d'un point qui, se faisant centre, entraîne et opprime tout le reste. C'est l'état le plus autoritaire et le plus despotique. Et comme à défaut d'un sensorium commun dominant et dirigeant l'ensemble, il n'y a plus de régularité ni d'harmonie entre les fonctions, le groupe social ressemble à cet animal mythologique, si mal conformé qu'il mangeait ses propres pieds sans s'en apercevoir.

Je sais bien que les théoriciens de la démocratie n'entendent pas se passer d'organisation. Mais, à une organisation normale résultant de la subordination des classes, telle que l'a établie et que la remanie sans cesse le jeu de la sélection, ils prétendent substituer une organisation factice et arbitraire. Ainsi au lieu de laisser la tête et les organes se former par les lois naturelles, ils prennent, dans la masse indistincte, une individualité quelconque et lui disent : « Sois la tête aujourd'hui; demain ce sera le tour d'un autre, et nous serons la tête chacun à notre tour. » De même pour les autres fonctions, et sans s'inquiéter si ces parties élues sont réellement aptes à jouer le rôle qu'on leur assigne. Peine perdue! Le besoin seul crée le véritable organe; et quand il le faut, cet organe apparaît sans délégation, et s'impose par la force des événements.

Ne confondons point la démocratie américaine avec la démocratie qui mine les vieilles nations européennes.

La démocratie Américaine est une enfance qui tend à s'organiser, tandis que la démocratie Européenne est une vieillesse qui s'achemine vers la désorganisation. La démocratie Européenne ne veut plus de classes; la démocratie Américaine aspire à se constituer des classes. La première ne veut plus d'armée; la seconde commence à sentir le besoin d'une armée. L'une tourne à l'internationalisme, l'autre se referme en elle-même et se condense de plus en plus en une puissante individualité nationale. Ici, c'est un flot qui monte; là c'est un flot qui se retire. Ils se rencontrent peut-être pour le moment au même niveau, mais l'un dans sa marche ascendante, l'autre dans sa marche descendante.

*
* *

Il n'y a pas non plus identité nécessaire entre la Démocratie et le régime républicain. Leurs principes d'ailleurs sont différents et même opposés.

D'après Montesquieu, la Vertu est le ressort du gouvernement républicain. Ce grand penseur, toutefois, ne paraît pas s'être bien entendu lui-même quand il s'est agi de définir cette vertu. Il en fait l'amour de l'*égalité*. Il aurait dû dire : l'amour de la *légalité*. En effet, le respect de la loi est la vertu sociale par excellence. Plus cette vertu prédomine, moins se fait sentir le besoin d'une puissance coercitive et répressive. La machine fonctionne d'elle-même et c'est en quoi consiste la véritable liberté : faire son devoir sans y être contraint. Quand, au contraire, cette vertu diminue, la coercition et la répression s'imposent de nouveau et appellent la dictature.

Le principe de la Démocratie, loin d'être la Vertu, est la passion houleuse et aveugle, comme l'esprit des masses, c'est-à-dire précisément tout le contraire.

Le régime républicain peut parfaitement s'allier avec une forte organisation sociale naturelle : témoin, la République romaine. Les révolutions de Rome nous dévoilent même, avec la dernière évidence, les effets successifs de ces principes divers. Les bases de la grandeur de cette nation furent posées par ses premiers rois, lesquels, par un heureux concours de circonstances, unique peut-être dans l'histoire, se trouvèrent être tous des hommes supérieurs. A côté de la Royauté, s'élevait une classe d'hommes aux mœurs austères, au caractère sévère et juste, animés d'un ardent amour de la patrie, respectueux observateurs des institutions et des lois. Cette élite brisa un joug devenu inutile et même odieux, et se constitua en république. Le ressort de ce gouvernement était bien la Vertu, la vertu farouche et intransigeante, comme l'atteste l'exemple du premier Brutus. Cette république n'offrait pas une masse désordonnée. Elle avait sa tête et ses membres formidables : le Sénat, et le Patriciat. Le Sénat, corps stable et permanent, capable par cela même de suivre une politique soutenue, continua et développa l'œuvre de la grandeur nationale commencée par les rois. Ce fut le beau temps de la République, l'époque des Fabricius, des Cincinnatus, des Scipions. Puis, quand le flot montant de la Plèbe vint envahir cette arche sainte, la vertu patriotique digne et ferme fit place aux tumultes du Forum. L'esprit était changé; c'était l'avènement de la Démocratie. Bientôt vinrent les dictatures nécessaires de Marius et de Sylla; et enfin, conséquence inévitable, l'Empire; mais un Empire factice, avec des empereurs d'occasion, créatures des factions prétoriennes, chefs dérisoires impuissants à arrêter la chute de ce grand corps, pourtant encore assez vivace par lui-même, pour emplir plusieurs siècles de sa lente agonie.

Si notre démocratie contemporaine n'est pas un état transitoire, semblable à celui d'un être momentanément en proie à une crise maladive, pendant laquelle il renouvelle ses organes; si c'est vers un état définitif que nous nous acheminons ainsi, nous pouvons nous attendre à subir le même sort que l'Empire Romain.

III

Quelques penseurs ont cru voir dans la Démocratie la formule finale de l'évolution sociale, amenée par la transformation des conditions économiques et politiques des sociétés, grâce à l'augmentation du bien-être matériel. Ainsi, disent-ils, la première forme de la Société a été le militarisme autoritaire, qui discipline les membres pour une action commune dirigée contre les voisins, en vue de se ravir réciproquement les ressources nécessaires à la vie, si rares et si précaires quand l'industrie n'était pas encore née. La forme vers laquelle s'acheminent les sociétés modernes est l'industrialisme et le commerce. Le travail et les échanges, en multipliant et faisant circuler les richesses, rendent inutiles et même nuisibles les agressions de peuple à peuple, et ont besoin de paix et de tranquillité pour s'exercer à l'aise. Or, un gouvernement autoritaire ne convient plus à un tel état, qui réclame plutôt la liberté complète des transactions et doit être régi par la raison et par la volonté commune des intéressés. D'après Herbert Spencer, cette nouvelle forme sociale consisterait dans la substitution des rapports contractuels librement débattus, à l'autorité disciplinante.

C'est d'abord confondre la politique avec l'économie sociale. Nous ferons remarquer, en outre, que loin de diminuer les conflits de peuple à peuple, cette extension donnée à l'industrie et au commerce, les rend, au contraire, plus âpres et plus formidables. L'appétit, comme on dit, vient en mangeant. Et si des peuplades primitives se faisaient la guerre pour s'approprier quelque lambeau de territoire productif, les peuples modernes ne sont pas moins agressifs pour se procurer des débouchés à leurs produits, augmenter leurs richesses et seulement élargir leur influence. On ne le voit que trop, par les compétitions ardentes et acharnées qui se manifestent sous nos yeux.

Cette prétendue évolution n'est d'ailleurs qu'un trompe-l'œil. Elle n'est pas, dans tous les cas, aussi radicale qu'on le prétend. Du jour où les hommes ont commencé à dédaigner les produits bruts de la nature et ont essayé par le travail, de s'en créer d'artificiels, tout groupe social, même le plus primitif, a eu son état économique, son industrie et son commerce rudimentaires, en même temps que son état politique, qui le posait en groupe individualisé, en concurrence avec d'autres groupes. Si ce dernier état — le moins compliqué — a atteint, à peu près du premier coup, sa portée normale, l'état économique plus obscur (puisqu'il a fallu attendre jusqu'à Adam Smith pour voir un peu clair dans son fonctionnement), tout en progressant lentement, a pu néanmoins s'améliorer peu à peu, au point d'acquérir une prépondérance qu'il n'avait pas à l'origine. Il ne s'en suit pas cependant qu'il doive absorber et annihiler l'autre. Au contraire, les fonctions politiques deviennent plus délicates, plus complexes, et aussi plus nécessaires, au fur et à mesure que les fonctions économiques gagnent en importance. Il n'y a pas substitution par évolution des unes aux autres, mais accroissement parallèle et solidaire.

En fait, l'autorité centrale reste indispensable au progrès même de l'industrialisme, sinon comme promoteur (ce n'est pas son rôle), du moins comme régulateur, comme pourvoyeur des moyens généraux, comme protecteur contre les compétitions et les rivalités étrangères.

Le développement de l'industrie et du commerce s'allie parfaitement bien avec un pouvoir central fortement constitué. Le premier essor important de l'industrie, en France, date de l'administration de Colbert, sous le gouvernement le plus autoritaire que nous ayons subi au cours de notre histoire. Et, pour remonter à une date antérieure, l'affranchissement des communes marchandes a été en grande partie l'œuvre de nos rois. L'extension du commerce hanséatique, aux siècles derniers, ne s'est pas produite sous un régime démocratique, mais à l'ombre du pouvoir impérial et sous une oligarchie très étroite. Elle a été le résultat de la concentration, entre quelques mains puissantes, des moyens d'action savamment dirigés. La prodigieuse expansion actuelle de l'industrie et du commerce allemands correspond à la fusion, sous un sceptre militaire, des petites principautés jusque-là impuissantes, tandis que l'influence française sur les marchés cosmopolites décroit lamentablement sous les tiraillements démocratiques. Quant à l'Amérique, elle a pu s'étendre librement sur un terrain vierge et non encore borné. Attendez pourtant que l'espace lui manque et vous la verrez, comme toute autre nation, se constituer fortement pour la lutte extérieure.

L'épanouissement industriel et commercial ne coïncide donc pas nécessairement avec la forme démocratique. Au contraire, les fluctuations d'un tel régime sont plutôt nuisibles qu'utiles au développement des fonctions économiques. Car, au fond, il n'est pas de régime plus tyrannique jusque dans le domaine des relations privées; parce qu'il se croit tout permis au nom de la masse, ou plutôt des factions dominantes.

***

Après tout, comme dissolvant social, la Démocratie est encore anodine, auprès du Socialisme. La politique, quand on la renferme dans ses attributions normales, ne touche qu'à la direction en quelque sorte sommaire de la Société, tandis que le Socialisme s'attaque à sa complexion intime. Il contrarie et paralyse l'œuvre féconde de la nature. Comme le Garo de la fable, il voudrait faire pousser des citrouilles sur les chênes. Et, en poursuivant ses conceptions utopiques, il perd de vue le but véritable. Il est démontré historiquement que tout peuple qui s'adonne au socialisme doit faire son deuil de sa nationalité et de son indépendance. Car la lutte des races est une loi naturelle, et tout groupe qui perd son temps à des démêlés internes et n'a plus, par conséquent, la cohésion nécessaire pour le conflit extérieur, est voué à un inévitable anéantissement.

Heureusement, le Socialisme se heurte à des répugnances instinctives qui sont un indice de santé persistante chez les masses. Et quant aux révolutions purement politiques, elles ont peu d'influence sur la prospérité publique librement abandonnée à elle-même. La Démocratie court, il est vrai, le danger d'engendrer des crises et des malaises, par suite de l'incohérence des vues générales et de la mauvaise gestion des rapports avec les groupes rivaux; si, cependant, elle respecte le jeu naturel des forces économiques, elle n'atteint point directement la Société dans ses œuvres vives. Et celle-ci peut rester florissante par l'agriculture, par l'industrie, par le commerce, par les arts, par la pensée, jusqu'à ce que quelque concurrence redoutable, quelque collision avec un voisin puissant, vienne lui dévoiler la faiblesse de son gouvernement.

§ 3.

Des Nationalités.

Les démocrates et les socialistes ont bien senti ce dernier péril. Tant que le genre humain restera divisé en groupes rivaux, le groupe le plus solidement constitué fera la loi aux autres. Ils le comprennent bien et de là vient l'internationalisme.

Il s'agit donc de dissoudre les groupes naturels, sauf à les reconstituer sur de nouvelles bases; car on ne comprendrait pas le Collectivisme, par exemple, ni même la Démocratie, établis autrement que dans des associations restreintes. En attendant, le rêve des démocrates et des socialistes est de faire de l'espèce humaine une vaste bouillie informe et sans consistance, où ils pourront s'agiter à l'aise, sans craindre les coups du dehors. Les socialistes, en particulier, ont une prétention plus extravagante encore : ils méditent de changer, à leur profit, l'ordre normal de combinaison des éléments sociaux. A la place de l'union harmonique de la pensée directrice, du capital fécondant, de la main-d'œuvre ouvrière, autour d'un foyer local imprimant l'activité à l'ensemble de ces forces, ils veulent réunir tous les travailleurs manuels de tous les pays dans une vaste conjuration contre tous les travailleurs de la pensée, les détenteurs de la matière et des instruments de travail. Guerre intestine; plus de corps; tous les pieds contre toutes les têtes; abattre toutes les têtes pour ne laisser subsister que les pieds!... Et quand il n'y aura plus de corps organisés, quand les membres inférieurs triomphants resteront seuls, à quoi seront-ils bons? Une pareille chimère n'a d'égale que celle de quelques vieilles folles, qui voudraient opposer les sexes l'un à l'autre : la mère contre ses fils, la fille contre son père, les sœurs contre leurs frères. J'aimerais autant voir un chimiste grincheux, trouvant notre atmosphère mal faite, s'ingénier à séparer l'oxygène de l'azote, pour en former deux atmosphères superposées. Ce serait la mort de tout le règne végétal et animal.

Heureusement, de telles utopies sont aussi irréalisables qu'elles sont insensées. Tout, dans la nature, procède par groupes ou groupements organiques. Les groupements sociaux n'échappent point à cette loi. Un peuple, encore une fois, n'est pas une fraction arithmétique de l'espèce humaine, une quantité formée d'unités homogènes, susceptible d'un mélange arbitraire avec une autre quantité. C'est un être *sui generis*, une individualité d'une nature spéciale, ayant ses membres, ses organes propres, son nœud vital particulier, son *moi* et son *non-moi* par rapport aux autres peuples. Et la série de ces groupes, non la totalité des individus, compose l'Humanité. Vouloir déranger cet ordre spontané, c'est essayer d'étouffer les ferments d'où procède la vie. On n'introduit pas d'ailleurs dans l'univers d'autres principes vitaux que ceux couvés par la nature elle-même. On ne taille pas la vie dans la vie. A la rigueur, on peut tuer, non créer.

Sans doute, il s'établit entre les peuples de grands courants qui les entraînent d'un mouvement commun vers un idéal de plus en plus élevé. Nous l'avons déjà vu, la morale passe par dessus la tête des peuples, pour unir tous les hommes et les peuples mêmes entre eux, par des rapports plus généraux, quoique moins solides, que ceux reliant les membres de chaque groupe social. Il en est de même de la science, impersonnelle de sa nature, et par conséquent universelle; de même aussi de la spéculation philosophique et de la foi religieuse, du moins dans l'état actuel de la civilisation, car il n'en a pas toujours été ainsi. Tous les hommes, à quelque race qu'ils appartiennent, ont en effet un fonds commun. Mais, dans la lutte pour l'existence, ils apportent des facultés et des aptitudes diverses qui, pour s'exercer utilement, demandent un milieu approprié, plus ou moins restreint, dans lequel ils se sentent solidaires les uns des autres. Là seulement ils obtiennent leur entière et véritable valeur. Le génie le plus cosmopolite lui-même ne saurait dépouiller son cachet de race et de milieu, sans quoi il serait indéterminé et n'aurait plus de caractère, puisque l'on ne peut réunir et allier les qualités contraires. Même quand son action dépasse les limites de son groupe, il n'est que le reflet du centre auquel il se rattache. Le *summum* de la civilisation n'est pas la résultante des efforts des hommes pris individuellement; c'est l'aboutissement des luttes et des rivalités entre races et peuples, servis par leurs hommes de génie formés et grandis à leur taille.

L'internationalisme est donc une chimère néfaste. Ce serait l'arrêt de la civilisation. L'Humanité ne progresse que par l'émulation et la concurrence des groupes s'efforçant de se surpasser les uns les autres, en influence et en développement matériel, intellectuel, moral. Autrement l'effort individuel, même le plus puissant, se perdrait, comme une voix isolée, dans une cacophonie sans nom.

.˙.

Ici se présente une question. Qu'est-ce qu'un peuple? Comment, quand, à quelles conditions est-il constitué et a-t-il le droit de se poser dans son autonomie, dans son autorité intérieure sur ses membres, dans son indépendance vis-à-vis des autres peuples?

Les *Scolastiques* résolvaient cette question par le concept de la *Société parfaite*. Ils entendaient par là un groupe se suffisant à lui-même, possédant toutes les ressources et tous les organes nécessaires à sa subsistance matérielle et à sa vie morale. Cette définition est à la fois trop large et trop étroite. Trop large, car aucun peuple ne se suffit à lui-même. Il est toujours, sous quelque rapport, tributaire, par le besoin, des autres peuples, surtout avec la population exubérante engendrée par l'accroissement du commerce et de l'industrie. Trop étroite, car il ne suffit pas qu'un groupe humain puisse, à la rigueur, se passer des autres, pour avoir, par exemple, le droit de vie ou de mort sur ses membres, et le droit de guerre contre ses voisins. Les Scolastiques y ajoutaient, il est vrai, la consécration religieuse ou divine. Laissons la consécration religieuse, à laquelle nul n'est tenu de croire; substituons-y la consécration naturelle et nous serons d'accord. Expliquons-nous.

Un groupe de mille, dix mille, cent mille individus (le nombre n'y fait rien) avec femmes et enfants, comprenant tous les corps d'états nécessaires à la vie physique, intellectuelle, morale et même religieuse, va s'établir dans une contrée déserte, qu'il se met à exploiter et dont, nous le supposons, il tire une subsistance suffisante. Ce groupe constitue-t-il un peuple autonome et souverain, ayant le droit d'imposer la contrainte sociale à tous ses membres et de traiter, de puissance à puissance, comme nation, avec les autres nations? Non. Pas tout de suite, du moins. Sans doute, les membres de ce groupe peuvent établir entre eux des conventions, un *modus vivendi*, se donner des chefs pour gérer les intérêts communs, élire des arbitres pour régler leurs différends, se défendre, même à main armée, contre les incursions des voisins, en vertu du droit de légitime défense qui appartient à tout homme et à toute réunion d'hommes. Mais ils n'ont de prise les uns sur les autres qu'à raison de leur consentement réciproque; et les conventions entre individus n'engendrent que des rapports privés. S'ils sont liés par des mesures générales, s'ils obéissent aux chefs choisis, s'ils exécutent les sentences de leurs arbitres, c'est qu'ils le veulent bien. Il leur est permis de se détacher du groupe quand il leur plaît. Ils ont la faculté d'y admettre des étrangers, pour en faire partie au même titre qu'eux, sans leur imposer aucune des formalités d'accession usitées pour acquérir le titre de citoyen dans une patrie d'adoption, et sans pouvoir exiger d'eux la renonciation à leur nationalité d'origine. En un mot, c'est une association de particuliers, si nombreuse soit-elle, et non un peuple. Ils restent citoyens ou sujets de leur Mère-Patrie, s'ils en ont une, et c'est toujours d'elle qu'ils relèvent pour accomplir un acte social. S'ils rompent cette attache, ils sont impuissants à faire acte et profession de souveraineté. S'ils veulent assujettir quelque récalcitrant à un sacrifice imposé au profit de la masse et non accepté librement, c'est une voie de fait arbitraire; si leurs tribunaux condamnent quelqu'un à mort, c'est un assassinat; si leurs chefs, pour leur procurer une extension territoriale, les conduisent à l'attaque de quelque peuplade voisine, c'est un acte de brigandage.

Mais, laissez faire le temps et les événements. Plusieurs générations se sont succédé. Les berceaux des familles se sont assis sur ce sol improvisé. L'arbre généalogique y a pris racine et y a poussé. Les cendres des aïeux dorment sous les pieds des vivants. L'enfant nouveau-né aspire en naissant une atmosphère physique et morale appropriée à ses poumons et à son cœur. Les foyers se sont allumés et nourris aux influences ambiantes. Ils se sont resserrés entre eux par les alliances de familles, par les intérêts solidaires, par un idéal commun, surtout si un même culte religieux, avec ses sacrements et ses rites, précise et cimente cette union des corps et des âmes. Le présent se rattache au passé et à l'avenir sur un fond permanent, et tout tend de plus en plus à former un faisceau compact et homogène, adhérant au sol nourricier.

Viennent maintenant les difficultés extérieures : que le groupe soit obligé de se défendre contre les attaques du dehors; que son droit exclusif de propriété du territoire soit contesté à main armée; qu'il sorte victorieux de ces luttes et qu'il arrive à planter sur sa citadelle un drapeau victorieux, teint du sang des héros tombés fraternellement, côte à côte, sur les champs de bataille, et voilà un peuple constitué : voilà la Patrie.

Nous avons choisi cet exemple parce qu'il pose la question de la manière la plus nette et la plus tranchée. Mais ce n'est là, bien entendu, qu'un mode particulier et assez rare de la formation d'un peuple. C'est le cas de la nation américaine; ce sera peut-être celui des républiques transvaaliennes.

A quel moment précis cette consécration de peuple autonome et souverain est-elle descendue sur ce groupe? Nul ne peut le dire. Chaque opposition, chaque triomphe a ajouté un nouveau lien à la cohésion. Puis, il est arrivé un moment où le fait est devenu indéniable et s'est imposé avec une telle force que les autres peuples sont obligés de le reconnaître par des traités.

C'est ainsi que le Droit sort et se dégage du Fait. Sans doute, si vous voulez remonter rationnellement à l'origine de ce droit, vous ne la trouverez pas. Et c'est ici qu'apparaît la profondeur de la boutade de Pascal, à première vue si paradoxale, en réalité si vraie. Vérité, Droit, Légitimité ne s'imposent à nous qu'à l'état de bloc ou de faisceau arrivés à un certain degré de consistance nous permettant de les saisir. Si vous voulez diluer ce bloc, délier ce faisceau, tout s'écroule, se résout et s'évanouit dans l'irréel et l'insaisissable. Tout, en général, commence par l'usurpation insensible ou brutale. C'est la longue possession, le fait bien établi et bien adapté aux aspirations et aux besoins de l'âme humaine, qui font la légitimité... En attendant que la volonté de Dieu — ou l'évolution de la Nature — c'est-à-dire la force des choses en dispose autrement.

C'est la théorie de De Maistre lui-même, théorie qui a rendu presque hérétique cet ardent apôtre de la Légitimité. Et, à ce propos, il est curieux de voir comment le génie même empêtré dans les entraves du parti pris, sait, d'un coup d'aile, se libérer et plonger hardiment au fond des espaces. Nous avons vu Pascal, ce croyant par horreur du vide, nous montrer, avec une vigueur dont nul n'a approché, l'inconsistance fondamentale du monde contingent; voici maintenant De Maistre qui, en scrutant les racines des dogmes et des institutions dans les entrailles mêmes de l'Humanité, et y reconnaissant l'expression de grandes lois naturelles (faisant ainsi échec à la Révélation), se trouve être l'un des initiateurs et le précurseur, au point de vue moral, de la théorie moderne de l'Evolution. Il nous fait quelque part soupçonner une autre forme naturelle de genèse, de formation et de développement des peuples. Rien n'est plus profondément vrai que son fameux axiome : « Les familles royales ne sont pas royales parce qu'elles règnent, mais elles règnent parce qu'elles sont royales ». Je dirai même plus : ces familles privilégiées que la sélection a fait sortir hors de pair, sont souvent le noyau de la nation qui s'agglomère autour d'elles. Et tant vaut le noyau, tant vaut l'ensemble. Non pas que la Nation soit faite pour la Royauté, comme certains n'ont pas craint de l'avancer; notre corps non plus n'est pas fait pour notre cerveau; tous deux forment un tout indivisible et réagissent l'un sur l'autre; mais la Royauté, comme le cerveau, est la pièce maîtresse, l'organe principal. La France telle qu'elle est sortie il y a un siècle, des mains de la Royauté mourante, était bien l'œuvre de la politique dix fois séculaire d'une même famille.

L'histoire contemporaine nous montre d'autres exemples de ces formations et transformations de peuples autour d'une famille royale. La dynastie des Habsbourg, en expirant, laisse l'Autriche décadente et à la veille d'un démembrement; tandis qu'à côté, une autre dynastie, pleine de jeune verdeur et de sève, est en voie de consolider autour d'elle un corps formidable, qui naguère se mourait de longueur. Et ceci prouve bien la force vivifiante de ces noyaux. Des parcelles languissantes détachées de corps en décomposition sont repris aussitôt autour d'eux dans le circuit vital. Les peuples parfois sont vieux, mais ils ont la vie dure et l'on peut souvent les sauver en leur infusant un sang nouveau.

§ 4.

De la Guerre.

Puisque nous venons de parler de De Maistre, rappelons-nous le dernier *Entretien* des « Soirées de Saint-Pétersbourg », et disons, à notre tour, quelques mots sur la guerre entre nations.

La guerre est un fléau, c'est entendu. Et quiconque parviendra à adoucir ce fléau sera un bienfaiteur de l'Humanité. Mais les tempêtes, les cyclones, les tremblements de terre sont aussi des fléaux et force est bien de les subir. Il est oiseux de rechercher si la guerre est légitime. On ne discute pas la légitimité de l'ouragan. Dire que la guerre est légitime quand elle est défensive est une solution à la manière de M. de la Palice, car il n'y a pas de guerre défensive sans une guerre offensive. Il s'agit donc plutôt de rechercher ce qu'est la guerre, et quelle est sa raison d'être dans l'évolution humaine.

Etant posé en fait que, dans le vaste sein de l'Humanité, comme dans le reste de la nature, tout se comporte et se déroule par groupes organisés, les peuples se posent entre eux, chacun dans son individualité, dans son *moi*, si l'on veut, en opposition et en rivalité avec leur *non-moi*, c'est-à-dire avec leurs voisins. C'est une loi de la vie que chaque groupe, comme chaque individu, tend à élargir la sphère de son activité, à absorber le plus de vie, à emplir le plus d'espace qu'il peut, autour de lui. C'est la concurrence universelle. De là des heurts ; et ces heurts, entre les peuples, s'appellent la guerre.

Mais, de même que l'on a pu régulariser le jeu des activités individuelles, en les soumettant à des règles rationnelles, appuyées sur une sanction supérieure, ne pourrait-on, dans cette rivalité des nations, trouver quelque tempérament, qui restreigne les activités sociales dans leur orbite légitime, avec un pouvoir central pour juger les différends et assez fort pour faire respecter ses sentences ?

Hélas ! on l'a tenté en vain jusqu'ici. Et une haute expérience récente a montré tout ce qu'avait d'illusoire cette utopie généreuse. A peine la Conférence de La Haye avait-elle clos ses séances, qu'une guerre haïssable éclatait et que les puissances devenaient entre elles plus menaçantes que jamais. Il est des moments où ces nuages, que sont les nations, se chargent d'électricité, et, bon gré, mal gré, il faut que la foudre éclate.

Il y a lieu de le remarquer d'ailleurs : les rivalités entre particuliers, sujets ou citoyens d'une nation, n'ont pas le même caractère, la même portée, ni le même champ d'action que les rivalités entre peuples. Celles-là sont soumises à une loi naturelle de cohésion qui, quoiqu'on en dise, ne résulte pas d'accords réciproques privés ni publics. Au-dessus des simples individus, il y a la puissance sociale qui est une force dérivée de la nature. Cette force naturelle n'existe pas au-dessus de la tête des nations. Celles-ci relèvent d'elles seules. Elles sont liées uniquement par des conventions et des traités. Or, les conventions et les traités sont impuissants à créer cette force supérieure qui est *l'autorité* commandant de haut, et se faisant obéir. Il faudrait pour cela que l'Humanité évoluât d'une seule masse, à la façon dont nous avons vu un peuple se constituer. Et cela est impossible ; les conditions physiques, climatériques, morales, ethniques, les exigences même de la vie ne s'y prêtent pas.

Les peuples restent donc entre eux sous le seul empire des sanctions naturelles. Seul, l'idéal civilisateur, qui s'étend et s'élève, agit, comme le ferait un baume supérieur, pour émousser les aspérités, amortir les chocs, et introduit chaque jour un peu plus d'humanité dans les luttes internationales. Il est néanmoins à craindre que ce soit là le seul progrès réalisable. Quant à la guerre elle-même, rien n'en fait entrevoir la disparition.

**

Assurément, s'il n'y avait plus de compétitions entre les races, si chaque groupe était sûr d'être tranquille chez soi, jouissant en paix du fruit de ses travaux, à l'abri de toute incursion hostile, ce serait peut-être l'âge d'or... Pour un moment, du moins ; car, ne serait-ce pas aussi le marasme et l'immobilité ? La grande loi de la nature est le mouvement ; et l'arrêt du mouvement, c'est la putréfaction à bref délai. Les grandes masses, la marée humaine comme les couches atmosphériques, comme les flots de l'océan, ne se conservent qu'en se heurtant constamment les unes contre les autres.

Quand, à un utopiste qui vous expose ses combinaisons ingénieuses pour la paix et le bonheur universels, vous objectez les passions humaines, il vous répond avec une assurance déconcertante, qu'il n'existera plus alors que des êtres doués de la perfection morale la plus absolue. Eh bien, tant pis ! Les passions sont les agents du mouvement, du progrès et de la vie. Et non pas les passions canalisées, cultivées, réglementées comme le veut Fourier, mais les passions laissées à leur libre essor, les passions vives et ardentes, tempérées seulement par l'idéal civilisateur, les passions luttant entre elles, et trouvant leur apaisement dans la balance de leurs forces, non dans un accord concerté. La raison directrice n'est qu'un facteur insignifiant dans l'élaboration des destinées humaines.

Ah ! vous vous imaginez que, quand vous aurez arrangé votre petite affaire dans votre petit coin, on vous y laissera tranquilles ! Détrompez-vous, bonshommes. La guerre est divine, a dit Joseph de Maistre, et moi je dis : la guerre est naturelle. C'est une loi de l'Évolution. Atténuez-en les horreurs par la culture de la raison et par le relèvement de la morale universelle ; c'est au mieux. C'est le devoir de tout philosophe, de tout prophète, de tout pasteur de peuples. En attendant, vous ne supprimerez jamais les rivalités des races, qui sont l'une des conditions de la marche ascendante de l'Humanité. Vous n'éviterez pas plus les collisions entre groupes que vous n'empêcherez une masse d'eau en excès de se précipiter dans le gouffre voisin. Si vous ne voulez pas être noyés, ne laissez pas le vide se faire chez vous. Croissez et multipliez, au risque de ne pouvoir nourrir l'excédent de population. Emplissez le vase jusqu'à déborder plutôt que d'y laisser le moindre creux. Une telle imprudence, n'en déplaise à Malthus, vaudra mieux pour votre sécurité que tous vos arrangements de bien-être, lesquels ne seront qu'un appât de plus pour l'envahisseur.

L'hostilité des races, quoi qu'on en dise, n'est pas un simple abus des passions humaines. Ce n'est pas sans cause que tel groupe s'est formé ici, rival et ennemi *naturel* de celui-là. Des influences profondes et complexes ont présidé à ces groupements et à ces tendances. A défaut d'une autorité supérieure et efficace pour juger les différends, ces compétitions se résolvent parfois fatalement en conflits violents. Une seule cause, je le crains bien, sera capable d'amener la paix universelle : ce sera le ramollissement et l'extinction de l'énergie vitale, dans la décadence définitive des races.

La suppression de la guerre est donc un rêve ; et je serais presque tenté d'ajouter avec Von Moltke : ce n'est pas un beau rêve.

La Guerre est la sanction dernière de la sécurité et de l'honneur national d'un peuple. Une nation qui n'est pas prête à faire la guerre, quand ses droits sont violés, quand sa dignité est offensée, n'est plus qu'une chiffe molle que le premier venu peut souffleter impunément. Un individu peut, à la rigueur, se sacrifier. Il peut tendre la joue gauche, à celui qui le frappe sur la joue droite, se poser devant la force ou le crime, en martyr du droit et de l'humanité outragée : et le rôle en être beau et sublime ; un peuple ne le peut pas. Il a le devoir de venger ses injures et de tenir, haut, ferme et fier, le drapeau de la Patrie. S'il succombe, que ce soit au moins avec gloire, en imposant le respect à ses ennemis. Cette nécessité de s'aguerrir, de se sentir les coudes, en face de la menace étrangère, est en somme le lien le plus efficace pour maintenir le groupe social, solide et en haleine. C'est l'âme même de la Patrie. Et la guerre (les destins nous en préservent le plus possible !) est la pierre de touche de ce que vaut un peuple, dans la concurrence pour la vie et le progrès.

Quelque philosophe sentimental ne verra dans la guerre qu'une horrible boucherie. Je le pense comme lui. J'y discerne néanmoins autre chose. La guerre sert à expérimenter le caractère de fermeté, de résistance, de discipline, d'énergie d'une race. Elle entretient d'ailleurs et développe les plus nobles sentiments : l'esprit de vaillance et de dévouement ; tout ce qu'il y a de plus relevé et de plus vivifiant dans l'âme humaine. Si vous supprimez la guerre, ou la menace de la guerre, les passions cupides et sordides vont se donner libre carrière. Vous n'aurez plus que des jouisseurs effrenés, poursuivant à la faveur d'une trompeuse sécurité, toutes les satisfactions basses et matérielles. C'est, du reste, une erreur de croire que la guerre est le triomphe de la force brutale. Elle est bien plutôt l'épreuve de l'énergie morale. La tactique, la stratégie d'un chef habile, la supériorité de l'armement et du nombre n'y sont pas pour tout. Et c'est précisément à cet égard que la guerre est instructive.

．．．

Je ne prétends pas refaire, après De Maistre, l'apologie du guerrier. Je ne me place pas à son point de vue. Je me contenterai de reprendre quelques-unes de ses idées, pour en faire ressortir ce que j'appellerai la psychologie de la guerre.

Deux armées, de cent mille hommes chacune, sont en présence. Après huit ou dix heures de combat, l'une des deux a perdu cinq ou dix mille soldats et voici que tout se débande et fuit. Pourquoi? Il reste encore quatre-vingt-dix ou quatre-vingt quinze mille hommes valides, et les pertes de l'ennemi sont égales et peut-être supérieures aux nôtres. En outre, le désordre de la déroute va être cent fois plus désastreux et plus meurtrier que la résistance acharnée. C'est qu'une circonstance fâcheuse s'est produite : l'ennemi, par exemple, poussant une pointe hardie, a refoulé notre centre, et pénétré entre nos deux ailes ; nous sommes coupés. Fort bien ; alors l'ennemi est enveloppé! Ou bien, par un mouvement tournant, il s'est porté sur nos flancs et les menace ; il est donc dans la même position que s'il était coupé! Pourquoi ces deux situations contraires peuvent-elles être à la fois un avantage pour l'un et un désavantage pour l'autre? « Vous êtes tournés? » dit l'un des interlocuteurs de De Maistre, « tournez-vous! » « Vous êtes coupés? écrasez celui qui vous coupe en rejoignant sur lui vos deux tronçons! » Oui, mais voilà : c'est une question d'audace et de confiance en soi. La victoire reste à quiconque intimide l'autre. La cause de la défaite n'est pas la perte subie (elle est souvent minime), c'est l'affaissement moral et le découragement qui en résulte. « Qu'est-ce qu'une bataille perdue? » demande encore un des interlocuteurs de De Maistre, à un général. Celui-ci ne sait d'abord que répondre, et après avoir longtemps réfléchi, finit par dire : « C'est une bataille que l'on *croit* perdue. » Tout l'art de la guerre consiste donc à effrayer et à démoraliser son adversaire. Et voilà pourquoi la force des armées ne consiste pas toujours dans la supériorité du nombre et des engins de destruction (si ce n'est que ces ressources sont un élément de confiance), mais bien plutôt dans le courage, la fermeté, l'entrain qui sont des qualités viriles et morales et non de la force brutale. Une armée composée exclusivement d'hommes disciplinés et aguerris, résolus à tenir et à mourir jusqu'au dernier, serait réellement invincible. Quand on a fait un pacte avec la mort, comme disait Barrère, on en a fait un avec la victoire. Une multitude sans cohésion, sans organisation, sans direction, n'est que de la pâte à canon, où fermente la panique. Intimider l'ennemi, voilà l'art final. Je ne néglige pas, bien entendu, l'habileté d'un chef, la promptitude de ses mouvements, l'art de choisir les positions les meilleures, l'audace des attaques et des surprises, puisque tout cela va au but suprême, qui est de se faire craindre, de stupéfier son adversaire, de le forcer à lâcher pied; je dis seulement qu'à conditions matérielles sensiblement égales, la victoire favorise toujours le plus viril, le plus courageux, le mieux discipliné.

Assurément, une grande nation finira toujours par en accabler une petite. Et encore, rappelez-vous Marathon et Salamine et voyez actuellement les Boërs et l'Angleterre. Mais, quand deux nations à peu près d'égale force sont en lutte, l'avantage reste à celle qui a le plus de cœur et d'énergie. Le vaincu est réellement mis en état d'infériorité morale. C'est pourquoi la honte suit à juste titre la défaite, et la gloire le triomphe.

Quand une nation a acquis le droit de parler haut, quand elle a confiance en soi, elle respire largement dans la plénitude de toutes ses facultés. Ses qualités, même celles qui ont le moins de rapport avec la valeur guerrière, se développent dans toute leur étendue et tous les autres biens lui sont donnés par surcroît. L'histoire fourmille d'exemples de l'essor que prend une nation, dans toutes les voies de l'activité humaine, après une guerre victorieuse.

.*.

Répétons-le sans nous lasser : la guerre est un fléau. Il s'agirait néanmoins de savoir si, en supprimant ce fléau, vous n'en déchaîneriez pas un autre cent fois plus terrible. La guerre ou la lutte sous toutes ses formes est le fond même de la nature. La guerre entre nations a l'avantage de canaliser ce besoin de lutte, de le restreindre entre groupes rivaux et, par conséquent, de relier chacun de ces groupes sur lui-même, en faisceau discipliné et par suite fécond. Délier ces faisceaux qui ne peuvent s'accuser et subsister que par leur antagonisme réciproque (puisque telle est la loi universelle), c'est détruire la concorde où elle existe naturellement, pour lâcher les éléments les uns contre les autres; c'est substituer la guerre des classes, aux collisions entre grands corps constitués qui ne s'entament que par leurs extrémités et ne se résolvent à la lutte qu'après bien des hésitations et par suite de nécessités impérieuses.

Les internationalistes, en effet, sont-ils donc si pacifiques? Nous ne parlons pas, bien entendu, des internationalistes philosophes ou philanthropes, doux rêveurs, mais des internationalistes de combat. Leur mot d'ordre est : plus de frontières; guerre aux bourgeois! plus d'aristocratie quelconque, rien que des travailleurs! Entendez travailleurs manuels, car, pour eux, tout autre travail ne compte pas ; il est suspect. Ce qu'ils veulent, ce n'est donc pas la paix et l'abolition de la guerre; c'est le déplacement du théâtre des hostilités; c'est-à-dire une guerre plus sanglante, plus implacable et mille fois plus désastreuse que la guerre étrangère : la guerre non plus entre les sommets dont les fronts seuls se touchent, mais la guerre au couteau, la guerre à la base et à la racine, la guerre intestine entre les éléments de la société. Plus de barrières entre les peuples, mais sus à toutes les élites sociales! Et ils ne regardent pas s'ils ne vont pas ainsi trancher du coup le nœud vital, pour ne laisser subsister que des tronçons ataxiques, comme les pattes d'une araignée, qui continuent à se tordre désordonnément, quand on les a séparées du tronc.

Hélas! la paix a déjà bien de la peine à régner entre concitoyens du même sang, entre frères même, sous la protection des lois. Que voulez-vous qu'elle devienne quand tous les éléments seront déchaînés et livrés à eux-mêmes sans frein, pour s'entrechoquer dans un indescriptible chaos? Ce n'est certes pas la propagande par le fait des anarchistes ni les cris de haine des socialistes qui peuvent nous rassurer à cet égard.

.*.

Le fléau de la guerre s'est d'ailleurs sensiblement adouci. Nous sommes loin aujourd'hui, entre peuples civilisés, des atrocités inutiles et odieuses qui signalaient les guerres des temps barbares. La guerre elle-même s'est humanisée. C'est désormais (en droit reconnu, du moins), un duel viril entre hommes armés. Les non-belligérants, les intérêts privés doivent être respectés. Les sacs de villes prises d'assaut, les tueries de populations inoffensives soulèveraient, à l'heure qu'il est, l'indignation universelle. Ces horreurs semblent malheureusement réservées aux luttes fratricides, occasionnées par le débordement des passions haineuses, bien autrement ardentes et impitoyables que les rivalités internationales.

Je voudrais que quelque statisticien prît la peine d'établir le bilan comparé des pertes subies par le genre humain, d'une part dans les guerres étrangères et de l'autre dans les massacres résultant des dissensions civiles et intestines. La balance serait certainement en faveur de la guerre. Les deux ou trois journées de la Saint-Barthélémy ont, à elles seules, fait couler plus de sang que la guerre de Trente ans.

Et, à ce propos, je remarque que, contrairement à l'opinion reçue, plus les moyens de destruction s'accroissent et se perfectionnent, moins la guerre devient meurtrière. Les batailles du premier Empire sont de véritables exterminations auprès de celles de 1870. Cette dernière guerre a coûté cent mille hommes à l'Allemagne et environ autant à la France; et cependant jamais armées plus formidables ne furent en présence et la guerre a duré plus de six mois avec des chocs presque quotidiens.

La tactique, en effet, a changé. Aujourd'hui, au lieu de s'aborder corps à corps, on se tue à distance, sans se voir. La tactique nouvelle demande beaucoup plus de vrai courage que l'ancienne. Dans les mêlées vertigineuses, l'emballement pouvait servir de valeur. Le poltron de nature, grisé par l'odeur de la poudre, par le son des clairons et des tambours, par l'enthousiasme ambiant, devenait à l'occasion un héros. Ce n'est plus maintenant que l'on gagnerait des batailles au chant de la *Marseillaise*. Il faut, sans broncher, entendre siffler autour de ses oreilles, des balles sorties de fusils invisibles, éclater derrière son dos des obus venus on ne sait d'où. Ici, la fermeté d'âme, le sang-froid imperturbable, tout ce qui constitue la vraie vaillance, est de rigueur. Aussi, le triomphe appartient-il plus que jamais aux troupes les plus aguerries, les plus solides, les mieux préparées et entretenues par une discipline sévère, pour une offensive ou une résistance opiniâtres. La guerre, dut-on seulement la craindre et s'y tenir prêt, sans voir sévir le fléau, reste le correctif de l'amollissement des mœurs ultra civilisées. Elle est, dans tous les cas, la meilleure école morale, pour maintenir et développer l'énergie d'un peuple. Une nation qui a perdu la fierté guerrière, corollaire du culte de la patrie, n'est plus que de la pourriture humaine.

C'est, il est vrai, un lourd fardeau pour un État, d'entretenir des armées permanentes, consommant sans produire. Mal nécessaire, toutefois. Il n'y a pas d'armée possible sans l'esprit de corps et sans l'exercice quotidien et continuel. Une nation qui veut rayonner au dehors, doit s'imposer ce sacrifice, parce qu'elle doit toujours être prête à intervenir à main armée dans l'orbite de son activité. Si de grands peuples, comme les États-Unis d'Amérique, ont pu jusqu'ici échapper à cette nécessité, c'est qu'ils avaient autour d'eux un champ libre assez vaste pour y déployer leur énergie.

Mais aussitôt qu'ils éprouvent le besoin de déborder hors de ce cercle d'action, l'organisation en vue de la guerre s'impose inéluctablement. Aussi voyons-nous présentement l'Amérique, sentant le terrain lui manquer pour son expansion, s'armer pour la lutte, comme les vieilles nations européennes. Et, sur ce sol vierge et plein de sève, où tout s'improvise avec une puissance effrayante, étant donnée la vigueur envahissante de cette race, ramassis d'aventuriers qui, comme les premiers Romains, ont fait souche de rejetons ardents et vivaces, on peut calculer de quel poids pèsera l'influence armée de l'Amérique, dans les conflits futurs.

*_**

Les démocrates et les socialistes sont les ennemis de la guerre et du militarisme.

Les démocrates, conscients de l'infériorité de leur mode de gouvernement dans les compétitions de peuple à peuple, voudraient (rêve décevant) écarter toute éventualité de guerre.

Il y a en outre chez eux, à cette aversion pour la guerre, une raison plus intime et plus profonde : c'est que l'organisation forte, indispensable pour la lutte à main armée, est radicalement contraire à l'essence de leur système.

La Démocratie, en effet, est, par sa nature, incompatible avec une armée hiérarchiquement constituée. La Démocratie ne comporte pas de tête, ni d'organes fixes. Or, il n'y a pas d'armée possible sans chefs et sans cadres.

Quelque restreint que soit le rôle d'une armée dans une démocratie, quoiqu'on la tienne sévèrement à l'écart de la vie politique, et qu'elle n'ait d'autre objectif que la défense nationale, elle n'en est pas moins une institution qui, à raison des exigences de la discipline et du respect hiérarchique, jure avec le reste. Il surgit forcément, dans ses rangs, des personnages revêtus, par leur grade et leur mérite, d'un caractère supérieur et que la sélection place, vis-à-vis du vulgaire, dans une situation prépondérante, ne serait-ce qu'au point de vue de la considération publique et du prestige moral. Or, c'est ce qui ne saurait convenir à une démocratie, dont le principe est la haine jalouse de tout ce qui s'élève au-dessus du niveau moyen. La Démocratie admet bien des meneurs d'occasion, car une tourbe de trente-cinq à quarante millions d'hommes ne saurait se mouvoir sans une impulsion quelconque. Mais précisément ces meneurs, issus de quelque commotion soudaine, de quelque situation trouble, au hasard du suffrage universel incapable de faire un choix sérieux, ne sauraient souffrir à côté et au-dessus d'eux, ce scandale d'une supériorité réelle, dûment éprouvée et bien établie.

Une armée dans une démocratie est comme un fragment d'échine dans un invertébré. Ce sont les deux principes contraires enfermés dans un même être. Aussi les démocrates ne veulent-ils plus d'armées. Ils cherchent à abolir les nationalités, afin de pouvoir s'en passer. En cas de conflit extérieur, après avoir épuisé toutes les bassesses pour l'éviter, ils comptent sur la levée en masse pour repousser l'ennemi. Hélas! un mollusque gigantesque, comme l'est une nation sans chefs, pourra bien étouffer dans ses replis quelque vieux phoque édenté ; mais ne le mettez pas aux prises avec un requin.

Aussi, par crainte des coups, et par haine de toute autorité bien assise, les démocrates en arrivent-ils à nier la Patrie ; car la Patrie ne saurait se conserver sans le prestige extérieur et la fierté nationale, qui en est l'âme.

« Messieurs, amis de tout le monde!... » Et pour le prouver, ils vont jusqu'à la réhabilitation des traîtres... Et, silence aux braves! Flanquez-moi Bayard aux arrêts ! et si Du Guesclin dit un mot, qu'on lui brise dans la main son épée de connétable.

Pauvres gens! L'heure est bien choisie pour renier la Patrie, au moment où, autour de nous, toutes les nationalités relèvent la tête et ne cherchent qu'à s'entre-dévorer !

***

Quant aux socialistes, leur haine de l'armée et leur dédain pour les nationalités procède, en outre, d'une autre cause. Pour les socialistes, le but de la vie est la satisfaction et le bonheur individuels. Le rêve du bonheur pour tous et pour chacun, voilà le principe et l'esprit du Socialisme. Toutefois, dans la poursuite de cette illusion, il faut distinguer deux tendances. Il y a les matériels et les intellectuels.

Pour les premiers, les collectivistes, par exemple, on conçoit que préoccupés uniquement de la question de ventre, ils se soucient peu d'un idéal plus élevé, tel que la grandeur nationale. Ils ne sont pas de ceux qui se redresseraient fièrement dans leur humble condition, pour s'écrier avec un mâle orgueil : « *Civis romanus sum !* » Pourvu qu'ils aient à manger à leur faim, à boire à leur soif, (et au delà de leur soif), sans trop se donner de peine, leur but est atteint. Malheureusement pour eux, ils ne se préoccupent pas assez de prévoir si, leur part une fois assignée, le Tartare ou le Borusse ne viendront pas la leur manger.

Les intellectuels, (je prends ce mot en bonne part, dans son acceptation la plus haute et la plus large), ont un idéal plus noble, qui ne manquerait pas de séduction et de grandeur, s'il n'était une utopie irréalisable. Ils ne s'aperçoivent pas qu'ils se placent au-dessus, ou plutôt à côté des lois de la nature. Ils aspirent à un milieu social, dans lequel les hommes de toutes races, également éclairés par les lumières de l'intelligence, maîtres de leurs passions, vivraient en frères, dans un état de paix, de justice et d'harmonie parfaites. Ce ne serait pas précisément le naïf âge d'or des poètes : mais le règne de la raison calme et sereine, dominant les tumultes de la nature et assujettissant tout à ses vues prétendues supérieures. D'après le rêve des intellectuels, le *summum* de la civilisation (ou de tout autre nom que l'on voudra appeler le progrès), serait une sorte de haut plateau sur lequel s'épanouirait l'Humanité, dans le dernier développement de ses facultés intelligentes et morales. Plus de vallées, plus de monts, nivellement complet, sur une altitude supérieure.

Hélas ! il n'en est point ainsi. Notre petit tas de boue est encore trop vaste pour que tous les êtres qui l'habitent, s'identifient et communient dans un même idéal. La civilisation est une série d'actions et de réactions, de montées et de descentes, de relèvements nouveaux, suivis de nouvelles chutes. Elle a besoin, comme Antée, de toucher parfois la Terre, sa mère, pour s'y retremper et reprendre de nouvelles forces au sein de la brute nature. L'extrême civilisation est d'ailleurs déprimante et inféconde. Si elle améliore les qualités, elle exagère aussi les défauts en égale proportion. La thèse de J.-J. Rousseau sur les effets pernicieux des arts, des sciences et des lumières, n'était qu'à moitié fausse ; et celle de Condorcet, sur le progrès continu et indéfini de l'esprit humain est fausse tout à fait. Les races ont leur maturité, à égale distance de la barbarie native et de l'excès de raffinement. Il semble que les peuples, comme les hommes, se volatilisent par trop de culture. Ils sont comme l'eau qui s'échappe en vapeur, quand on la soumet à une température trop élevée. Les bas fonds de l'Humanité, les classes et les races encore frustes sont les réservoirs où la vie doit périodiquement puiser de nouveaux aliments.

L'idéal monte toujours, il est vrai, non comme une marée uniforme, mais comme une suite de vagues qui s'élèvent puis s'abaissent, pour faire place derrière elles à des vagues plus hautes, s'écroulant à leur tour devant d'autres. Ou, si l'on veut encore, le progrès peut être figuré par une série de pics dressant leurs cimes de plus en plus escarpées, derrière chacun desquels il y a la déclivité forcée après l'ascension, et communiquant entre eux, par la vue, du haut de leurs sommets. Cependant chacun de ces pics s'effondrerait, s'il ne reposait sur ses propres assises. Ainsi les grands hommes et les races civilisatrices échangent leurs idées pour en former un idéal supérieur. Ils ne planent pas dans le vide, au sein d'une Humanité transcendante impossible. Ils tiennent au contraire par leurs racines, chacun au plus profond de son sol; et si ces racines et ce sol manquent, tout se flétrit et s'affaisse.

Les hommes, les peuples, les races ne peuvent progresser utilement et puissamment, qu'en restant solidaires de leur centre spécial. C'est par influence réciproque, en roulant côte à côte, comme des astres chacun dans son orbite, ou par fusion, qu'ils peuvent servir la cause supérieure Humanité. On ne refait pas à volonté les catégories de la nature. C'est pourquoi les peuples que hantent les vues humanitaires cosmopolites, sont des peuples condamnés. Ils oublient leur propre vie, la vie naturelle, pour une vie factice illusoire. Ils lâchent la proie pour l'ombre. En définitive, le meilleur moyen pour assurer l'avancement de la civilisation générale est encore d'y travailler en s'inspirant des intérêts d'une Patrie grande et respectée.

CONCLUSION

Quand Galilée constata le mouvement de la Terre ; quand Kopernic redressa la notion de notre système planétaire, en restituant au Soleil sa place d'astre central; quand Newton nous révéla l'attraction des corps célestes, on put croire, devant chacun de ces aperçus révolutionnaires, que la science astronomique allait être complètement bouleversée, qu'une autre ère commençait pour elle *ab integro*, et que tout le passé était à jeter à l'oubli.

Qu'y avait-il donc de nouveau et de changé ? De nouveau : la rectification d'un simple point de vue; de changé : rien, si ce n'est l'explication rationnelle d'observations déjà faites empiriquement. Avant Galilée, Kopernic et Newton, on connaissait la précession des équinoxes, le déplacement des constellations au cours des mouvements diurne, annuel et séculaire des globes sidéraux ; on calculait le retour des éclipses ; on avait déterminé la durée exacte de l'année solaire. On s'en rendit mieux compte, voilà tout. Le domaine de la science fut élargi et mieux éclairé ; ses conquêtes précédentes subsistèrent et furent simplement affermies.

De même en médecine, pour la découverte des micro-organismes et des procédés de culture qui permettent de les ingérer préventivement. Ce que vous appeliez autrefois « miasme » ou « virus », vous le nommez maintenant « microbe » ou « bacille ». Mais Mithridate avait trouvé l'inoculation depuis deux mille ans ; et même, dit-on, les peuples orientaux la pratiquaient depuis les âges les plus reculés; Jenner avait expérimenté les propriétés du vaccin depuis près de deux siècles. On ignorait le secret du processus de ces phénomènes; on le tient ou on croit le tenir aujourd'hui. Là-dessus, il est vrai, on a construit une théorie générale confirmée de jour en jour par une foule d'autres faits ; et là est le progrès. Cependant la routine avait pressenti d'instinct ce dont la science donne l'explication. Et la science, qui vient attester la perspicacité inconsciente de la routine, n'a peut-être pas d'autre objet que de rendre raison de l'instinct.

Il en est ainsi, pour l'activité humaine, dans toutes ses manifestations. Elle avait rencontré sa voie dans toutes les directions avant que la raison critique ne parvînt à dégager les lois de son développement. Au siècle dernier, il s'est élevé une école qui avait la prétention de faire table rase des prétendus préjugés du passé et de tout reconstituer sur de nouvelles bases. De cette école sont issus les rationalistes et les socialistes de nos jours. L'événement a démontré l'inanité de leurs spéculations ; et la doctrine de l'Évolution, aujourd'hui triomphante, vient remettre scientifiquement les choses au point. Tout se tient dans l'enchaînement universel ; ce qui était préjugé est vérité de fait ; et la raison de l'homme, comme toutes les autres forces de la nature, obéit fatalement à des lois qui lui sont supérieures. De ces lois elle peut aider le fonctionnement ; elle est impuissante à les contrarier. L'intelligence critique ne crée rien ; elle ne fait qu'expliquer et amplifier. L'instinct intellectuel spontané seul est fécond ; et cet instinct n'a pas attendu le raisonnement pour accomplir son œuvre.

Cette œuvre est progressive; elle est susceptible d'amélioration ; mais elle repose sur des assises auxquelles on ne changera jamais rien radicalement, parce qu'elles sont le fond même de la nature. Le but est fixe, les points de repère sont marqués ; le reste est du remplissage.

Toujours l'activité humaine sentira le besoin d'un appui hors d'elle et au-dessus d'elle parce que le cerveau de l'homme est ainsi conformé. Toujours par conséquent elle réclamera une religion ou une philosophie pratique qui lui trace un idéal directeur; cet idéal fût-il une fiction. Néanmoins cet idéal n'empêchera pas que le Droit (comme le Vrai et le Beau) ne résulte en définitive du résidu des faits, accommodé tout au plus à la structure générale des organismes récepteurs, et non d'un concept transcendant formé *a priori* ; car le Droit véritable, c'est la loi des forces supérieures devant lesquelles tout, bon gré, mal gré, finit par se plier.

Toujours l'Humanité évoluera par groupes naturels : familles, races, centres sociaux, foyers et courants de civilisation; parce que c'est là une règle universelle. La Nature ne mélange point au hasard les formes et les sangs divers.

Toujours, il y aura, parmi ces groupes, des éléments d'inégale importance et subordonnés les uns aux autres; car la hiérarchie et la discipline sont des conditions indispensables pour tout corps organisé.

Toujours ces éléments se classeront suivant leur valeur en vertu de leur propre et libre initiative, selon les lois de la gravité et non par le décret déprimant d'une autorité arbitraire.

Toujours ces éléments et ces groupes seront rivaux entre eux, parce que la lutte pour la vie, d'où se dégage, par la sélection, la prédominance des mieux doués et des meilleurs, est le seul et véritable facteur du progrès.

Le développement de la Raison discursive pourra bien prévenir les heurts, atténuer les crises, consolider les conquêtes idéales; mais ne comptez pas trop sur elle devant les grands bouleversements dont la Nature, par le ministère de nos passions, est trop coutumière. C'est celle-ci, et non notre faible raison, qui est, en dernier ressort, l'arbitre de nos destinées et des destinées générales du Monde Contingent.

« L'Homme s'agite et la Nature le mène. »

TABLE DES MATIÈRES

Avertissement iii

PREMIÈRE PARTIE

L'Infini 1

DEUXIÈME PARTIE

Le Fini 75
Section i. — Caractères du Fini 75
Section ii. — De l'Intelligence et de la Pensée... 84
Section iii. — Du Beau et de l'Art 112
Appendice. — Du Style 142
Section iv. — De la Morale 149
Section v. — Questions sociales 190
   1. Socialisme 194
   2. Démocratie 223
   3. Des Nationalités 235
   4. De la Guerre 241
Conclusion 255

PARIS. — IMPRIMERIE G. RICHARD

www.ingramcontent.com/pod-product-compliance
Lightning Source LLC
Chambersburg PA
CBHW050322170426
43200CB00009BA/1418